따라 하며 배우는
하둡과 빅데이터 분석 실무

Korean edition copyright ⓒ 2013 by acorn publishing Co. All rights reserved.

Copyright ⓒ Packt Publishing 2013.
First published in the English language under the title
'Hadoop Real-World Solutions Cookbook'

이 책은 Packt Publishing과 에이콘출판(주)가 정식 계약하여 번역한 책이므로
이 책의 일부나 전체 내용을 무단으로 복사, 복제, 전재하는 것은 저작권법에 저촉됩니다.

따라 하며 배우는
하둡과 빅데이터 분석 실무

조나단 오웬스 · 존 렌츠 · 브라이언 페미아노 지음
안건국 · 이정림 옮김

BIRMINGHAM - MUMBAI- SEOUL

acorn+PACKT 시리즈 출간 도서 (2013년 10월 기준)

Unity 3D Game Development by Example 한국어판
BackTrack 4 한국어판
Android User Interface Development 한국어판
Nginx HTTP Server 한국어판
BackTrack 5 Wireless Penetration Testing 한국어판
Flash Game Development by Example 한국어판
Node Web Development 한국어판
XNA 4.0 Game Development by Example 한국어판
Away3D 3.6 Essentials 한국어판
Unity 3 Game Development Hotshot 한국어판
HTML5 Multimedia Development Cookbook 한국어판
jQuery UI 1.8 한국어판
jQuery Mobile First Look 한국어판
Play Framework Cookbook 한국어판
PhoneGap 한국어판
Cocos2d for iPhone 한국어판
OGRE 3D 한국어판
Android Application Testing Guide 한국어판
OpenCV 2 Computer Vision Application Programming Cookbook 한국어판
Unity 3.x Game Development Essentials 한국어판
Ext JS 4 First Look 한국어판
iPhone JavaScript Cookbook 한국어판
Facebook Graph API Development with Flash 한국어판
CryENGINE 3 Cookbook 한국어판
워드프레스 사이트 제작과 플러그인 활용
반응형 웹 디자인
타이타늄 모바일 앱 프로그래밍
안드로이드 NDK 프로그래밍
코코스2d 게임 프로그래밍
WebGL 3D 프로그래밍

MongoDB NoSQL로 구축하는 PHP 웹 애플리케이션
언리얼 게임 엔진 UDK 3
코로나 SDK 모바일 게임 프로그래밍
HBase 클러스터 구축과 관리
언리얼스크립트 게임 프로그래밍
카산드라 따라잡기
엔진엑스로 운용하는 효율적인 웹사이트
컨스트럭트 게임 툴로 따라하는 게임 개발 입문
하둡 맵리듀스 프로그래밍
RStudio 따라잡기
웹 디자이너를 위한 손쉬운 제이쿼리
센차터치 프로그래밍
노드 프로그래밍
게임샐러드로 코드 한 줄 없이 게임 만들기
안드로이드 데이터베이스 프로그래밍
아이폰 위치 기반 애플리케이션 개발
마이바티스를 사용한 자바 퍼시스턴스 개발
Moodle 2.0 이러닝 강좌 개발
티샤크를 활용한 네트워크 트래픽 분석
Ext JS 반응형 웹 애플리케이션 개발
아파치 톰캣 7 따라잡기
제이쿼리 툴즈 UI 라이브러리
코코스2d-x 모바일 2D 게임 개발
노드로 하는 웹 앱 테스트 자동화
하둡과 빅데이터 분석 실무
아이폰 애플리케이션 성능 튜닝

acorn+PACKT 시리즈를 시작하며

에이콘출판사와 팩트 출판 파트너십 제휴

첨단 IT 기술을 신속하게 출간하는 영국의 팩트 출판(PACKT Publishing, www.packtpub.com)이 저희 에이콘출판사와 2011년 5월 파트너십을 체결하고 전격 제휴함으로써 acorn+PACKT Technical Book 시리즈를 독자 여러분께 선보입니다.

2004년부터 전문 기술과 솔루션을 독자에게 신속하게 출간해온 팩트 출판은 세계 각지에서 시스템, 애플리케이션, 프레임워크 등을 도입한 유명 IT 전문가들의 경험과 지식을 책에 담아 새로운 소프트웨어와 기술을 업무에 활용하려는 독자들에게 전문 기술과 경쟁력을 공유해왔습니다. 특히 여타 출판사의 전문기술서와는 달리 좀 더 심도 있고 전문적인 내용으로 가득 채움으로써 IT 서적의 진정한 블루오션을 개척합니다. 따라서 꼭 알아야 할 내용은 좀 더 깊이 다루고, 불필요한 내용은 과감히 걸러냄으로써 독자들에게 꼭 필요한 심층 정보를 전달합니다.

남들이 하지 않는 분야를 신속하고 좋은 품질로 전달하려는 두 출판사의 기업 이념이 맞닿은 acorn+PACKT Technical Book 시리즈의 출범으로, 저희 에이콘출판사는 앞으로도 국내 IT 기술 발전에 보탬이 되는 책을 열심히 펴내겠습니다.

www.packtpub.com을 둘러보시고 번역 출간을 원하시는 책은 언제든 저희 출판사 편집팀(editor@acornpub.co.kr)으로 알려주시기 바랍니다.

감사합니다.

에이콘출판㈜ 대표이사
권 성 준

지은이 소개

조나단 오웬스 Jonathan R. Owens

자바와 C++, 소프트웨어 엔지니어로서 민간과 공공 부문에서 근무했으며, 최근에는 하둡과 분산 처리 기술 관련 일에 종사해왔다.

현재는 컴스코어comScore 회사에서 다양한 디지털 측정과 분석 업무를 하고 있다. 컴스코어에서 집계와 분석 그리고 하루 40억 트랜잭션을 다루는 하둡과 사용자 정의 분산 시스템을 사용하는 코어 프로세싱 팀의 일원이다.

> 나를 지지해주고 젊은 나이에 기술 분야로 인도해주신 부모님 제임스와 패트리샤 오웬스에게 감사를 전한다.

존 렌츠 Jon Lentz

컴스코어 회사에서 온라인 고객 측정과 분석 업무를 하는 코어 프로세싱 팀의 소프트웨어 엔지니어로, 주로 피그Pig로 코딩하기를 좋아한다. 컴스코어에서 일하기 전에는 공급망을 최적화하고 고정 소득 증권을 배분하는 소프트웨어를 개발했다.

> 이 책을 쓰는 동안 태어난 나의 딸 엠마에게 사랑을 전하고, 늦은 밤까지 일하는 동료들에게 감사한다.

브라이언 페미아노 Brian Femiano

대학에서 전산학을 전공하고 6년 넘게 프로그래머로 일해왔다. 그중 마지막 2년은 아파치 하둡을 사용해 분석과 빅데이터 처리의 가용성을 개선하는 데 보냈다. 영리 목적의 민간 부문에서 일을 하기도 했으나, 그의 대다수 경력은 공공 부문에서 보냈다. 현재는 DC/버지니아 지역의 포토맥 퓨전 Potomac Fusion에서 일한다. 이 회사는 정부 기관의 중요하고 복잡한 데이터셋을 연구하고 개선하기 위한 알고리즘을 개발한다.

공동 저자들의 인내와 이 책에 나온 코드를 만든 노고에 매우 감사한다. 또한 첨단 기술과 지식을 기반한 재능과 열정으로 나에게 영감을 불어넣어 준 포토맥 퓨전의 동료들에게도 감사를 전한다.

기술 감수자 소개

에드워드 코디 Edward J. Cody

작가이자 강연가이며 데이터 웨어하우징과 오라클 비즈니스 인텔리전스, 하이페리온 EPM의 전문가다. 저서로는 팩트 출판사의 『The Business Analyst's Guide to Oracle Hyperion Interactive Reporting 11』과 『The Oracle Hyperion Interactive Reporting 11 Expert Guide』가 있다. 그는 자신의 경력을 통해 민간과 연방 정부 고객을 대상으로 컨설팅을 해왔다. 현재는 대용량 EPM과 BI, 데이터 웨어하우징 구축을 다루고 있다.

이 책을 훌륭하게 만든 저자들을 칭찬하고 싶다. 그리고 이 책의 출판에 조언할 기회를 준 팩트 출판사에게 감사한다.

다니엘 쥬 Daniel Jue

소테라 디펜스 솔루션 Sotera Defense Solutions의 수석 소프트웨어 엔지니어이자 아파치 소프트웨어 재단의 일원으로, ACSIM과 DARPA, 다양한 연방 기관 등의 고객과 함께 '빅데이터'의 숨겨진 역학과 이상을 보여주기 위한 평화와 분쟁 지역에서 일해왔다. 다이엘은 물리학과 천문학에 조예가 깊고 메릴랜드 칼리지 파크 대학교에서 전산학을 전공했다. 현재 관심 분야는 적응형 이기종 클라우드 컴퓨팅과 분산 인공지능 기술의 융합이다.

내가 연구하고 리뷰할 수 있도록 사랑과 인내심을 가지고 지켜봐 준 아름다운 아내 웬디와 쌍둥이 아들 크리스토퍼와 조나단에게 감사한다. 많은 아이디어와 통찰력, 열광적 영감에 노출될 수 있게 해준 브라이언 페미아노, 브루스 밀러, 조나단 라슨에게 큰 빚을 졌다.

브루스 밀러 Bruce Miller

소테라 디펜스 솔루션의 수석 소프트웨어 엔지니어로, 10년 경력의 대부분을 빅데이터 소프트웨어 개발에 힘쓰며 DARPA 안에서 일하고 있다. 취미는 하스켈 Haskell과 리스프 Lisp 같은 함수형 프로그래밍 언어로 현업 문제를 푸는 애플리케이션을 만드는 것이다.

옮긴이 소개

안건국(ryan.soar@gmail.com)

텔코Telco 데이터 중심으로 SK C&C에서 빅데이터 프로젝트를 2년간 진행했으며, 현재는 테라데이타Teradata에서 하둡과 애스터Aster 기반으로 데이터 분석가로 활동하고 있다. 하둡 강의를 진행했고, 빅데이터 처리 관련 기술 멘토다. 그동안 데이터웨어하우스 기반의 데이터 프레임워크, 워크플로우 엔진과 ETL 툴을 개발했다. 주요 관심 분야는 데이터 분석과 관련해 기계 학습Machine Learning과 통계 처리다. 『하둡 맵리듀스 프로그래밍』(에이콘출판, 2013)을 번역했다.

이정림(pan.gamma.bizen@gmail.com)

현재 테라데이타에서 애스터/하둡을 이용한 데이터 분석가로 활동하고 있다. 그 전에는 SK C&C 솔루션개발팀에서 NEXCORE ALMApplication Lifecycle Management 솔루션을 개발했고, 그 이전에는 반도체 제조 공정 관리를 위한 EESEquipment Engineering System로 대용량 데이터 처리 프레임워크를 개발해 삼성전자/반도체, 독일 실트로닉Siltronic, 싱가포르 차타드Chartered 등의 반도체 제조 공정에 적용했다. 『안전한 API 인증과 권한 부여를 위한 클라이언트 프로그래밍 OAuth 2.0』(한빛미디어, 2013)을 번역했다.

옮긴이의 말

하둡은 이제 특정 엔지니어의 기술이 아닌, IT에 관련된 대부분 사람들이 들어봤을 정도로 보편화되었다. 내가 하둡을 처음 접한 건, 2008년 반도체 공정 간의 수많은 데이터를 다룰 때였다. 당시 반도체 제조에서 다뤄야 할 데이터는 테스트 데이터만 해도 5테라바이트가 넘었다. 게다가 실제 데이터는 ROI 측면에 모든 데이터를 RDBMS에 저장할 수 없었기에 이때 처음 하둡을 살펴보게 됐다. 당시에는 하둡의 가능성이 이렇게 커질지 전혀 알지 못했다. 이후 2010년 말에 이르자, 클라우드 컴퓨팅 기술 확산에 따른 데이터를 다루는 기술로 하둡이 다시 각광을 받기 시작했다. 그리고 지금은 '빅데이터'라는 패러다임에서 늘 빠지지 않는 기술로 등장한다.

하지만 하둡에는 많은 변화가 있었고, 변화 속에 하둡 버저닝은 일관성이 보장되지 않아 여전히 어려운 기술이기도 하다. 나는 하둡 소스를 열고 분석하기 시작했고 프로젝트를 진행하면서 하둡을 더 깊이 들여다보기 시작했다. 하지만 '아, 이제 좀 알겠다.'는 시점에 하둡은 또 다른 진화를 했고, 계속 발전 중이며 여전히 학습이 필요하다.

이 책의 기획 의도는 실무에서 접할 수 있는 수많은 환경의 일부를 간접적으로 경험하게 하는 것이다. 그래서 뒤로 갈수록 조금씩 어려워질 수 있다. 또 몇 가지 배경지식이 필요하다. 하지만 끝까지 살펴볼 수 있는 좋은 책이다.

이 책에서 가장 마음에 드는 부분은 1장과 3장, 4장, 8장이다. 하둡 분산 파일 시스템을 다루는 1장과 HDFS를 다루는 3장은 다양한 데이터 인터페이스를 소개하기 때문에 데이터 수집이 얼마나 지루하고 어려운지 간접 경험을 해볼 수 있다. 데이터 추출과 변환을 다루는 4장에서는 3장의 데이터 수집 이후 확장해나가는 ETL 과정을 볼 수 있다. 하둡 에코 시스템Hadoop Eco System 중 하이브Hive와 피그Pig 가 처음 나왔을 때, 대개 개발자/엔지니어 성향에 따라 한 가지만을 고려하는 사람이 많았지만 실제 업무를 하다 보면 둘 다 병행해서 써야 함을 느낀다. 그런 면에서 나는 데이터 표준 관리와 ELT에서는 하이브를 좀 더 많이 썼고, ETL에서는 피그를 더 많이 사용했다. 또한 어떤 점에서는 피그의 사용성과 성능이 더 좋을 때가 있다. 그리고 디버깅을 다루는 8장은 실제 맵리듀스를 개발하는 과정에서 수많은 클러스터를 사용하지 않고 디버깅할 수 있는 방법을 제공한다. 물론 상황과 환경에 따라 달라질 수 있지만 디버깅 부분을 가이드하는 책은 많지 않다.

앞으로 빅데이터-DW에서 하둡-하둡 에코 시스템의 아키텍처는 필수 컴포넌트로 자리를 잡을 것이다. 그런 의미에서 시작을 이 책과 함께하는 것은 좋은 선택이라 하겠다.

프로젝트 때문에 미친 듯이 바빴지만 착한 마음 씀씀이로 도와준 9년 지기 친구이자 동생인 이정림 과장에게 감사하고, 7장의 리뷰와 베타 리딩을 해준 배경숙 과장에게도 감사를 전한다. 또한 부족한 역자들에게 기회를 주신 에이콘출판사 관계자 여러분께도 고마움을 전하고 싶다. 삶의 선택을 후회하지 않도록 옆에서 후원하는 아내 연정이와 아이들(주원, 정원), 불편한 거동에도 늘 기도하시는 어머니, 황혜정 여사께 사랑을 전합니다.

— 안건국

그동안 밖에서는 회사 일로, 안에서는 번역 작업으로 인해 가족과 많은 시간을 보내지 못했다. 그럼에도 늘 힘이 되어주는 사랑하는 착한 아내 은희와 애교쟁이 아들 승빈이에게 미안함과 감사의 마음을 전합니다.

— 이정림

목 차

지은이 소개	6
기술 감수자 소개	8
옮긴이 소개	11
옮긴이의 말	12
들어가며	19

1 하둡 분산 파일 시스템: 데이터 가져오기와 내보내기   25

개요	25
하둡 셸 명령어를 사용해 데이터를 내보내고 HDFS로 데이터 가져오기	26
분산 복사를 사용한 클러스터 간의 효율적인 데이터 이동	34
스쿱을 사용해 데이터를 MySQL에서 HDFS로 가져오기	36
스쿱을 사용해 데이터를 HDFS에서 MySQL로 내보내기	40
MS-SQL 서버를 위한 스쿱 구성	45
데이터를 HDFS에서 몽고DB로 내보내기	47
데이터를 몽고DB에서 HDFS로 가져오기	51
피그를 사용해 데이터를 HDFS에서 몽고DB로 내보내기	55
그린플럼 외부 테이블에서의 HDFS 사용	57
데이터를 HDFS로 적재하기 위한 플룸 사용	59

2 HDFS   63

개요	63
HDFS에서 데이터 읽고 쓰기	65
LZO를 사용한 데이터 압축	67

시퀀스파일로 데이터 읽고 쓰기	71
데이터 직렬화를 위한 아파치 에이브로 사용	76
데이터 직렬화를 위한 아파치 쓰리프트 사용	81
데이터 직렬화를 위한 프로토콜 버퍼 사용	86
HDFS 복제 계수 설정	91
HDFS 블록 크기 설정	92

3 데이터 추출과 변환 95

개요	95
맵리듀스를 사용해 아파치 로그를 TSV 포맷으로 변환	96
웹 서버 로그에서 봇 트래픽을 필터링하기 위한 아파치 피그 사용	99
웹 서버 로그 데이터를 타임스탬프로 정렬하기 위한 아파치 피그 사용	103
웹 서버 로그 데이터를 세션화하기 위한 아파치 피그 사용	105
아파치 피그 기능 확장을 위한 파이썬 사용	109
페이지 뷰를 계산하기 위한 맵리듀스와 보조 정렬 사용	111
지리 이벤트 데이터를 정리하고 변환하기 위한 하이브와 파이썬 사용	118
시계열 분석을 수행하기 위한 파이썬과 하둡 스트리밍 사용	123
출력 파일 이름을 지정하기 위한 맵리듀스의 MultipleOutputs 사용	129
지리 이벤트 데이터를 읽기 위한 사용자 정의 하둡 Writable과 InputFormat 생성	133

4 하이브와 피그, 맵리듀스를 사용한 공통 태스크 수행 143

개요	143
HDFS에서 웹로그 데이터와 외부 테이블을 매핑하기 위한 하이브 사용	144
웹로그 쿼리 결과로부터 동적으로 테이블을 생성하기 위한 하이브 사용	146
웹로그 데이터에서 필드를 연결하기 위한 하이브의 문자열 UDF 사용	149
웹로그의 IP를 조인해서 해당 IP에 맞는 국가를 찾기 위한 하이브 사용	152

맵리듀스를 사용한 뉴스 아카이브에서의 n-그램 생성	155
뉴스 아카이브에서 특정 키워드를 포함하는 라인을 찾기 위한 맵리듀스 분산 캐시 사용	161
데이터를 테이블에 적재하고 GROUP BY 절을 갖는 SELECT 문의 연산을 수행하기 위한 피그 사용	167

5 고급 조인   169

개요	169
매퍼에서 맵리듀스를 사용한 데이터 조인	170
아파치 피그의 복제 조인을 사용한 데이터 조인	174
아파치 피그의 병합 조인을 사용한 정렬 데이터 조인	176
아파치 피그의 편향 조인을 사용한 편향 데이터 조인	179
지리 이벤트를 분석하기 위한 아파치 하이브 맵 사이드 조인 사용	181
지리 이벤트를 분석하기 위한 아파치 하이브 완전 외부 조인 최적화	184
외부 키/값 저장소(레디스)를 사용한 데이터 조인	188

6 빅데이터 분석   195

개요	195
맵리듀스와 컴바이너를 사용해 웹로그 데이터에서 개별 IP 주소 카운트	196
지리 이벤트 데이터에서 이벤트 날짜를 변환하고 정렬하기 위한 하이브 날짜 UDF 사용	203
지리 이벤트 데이터를 통해 월별 사망 보고서를 작성하기 위한 하이브 사용	206
지리 이벤트 데이터의 소스 신뢰성을 검증하기 위한 하이브의 사용자 정의 UDF 구현	208
하이브의 맵/리듀스 연산과 파이썬을 사용해 비폭력의 최장 기간 표시	214
피그를 사용해 Audioscrobbler 데이터셋에서 가수들의 코사인 유사도 연산	220
피그와 datafu 라이브러리를 사용해 Audioscrobbler 데이터셋에서 아웃라이어 제거	224

7 고급 빅데이터 분석 227

개요 227
아파치 지라프를 이용한 페이지랭크 228
아파치 지라프를 이용한 단일 소스 최단 경로 구하기 231
분산된 너비 우선 탐색을 수행하기 위한 아파치 지라프 사용 244
아파치 머하웃을 이용한 협업 필터링 253
아파치 머하웃을 이용한 클러스터링 257
아파치 머하웃을 이용한 감성 분류 261

8 디버깅 265

개요 265
리듀스 잡에서 잘못된 레코드 추적을 위한 카운터 사용 266
MRUnit을 이용한 맵리듀스 잡의 개발과 테스트 269
로컬 모드에서 실행되는 맵리듀스 잡의 개발과 테스트 272
잘못된 레코드를 스킵하기 위한 맵리듀스 잡 활성화 275
스트리밍 잡에서의 카운터 사용 278
디버깅 정보를 표시하기 위한 태스크 상태 메시지 업데이트 280
피그 잡을 디버깅하기 위한 illustrate 명령어 사용 283

9 시스템 관리 285

개요 285
의사 분산 모드에서 하둡 시작하기 285
분산 모드에서 하둡 시작하기 289
기존 클러스터에 새 노드 추가 293
안전한 노드 해제 296

네임노드 장애 복구 297
갱글리아를 사용한 클러스터 상태 모니터링 300
맵리듀스 잡 매개변수 튜닝 302

10 아파치 어큐뮬로를 사용한 퍼시스턴스화 307

개요 307
어큐뮬로에서 지리 이벤트 저장을 위한 로우 키 설계 308
지리 이벤트 데이터를 어큐뮬로로 대량으로 가져오기 위한 맵리듀스 사용 320
어큐뮬로에서 지리 이벤트 데이터를 입력하기 위한 사용자 정의 필드 제한 설정 330
정규식 필터링 이터레이터를 사용한 쿼리 결과 제한 337
SumCombiner를 사용해 동일 키의 다른 버전을 위한 사망자 카운트 340
어큐뮬로를 사용한 스캔에서의 셀 수준 보안 강화 346
맵리듀스를 사용한 어큐뮬로에서의 소스 집계 352

찾아보기 360

들어가며

『하둡과 빅데이터 분석 실무』는 개발자가 하둡에서 발생할 수 있는 문제를 편리하고 능숙하게 해결할 수 있게 안내한다. 독자는 광범위하고 다양한 하둡 관련 도구와 모범 구현 사례를 경험하게 될 것이다.

이 책은 아파치 하이브Hive와 피그Pig, 맵리듀스MapReduce, 머하웃Mahout, 지라프Giraph, HDFS, 어큐뮬로Accumulo, 레디스Redis, 갱글리아Ganglia 같은 도구를 사용하는 방법을 독자에게 알려줄 것이다.

또한 자세한 설명과 코드 예제를 제공한다. 각 장의 절은 기술적인 과제를 해결하는 일련의 과정을 보여주며, 각 절은 따라 하기 쉽도록 하나의 문제를 여러 단계로 나누어 해결한다. 이 책은 HDFS로 데이터를 업로드/다운로드하고, 지라프를 이용해 그래프를 분석하며, 하이브와 피그, 맵리듀스를 사용해 배치 데이터를 분석한다. 또한 머하웃으로 기계 학습에 접근하고 맵리듀스 디버깅과 트러블슈팅을 한다. 그리고 컬럼 기반 스토리지와 정형 데이터를 검색하기 위해 아파치 어큐뮬로의 사용을 다룬다.

이 책은 독자가 겪을 문제에 하둡 기술을 적용할 필요가 있는 예제를 안내한다.

이 책의 구성

1장 '하둡 분산 파일 시스템: 데이터 가져오기와 내보내기'에서는 피그와 플룸Flume, 스쿱Sqoop 같은 도구의 도움으로 MySQL과 몽고DBMongoDB, 그린플럼Greenplum, MS-SQL 서버 같은 대중적인 데이터베이스에 데이터를 적재하거나 업로드하는 여러 접근법을 보여준다.

2장 'HDFS'는 HDFS에서 읽고 쓰는 것을 다룬다. 에이브로Avro와 쓰리프트Thrift, 프로토콜 버퍼Protocol Buffers의 직렬화 라이브러리를 사용해서 보여준다. 또 블록 크기와 복제, LZO 압축을 설정하는 방법을 다룬다.

3장 '데이터 추출과 변환'에서는 여러 형태의 데이터 소스로 기초적인 하둡 ETL을 다룬다. 하이브와 피그, 자바 맵리듀스 API 등의 다양한 도구는 데이터 샘플과 하나 이상의 출력을 다루는 배치 프로세스에서 사용된다.

4장 '하이브와 피그, 맵리듀스를 사용한 공통 태스크 수행'에서는 다양한 문제를 바르게 풀기 위해 이 도구들의 특정 기능을 활용하는 방법에 중점을 둔다. 문자열 연결과 외부 테이블 매핑, 간단한 테이블 조인, 사용자 정의 함수, 클러스터 간의 의존성 배포를 다룬다.

5장 '고급 조인'에서는 맵리듀스와 하이브, 피그상에서 좀 더 복잡하고 유용한 조인 테크닉을 다룬다. 해당 절에서는 피그로 병합과 복제, 편향 조인을 보여주고, 하이브 맵 사이드와 완전 외부 조인도 다룬다. 또 외부의 데이터 저장소에서 데이터를 조인하는 레디스의 사용법을 보여준다.

6장 '빅데이터 분석'에서는 데이터에 대한 다양한 질문에 대답하기 위해 하둡 사용 방법을 설명한다. 하이브 예제 중 일부는 다른 분석에서 재사용하기 위한 사용자 정의 함수UDF를 적절히 구현하고 사용하는 방법을 보여준다. 두 가지 피그 절에서는 Audioscrobbler 데이터셋을 이용한 각기 다른 분석을 보여주고, 맵리듀스 자바 API 절에서는 컴바이너를 다루는 분석을 보여준다.

7장 '고급 빅데이터 분석'에서는 다양한 그래프 분석과 기계 학습 과제를 다루는 아파치 지라프와 머하웃을 살펴본다.

8장 '디버깅'은 트러블슈팅과 맵리듀스 잡의 테스트를 다룬다. 테스트를 쉽게 하기 위해 MRUnit과 로컬 모드를 사용하는 방법을 예제로 보여준다. 또한 맵리듀스 잡 모니터링을 위한 태스크 업데이트 상태와 카운터Counter 사용의 중요성을 강조한다.

9장 '시스템 관리'에서는 하둡에서 사용 가능한 다양한 설정으로 성능 튜닝과 최적화 방법을 주로 살펴본다. 기초적인 설정과 XML 구성 튜닝, 나쁜 데이터노드의 트러블슈팅, 네임노드 실패, 갱글리아를 사용한 성능 모니터링 등 여러 가지 주제를 다룬다.

10장 '아파치 어큐뮬로를 사용한 퍼시스턴스화'에서는 NoSQL 데이터 저장소인 아파치 어큐뮬로를 사용해 특별하고 다양한 기능을 보여준다. 이터레이터와 컴바이너, 스캔 인증 권한, 제약 조건을 포함한 많은 특별한 기능을 다룬다. 또 효율적인 지리 공간의 로우 키를 구축하고 맵리듀스 배치를 이용한 분석도 수행한다.

준비물

독자는 이 책에서 코드를 실행할 수 있는 의사 분산(단일 시스템) 또는 완전 분산(멀티 시스템) 클러스터가 있어야 한다. 각 절에서 다루는 다양한 도구는 클러스터에 설치될 것이고 올바르게 설정해야 한다. 또 책 전반에 걸쳐 코드는 다양한 언어로 작성됐다. 그러므로 익숙한 개발 도구를 사용해 머신에 접근하는 것이 가장 좋다.

대상 독자

이 책에서는 하둡으로 해결할 수 있는 여러 형태의 실제 문제를 강조하기 위해 구체적인 코드 예제를 사용한다. 따라서 하둡과 관련 도구를 사용해 개발자에게 친숙하도록 설계되었다. 하둡 초보자는 책의 설명을 통해 쉽게 배워볼 수 있으며 하둡 애플리케이션의 실제 사례를 경험할 수 있다. 경험이 있는 하둡 개발자는 많은 도구와 기술로 다양한 사고 전환의 기회를 접할 수 있으며, 익숙했던 하둡 프레임워크이지만 다시 명확하게 이해하는 계기가 될 것이다.

편집 규약

이 책에서는 정보의 유형에 따라서 텍스트의 스타일이 바뀐다. 각 스타일은 다음과 같은 의미를 지닌다.

문장 속에서 코드는 다음과 같이 표기된다. "하둡 파일 시스템의 모든 셸 명령어는 `hadoop fs -COMMAND`의 형태를 띤다."

예제 코드는 다음과 같이 표기한다.

```
weblogs = load '/data/weblogs/weblog_entries.txt' as
            (md5:chararray,
             url:chararray,
             date:chararray,
             time:chararray,
             ip:chararray);

md5_grp = group weblogs by md5 parallel 4;

store md5_grp into '/data/weblogs/weblogs_md5_groups.bcp';
```

코드 블록의 특정 부분을 강조할 때는 굵은 서체로 표현한다.

```
weblogs = load '/data/weblogs/weblog_entries.txt' as
            (md5:chararray,
             url:chararray,
             date:chararray,
             time:chararray,
             ip:chararray);

md5_grp = group weblogs by md5 parallel 4;

store md5_grp into '/data/weblogs/weblogs_md5_groups.bcp';
```

모든 커맨드라인 입력이나 출력은 다음과 같이 기술한다.

```
hadoop distcp -m 10 hdfs://namenodeA/data/weblogs hdfs://namenodeB/data/weblogs
```

새로운 단어나 **중요한 단어**는 고딕체로 되어 있다. 메뉴나 대화상자처럼 컴퓨터 화면에 표시되는 단어는 다음과 같이 고딕체로 표기한다. "JAR 파일을 빌드하기 위해 자이썬 자바 인스톨러를 내려받고 설치 메뉴에서 **Standalone**을 선택한다."

 경고나 중요한 알림은 이와 같은 상자로 표시한다.

 팁이나 멋진 비법은 이렇게 표시한다.

독자 의견

책을 읽는 독자 여러분의 의견은 언제든지 환영한다. 이 책을 어떻게 생각하는지 부담 없이 이야기해준다면 좋겠다.

일반적인 의견은 이 책의 제목을 메일 제목으로 해서 feedback@packtpub.com 으로 보내면 된다.

특정 분야의 책을 쓰거나 기여하는 데 관심이 있다면 www.packtpub.com/authors에 있는 저자 가이드를 참조하기 바란다.

고객 지원

팩트 출판사의 구매자가 된 독자에게 도움이 되는 몇 가지를 제공하고자 한다.

이 책에 사용된 예제 코드 내려받기

이 책의 예제 코드는 http://www.packtpub.com에서 내려받을 수 있다. 다른 곳에서 구매한 경우에는 http://www.packtpub.com/support를 방문해 등록하면 파일을 이메일로 직접 받을 수 있다. 에이콘출판사의 도서정보 페이지 http://www.acornpub.co.kr/book/hadoop-real-world에서도 예제 코드를 내려받을 수 있다.

오탈자

내용을 정확하게 전달하려고 온 힘을 다했지만, 실수가 있을 수 있다. 팩트 출판사의 책에서 코드나 텍스트상의 문제를 발견해서 알려준다면 매우 감사하게 생각할 것이다. 그런 참여를 바탕으로 다른 독자에게 도움을 주고, 다음 버전에서 책을 더 완성도 있게 만들 수 있다. 오자를 발견한다면 http://www.packtpub.com-support를 방문해 이 책을 선택하고, 정오표 제출 양식으로 오류 정보를 알려주기 바란다. 보내준 내용이 확인되면 웹사이트에 그 내용이 올라가거나, 해당 서적의 정오표 섹션에 그 내용이 추가될 것이다. http://www.packtpub.com/

support에서 해당 타이틀을 선택하면 지금까지의 정오표를 확인할 수 있다. 한국어판은 에이콘출판사의 도서정보 페이지 http://www.acornpub.co.kr/book/hadoop-real-world에서 찾아볼 수 있다.

저작권 침해

인터넷에서의 저작권 침해는 모든 매체에서 벌어지고 있는 심각한 문제다. 팩트 출판사에서는 저작권과 사용권 문제를 아주 심각하게 인식하고 있다. 어떤 형태로든 팩트 출판사 서적의 불법 복제물을 인터넷에서 발견한다면 적절한 조치를 취할 수 있게 해당 주소나 사이트명을 알려주길 부탁한다.

의심되는 불법 복제물의 링크를 copyright@packtpub.com으로 보내주기 바란다.

저자와 더 좋은 책을 위한 팩트 출판사의 노력을 배려하는 마음에 깊은 감사의 마음을 전한다.

질문

이 책에 관련된 질문이 있다면 questions@packtpub.com으로 문의하기 바란다. 온 힘을 다해 질문에 답해드리겠다. 한국어판에 관한 질문은 이 책의 옮긴이나 에이콘출판사 편집팀(editor@acornpub.co.kr)으로 문의할 수 있다.

1 하둡 분산 파일 시스템: 데이터 가져오기와 내보내기

> **1장에서 다루는 내용**
>
> - 하둡 셸 명령어를 사용해 데이터를 내보내고 HDFS로 데이터 가져오기
> - 분산 복사를 사용한 클러스터 간의 효율적인 데이터 이동
> - 스쿱을 사용해 데이터를 MySQL에서 HDFS로 가져오기
> - 스쿱을 사용해 데이터를 HDFS에서 MySQL로 내보내기
> - MS-SQL 서버를 위한 스쿱 구성
> - 데이터를 HDFS에서 몽고DB로 내보내기
> - 데이터를 몽고DB에서 HDFS로 가져오기
> - 피그를 사용해 데이터를 HDFS에서 몽고DB로 내보내기
> - 그린플럼 외부 테이블에서의 HDFS 사용
> - 데이터를 HDFS로 적재하기 위한 플룸 사용

개요

일반적으로 분석 플랫폼 구축 시 하둡Hadoop은 복잡한 데이터 흐름의 중심에 있다. 수많은 종류의 시스템에서 발생하는 데이터가 종종 **하둡 분산 파일 시스템**HDFS, Hadoop Distributed File System으로 수집된다. 그런 다음 맵리듀스MapReduce와 맵리듀스 상위에 내장된 언어(하이브Hive, 피그Pig, 캐스케이딩Cascading 등)를 사용해 데이터를 가공한다. 결과적으로 필터링, 변형, 집계된 데이터를 하나 이상의 외부 시스템으로 내보낸다.

예를 들어, 대형 웹사이트는 기초 분석 데이터를 생산하길 원한다. 먼저 일부 서버에서 발생한 웹로그를 수집해서 HDFS로 넣는다. 그리고 이 데이터를 입력으로 사용해 맵리듀스 잡job이 실행된다. 이 웹로그 데이터는 파싱parsing되고 요약되어 IP 주소, 지리 정보와 결합된다. 이 출력은 URL과 페이지 뷰 그리고 각 쿠키에 의한 위치 데이터를 보여준다. 이 리포트는 관계형 데이터베이스로 내보내기 된다. 그럼 임의의 질의로 이 데이터를 실행할 수 있다. 분석가는 빠르게 현재 집계된 유일한 쿠키들과 가장 많이 본 페이지 그리고 지역별 방문객 또는 이 데이터를 새롭게 가공한 리포트를 생산한다.

1장은 HDFS를 기준으로 데이터 가져오기와 내보내기에 초점을 맞춘다. 이때 데이터의 소스source와 목적지destination로 로컬 파일 시스템, 관계형 데이터베이스, NoSQL 데이터베이스, 분산 데이터베이스와 그 외 하둡 클러스터가 포함될 수 있다.

하둡 셸 명령어를 사용해 데이터를 내보내고 HDFS로 데이터 가져오기

HDFS는 수많은 기능에 접근하기 위해 셸 명령어를 제공한다. 이 명령어는 HDFS 파일 시스템 API의 상위에 존재한다. 이 커맨드라인을 통해 하둡을 제어하는 셸 스크립트도 함께 제공한다. 하둡 셸 스크립트는 기본적으로 하둡 바이너리 디렉토리 경로인 $HADOOP_BIN에 위치한다. 편의상, $HADOOP_BIN을 환경 변수인 $PATH에 추가한다. HDFS의 모든 셸 명령어는 `hadoop fs –COMMAND`의 형태를 띤다.

HDFS의 전체 명령어 리스트를 얻으려면, 다음과 같이 명령어 없이 `fs` 옵션만 넣고 실행한다.

```
hadoop fs
```

```
[cloudera@localhost Desktop]$ hadoop fs
Usage: hadoop fs [generic options]
        [-cat [-ignoreCrc] <src> ...]
        [-chgrp [-R] GROUP PATH...]
        [-chmod [-R] <MODE[,MODE]... | OCTALMODE> PATH...]
        [-chown [-R] [OWNER][:[GROUP]] PATH...]
        [-copyFromLocal <localsrc> ... <dst>]
        [-copyToLocal [-ignoreCrc] [-crc] <src> ... <localdst>]
        [-count [-q] <path> ...]
        [-cp <src> ... <dst>]
        [-df [-h] [<path> ...]]
        [-du [-s] [-h] <path> ...]
        [-expunge]
        [-get [-ignoreCrc] [-crc] <src> ... <localdst>]
        [-getmerge [-nl] <src> <localdst>]
        [-help [cmd ...]]
        [-ls [-d] [-h] [-R] [<path> ...]]
        [-mkdir [-p] <path> ...]
        [-moveFromLocal <localsrc> ... <dst>]
        [-moveToLocal <src> <localdst>]
        [-mv <src> ... <dst>]
        [-put <localsrc> ... <dst>]
        [-rm [-f] [-r|-R] [-skipTrash] <src> ...]
        [-rmdir [--ignore-fail-on-non-empty] <dir> ...]
        [-setrep [-R] [-w] <rep> <path/file> ...]
        [-stat [format] <path> ...]
        [-tail [-f] <file>]
        [-test -[ezd] <path>]
        [-text [-ignoreCrc] <src> ...]
        [-touchz <path> ...]
        [-usage [cmd ...]]
```

이 명령어들은 유닉스 셸 명령어의 이름과 매우 비슷하다. 특정 명령어에 관한 더 자세한 정보를 얻고 싶다면 help 옵션을 사용한다.

```
hadoop fs -help ls
```

```
[cloudera@localhost Desktop]$ hadoop fs -help ls
-ls [-d] [-h] [-R] [<path> ...]:        List the contents that match the specified file pattern. If
                path is not specified, the contents of /user/<currentUser>
                will be listed. Directory entries are of the form
                        dirName (full path) <dir>
                and file entries are of the form
                        fileName (full path) <r n> size
                where n is the number of replicas specified for the file
                and size is the size of the file, in bytes.
                -d  Directories are listed as plain files.
                -h  Formats the sizes of files in a human-readable fashion
                    rather than a number of bytes.
                -R  Recursively list the contents of directories.
[cloudera@localhost Desktop]$
```

이 셸 명령어에 대한 설명은 공식 온라인 사이트인 http://hadoop.apache.org/common/docs/r0.20.2/hdfs_shell.html에서도 찾을 수 있다.

이제 HDFS로 데이터를 가져오거나 내보내기 위해 하둡 셸 명령어를 사용할 것이다. 이 명령어는 종종 임의의 데이터를 적재하고 처리된 데이터를 내려받거나 혹은 HDFS를 제어하고 디렉토리 내의 컨텐츠를 보는 데 사용된다. 효과적으로 HDFS를 운용하기 위해 이 명령어들은 기본적으로 알아야 한다.

준비

팩트 웹사이트 http://www.packtpub.com/support에서 weblog_entries.txt 데이터셋을 내려받는다.

예제 구현

HDFS에 새 디렉토리를 생성하고 weblog_entries.txt를 로컬 파일 시스템에서 HDFS로 복사하기 위해 다음 단계를 수행한다.

1. weblog_entries.txt 파일을 저장하기 위해 HDFS 내에 새 디렉토리를 생성한다.

    hadoop fs -mkdir /data/weblogs

2. 로컬 파일 시스템에서 HDFS 내의 새 디렉토리로 weblog_entries.txt를 복사한다.

    hadoop fs -copyFromLocal weblog_entries.txt /data/weblogs

3. weblog_entries.txt 파일 정보를 리스트한다.

    hadoop fs -ls /data/weblogs/weblog_entries.txt

```
[cloudera@localhost Desktop]$ hadoop fs -ls /data/weblogs
Found 1 items
-rw-r--r--   1 cloudera supergroup     254129 2012-12-31 11:06 /data/weblogs/weblog_entries.txt
[cloudera@localhost Desktop]$
```

하둡의 잡 실행 결과는 외부 시스템에서 사용될 수 있다. 데이터를 레거시 시스템에서 더 처리할 필요가 있거나 요구사항이 맵리듀스 패러다임에 적합하지 않으면, HDFS에서 데이터를 내보낼 필요가 있다. HDFS에서 데이터를 내려받기 위한 가장 간단한 방법은 하둡 셸을 사용하는 것이다.

4. 아래 코드는 HDFS에서 로컬 파일 시스템의 디렉토리로 weblog_entries.txt 를 복사한다.

    hadoop fs -copyToLocal /data/weblogs/weblog_entries.txt ./weblog_entries.txt

HDFS에서 로컬 파일 시스템으로 파일을 복사할 때, 로컬 파일 시스템의 여유 공간과 네트워크 속도를 살펴야 한다. HDFS에 파일 크기는 테라바이트에서 수십 테라바이트까지 존재한다.

 예제 코드 내려받기
이 책에 사용된 예제 파일은 책을 어디서 구매했든 상관없이 팩트 출판사 사이트(http://www.packtpub.com/support)나 에이콘출판사 사이트(http://www.acornpub.co.kr/book/hadoop-real-world)에서 받아볼 수 있다.

예제 분석

하둡 셸 명령어는 HDFS 파일 시스템 API를 포함한 유용한 도구다. 사실 hadoop 셸 스크립트와 fs 옵션은 org.apache.hadoop.fs.FsShell 클래스를 사용한 자바 애플리케이션을 설정한다. 그리고 FsShell 클래스는 org.apache.hadoop.fs.FileSystem 객체를 인스턴스화하고 fs 커맨드라인 인자를 파일 시스템의 메소드에 매핑한다. 예를 들어, `hadoop fs -mkdir /data/weblogs`는 `FileSystem.mkdirs(new Path("/data/weblogs"))`와 동일하다. 또한 `hadoop fs -copyFromLocal weblog_entries.txt /data/weblogs`는 `FileSystem.copyFromLocal(new Path("weblog_entries.txt"), new Path("/data/weblogs"))`와 동일하다. 이것은 HDFS에서 로컬 파일 시스템으로 데이터를 복사하는 데 적용한다. `copyToLocal` 하둡 셸 명령어는 `FileSystem.copyToLocal(new Path("/data/weblogs/weblog_entries.txt"), new Path("./weblog_entries.txt"))`와 동일하다. FileSystem 클래스와 메소드에 관한 더 많은 정보는 공식 자바독Javadoc 페이지(http://hadoop.apache.org/docs/r0.20.2/api/org/apache/hadoop/fs/FileSystem.html)에서 찾을 수 있다.

`mkdir` 명령어는 `hadoop fs -mkdir PATH1 PATH2`의 형태를 띤다. 예를 들어, `hadoop fs -mkdir /data/weblogs/12012012 /data/weblogs/12022012`는 HDFS에 각기 /data/weblogs/12012012와 /data/weblogs/12022012 2개의 디렉토리를 생성한다. `mkdir` 명령어는 성공 시 0을, 에러 발생 시 -1을 반환한다.

```
hadoop fs -mkdir /data/weblogs/12012012 /data/weblogs/12022012
hadoop fs -ls /data/weblogs
```

```
[cloudera@localhost data]$ hadoop fs -mkdir /data/weblogs/12012012 /data/weblogs/12022012
[cloudera@localhost data]$ hadoop fs -ls /data/weblogs
Found 3 items
drwxr-xr-x   - cloudera supergroup          0 2012-12-31 11:18 /data/weblogs/12012012
drwxr-xr-x   - cloudera supergroup          0 2012-12-31 11:18 /data/weblogs/12022012
-rw-r--r--   1 cloudera supergroup     254129 2012-12-31 11:06 /data/weblogs/weblog_entries.txt
[cloudera@localhost data]$
```

`copyFromLocal` 명령어는 `hadoop fs -copyFromLocal LOCAL_FILE_PATH URI`의 형태를 띤다. 만약 URI가 명시적으로 주어지지 않으면, 기본 값이 사용된다. 이 기본 값은 core-site.xml 파일의 `fs.default.name` 속성 값을 사용한다. `copyFromLocal` 명령어의 실행 결과로 성공은 0을 그리고 에러는 -1을 반환한다.

`copyToLocal` 명령어는 `hadoop fs -copyToLocal [-ignorecrc] [-crc] URI LOCAL_FILE_PATH`의 형태를 띤다. 만약 URI가 명시적으로 주어지지 않으면, 기본 값이 사용된다. 이 기본 값은 core-site.xml 파일의 `fs.default.name` 속성 값을

사용한다. `copyToLocal` 명령어는 복사된 데이터가 변경되지 않았음을 검증하기 위해 **순환 중복 검사**CRC, Cyclic Redundancy Check를 한다.

> **부연 설명**

`put` 명령어는 `copyFromLocal`과 비슷하다. `put`이 약간 더 일반적이고 여러 파일을 HDFS로 복사할 수 있다. 표준 입력stdin의 입력을 읽을 수 있다.

`get` 명령어는 `copyToLocal` 대신 사용할 수 있다. 이때 둘 다 내부적으로 같은 로직을 공유한다.

큰 데이터셋을 처리할 때 잡의 출력은 하나 이상의 파트part로 분할된다. 파트의 수는 `mapred.reduce.tasks` 속성 값으로 결정되고 `Jobconf` 클래스의 `setNumReduceTasks()`를 사용해 값을 설정한다. 각 파트는 리듀서reducer 태스크당 하나의 파트 파일이 될 것이다. 리듀서의 수는 잡마다 달라질 수 있기 때문에 이 속성 값은 클러스터가 아닌 잡에서 설정한다. 기본 값은 1이다. 이는 모든 맵 태스크의 출력이 하나의 리듀서로 보내짐을 의미한다. 만약 맵 태스크의 누적된 출력이 1기가바이트보다 크면 기본 값을 사용하지 않는다. 최적의 리듀서 태스크 수를 설정하는 일은 과학이라기보다 예술에 가깝다.[1] JobConf 문서에서는 다음의 두 공식 중 하나를 추천한다.

```
0.95 * NUMBER_OF_NODES * mapred.tasktracker.reduce.tasks.maximum
```

또는

```
1.75 * NUMBER_OF_NODES * mapred.tasktracker.reduce.tasks.maximum
```

예를 들어 클러스터가 태스크 트래커를 실행하는 10개의 노드를 가지고 `mapred.tasktracker.reduce.tasks.maximum` 속성 값이 최대 5개의 리듀스reduce 슬롯을 가지면, 공식은 0.95 * 10 * 5 = 47.5가 된다. 리듀스 슬롯의 수가 양수이기 때문에 이 값은 소수점이 나오면 반올림하거나 절삭한다.

---

1 초보자는 리듀서 태스크의 수를 1로 두고 쓴다. 리듀스 태스크 수는 하둡 설정 값으로 상속을 받고 운용하지만, setNumReduceTasks() 코드로 적용하면서 결정하게 된다. 이후 안정화되고 배치 스케줄링이 되면 하둡 구성 파일에 설정하게 된다. 따라서 이 부분은 많은 시간과 노력이 필요하다. – 옮긴이

JobConf 문서는 http://hadoop.apache.org/docs/current/api/org/apache/hadoop/mapred/JobConf.html#setNumReduceTasks(int)에서 앞에서 언급한 공식의 근거를 제공한다.

> 모든 리듀서의 95%는 즉시 준비되고 맵이 완료될 때 맵의 출력을 전송받기 시작한다. 1.75배가 더 빠른 노드들은 첫 번째 리듀스를 완료하고 로드 밸런싱이 훨씬 더 나은 리듀스 잡을 두 번째로 시작한다.

분할된 출력은 디렉토리명을 사용해 HDFS 내에서 참조된다. 디렉토리명이 주어진 잡은 처리 시 각 파트 파일을 읽는다. 그러나 문제는 get과 copyToLocal 명령어가 파일만 처리하기 때문에 디렉토리를 복사할 수 없다는 점이다. 파일이 수백, 수천 개라면 각 파일을 일일이 복사하고 지역적으로 병합하는 일은 부담이고 비효율적일 수 있다. 다행히도 하둡 셸은 모든 분산된 파트 파일을 단일 출력 파일로 병합하고 로컬 파일 시스템으로 복사하는 getmerge 명령어를 제공한다.

아래의 피그Pig 스크립트는 getmerge 명령어를 설명한다.

```
weblogs = load '/data/weblogs/weblog_entries.txt' as
              (md5:chararray,
               url:chararray,
               date:chararray,
               time:chararray,
               ip:chararray);

md5_grp = group weblogs by md5 parallel 4;

store md5_grp into '/data/weblogs/weblogs_md5_groups.bcp';
```

피그 스크립트는 다음과 같이 커맨드라인에서 실행될 수 있다.

```
pig -f weblogs_md5_group.pig
```

이 피그 스크립트는 weblog_entries.txt의 각 라인을 읽는다. 그리고 md5로 데이터를 그룹핑한다. parallel 4는 mapred.reduce.tasks의 수를 설정하는 피그만의 방법이다. 4개의 리듀스 태스크가 잡의 파트로 실행되고 4개의 파트 파일이 생성된다. 피그 스크립트는 그 출력 파일들을 /data/weblogs/weblogs_md5_groups.bcp에 저장한다.

```
[cloudera@localhost data]$ hadoop fs -ls /data/weblogs
Found 4 items
drwxr-xr-x   - cloudera supergroup          0 2012-12-31 11:18 /data/weblogs/12012012
drwxr-xr-x   - cloudera supergroup          0 2012-12-31 11:18 /data/weblogs/12022012
-rw-r--r--   1 cloudera supergroup     254129 2012-12-31 11:06 /data/weblogs/weblog_entries.txt
drwxr-xr-x   - cloudera supergroup          0 2012-12-31 11:27 /data/weblogs/weblogs_md5_groups.bcp
[cloudera@localhost data]$
```

weblogs_md5_groups.bcp는 실제 디렉토리명이다. 이 디렉토리를 리스트하면 다음과 같은 출력 화면을 볼 수 있다.

```
[cloudera@localhost data]$ hadoop fs -ls /data/weblogs/weblogs_md5_groups.bcp
Found 5 items
-rw-r--r--   1 cloudera supergroup          0 2012-12-31 11:27 /data/weblogs/weblogs_md5_groups.bcp/_SUCCESS
-rw-r--r--   1 cloudera supergroup      85435 2012-12-31 11:27 /data/weblogs/weblogs_md5_groups.bcp/part-r-00000
-rw-r--r--   1 cloudera supergroup      91250 2012-12-31 11:27 /data/weblogs/weblogs_md5_groups.bcp/part-r-00001
-rw-r--r--   1 cloudera supergroup      87885 2012-12-31 11:27 /data/weblogs/weblogs_md5_groups.bcp/part-r-00002
-rw-r--r--   1 cloudera supergroup      90017 2012-12-31 11:27 /data/weblogs/weblogs_md5_groups.bcp/part-r-00003
[cloudera@localhost data]$
```

/data/webolgs/weblogs_md5_groups.bcp 안에 part-r-00000, part-r-00001, part-r-00002, part-r-00003이라는 4개의 파트 파일이 있다.

getmerge 명령어는 4개의 파트 파일을 병합하고 아래 커맨드라인처럼 로컬 파일 시스템으로 하나의 병합된 파일을 복사한다.

hadoop fs -getmerge /data/weblogs/weblogs_md5_groups.bcp weblogs_md5_groups.bcp

로컬 디렉토리를 리스트하면 다음과 같은 출력을 얻는다.

```
[cloudera@localhost data]$ hadoop fs -getmerge /data/weblogs/weblogs_md5_groups.bcp weblogs_md5_groups.bcp
[cloudera@localhost data]$ ls -ltr
total 600
-rwxr-xr-x 1 cloudera cloudera 254129 Dec 31 11:15 weblog_entries.txt
-rwxr-xr-x 1 cloudera cloudera 354587 Dec 31 15:25 weblogs_md5_groups.bcp
[cloudera@localhost data]$
```

참고사항

▶ 2장의 'HDFS에서 데이터 읽고 쓰기' 절에서 HDFS가 직접 파일 시스템 API를 사용하는 방법을 보여준다.

▶ 아래 링크는 여러 파일 시스템 셸 명령어와 `FileSystem` 클래스에 대한 자바 API를 보여준다.
  - http://hadoop.apache.org/common/docs/r0.20.2/hdfs_shell.html
  - http://hadoop.apache.org/docs/r0.20.2/api/org/apache/hadoop/fs/FileSystem.html

분산 복사를 사용한 클러스터 간의 효율적인 데이터 이동

하둡 분산 복사Distributed Copy(distcp)는 클러스터 안에 또는 클러스터 간의 대용량 데이터를 효율적으로 복사하는 도구다. 복사하는 데 맵리듀스 프레임워크를 사용한다. 맵리듀스 사용의 이점은 병렬 처리, 에러 처리, 복구, 로깅, 리포팅 기능 등이다. 하둡 분산 복사 명령어(distcp)는 개발, 리서치 그리고 제품 클러스터 환경 간에 데이터를 이동할 때 유용하다.

준비

소스와 목적지의 클러스터 간에 네트워크로 연결돼야 한다.

소스 클러스터는 맵 태스크의 위험한 실행을 해제할 수 있다. mapred-site.xml 구성 파일에서 `mapred.map.tasks.speculative.execution`을 `false`로 설정한다. 이는 맵 태스크가 실패하는 경우 발생하는 예기치 않은 행위로부터 보호한다.

소스와 목적지 클러스터는 동일한 RPC 프로토콜을 사용해야 한다. 즉 소스와 목적지 클러스터에 설치된 하둡 버전이 동일해야 한다는 뜻이다.

예제 구현

하나의 클러스터에서 또 다른 클러스터로 디렉토리를 복사하기 위해 다음 단계를 수행한다.

1. 클러스터 A에서 클러스터 B로 웹로그 디렉토리를 복사한다.

   ```
   hadoop distcp hdfs://namenodeA/data/weblogs hdfs://namenodeB/data/weblogs
   ```

2. 클러스터 A에서 클러스터 B로 기존 파일을 덮어쓰고 웹로그 디렉토리를 복사한다.

   hadoop distcp -overwrite hdfs://namenodeA/data/weblogs hdfs://namenodeB/data/weblogs

3. 클러스터 A와 B 사이에 웹로그 디렉토리를 동기화한다.

   hadoop distcp -update hdfs://namenodeA/data/weblogs hdfs://namenodeB/data/weblogs

예제 분석

소스 클러스터에서 복사하려는 디렉토리는 큰 임시 파일처럼 다룬다. 맵 온리map-only 맵리듀스 잡이 생성되고, 그것은 클러스터 간에 디렉토리를 복사할 것이다. 기본적으로, 각 매퍼는 임시 파일에서 256MB 블록씩 가져갈 것이다. 예를 들어, 웹로그 디렉토리가 10GB라면 40개의 매퍼에게 복사하기 위해 각 256MB의 블록이 주어진다. 또한 distcp는 매퍼의 수를 설정할 수 있는 옵션이 있다.

hadoop distcp -m 10 hdfs://namenodeA/data/weblogs hdfs://namenodeB/data/weblogs

이전 예제에서, 10개의 매퍼가 사용됐다고 가정하자. 만약 웹로그 디렉토리가 10GB라면, 각 매퍼에게 디렉토리를 복사하기 위해 약 1GB의 블록이 주어진다.

부연 설명

각기 다른 하둡 버전을 사용하는 두 클러스터 간에 복사를 하면, 소스에 HftpFileSystem을 사용할 것을 추천한다.

hadoop distcp hftp://namenodeA:port/data/weblogs hdfs://namenodeB/data/weblogs

이전 명령어에서 port는 hdfs-site.xml에서 dfs.http.address 속성 값으로 정의된다.

스쿱을 사용해 데이터를 MySQL에서 HDFS로 가져오기

스쿱Sqoop은 하둡 생태계에 속하는 아파치 프로젝트로, 여러 가지 면에서 `distcp`와 비슷하다(1장의 '분산 복사를 사용한 클러스터 간의 효율적인 데이터 이동' 절 참조). 둘 다 맵리듀스 상위 레벨에서 만들어졌고 병렬 처리와 장애 허용이라는 장점이 있다. 스쿱은 클러스터 간에 데이터를 이동하는 대신 JDBC 드라이버를 사용해 관계형 데이터베이스에 데이터를 내보내거나 가져오도록 설계됐다.

스쿱의 기능은 광범위하다. 이 절에서는 웹로그 예제를 통해 MySQL에서 HDFS로 데이터를 가져오기 위한 스쿱의 사용법을 보여준다.

준비

이 예제는 스쿱 버전 1.3.0을 사용한다.

CDH3를 사용한다면 스쿱은 이미 설치되어 있다. CDH3를 사용하지 않는다면[2] https://ccp.cloudera.com/display/CDHDOC/Sqoop+Installation에서 설치 방법을 찾을 수 있다.

이 절에서는 MySQL 인스턴스와 하둡 클러스터가 잘 작동하고 있다고 가정한다. `mysql.user` 테이블은 스쿱이 실행 중인 머신과 사용자 연결이 가능하도록 구성되어 있다. MySQL의 설치와 구성에 관한 자세한 정보는 http://dev.mysql.com/doc/refman//5.5/en/installing.html에 나와 있다.

MySQL JDBC 드라이버 JAR 파일은 $SQOOP_HOME/libs에 복사되어 있다. 이 드라이버는 http://dev.mysql.com/downloads/connector/j/로부터 내려받을 수 있다.

---

2 아파치 하둡 v0.20.2와 스쿱 v1.3.0은 연동 시 에러가 발생할 수 있다. 1장의 모든 예제를 성공적으로 실행하기 위해 CDH3를 설치한다. - 옮긴이

예제 구현

MySQL 테이블에서 HDFS 파일로 데이터를 전송하기 위해 다음 단계를 수행한다.

1. MySQL 인스턴스에 새로운 데이터베이스를 생성한다.

   ```
   CREATE DATABASE logs;
   ```

2. 웹로그 테이블을 생성하고 적재한다.

   ```
   USE logs;
   CREATE TABLE weblogs(
       md5             VARCHAR(32),
       url             VARCHAR(64),
       request_date    DATE,
       request_time    TIME,
       ip              VARCHAR(15)
   );
   LOAD DATA INFILE '/path/weblog_entries.txt'[3] INTO TABLE weblogs
   FIELDS TERMINATED BY '\t' LINES TERMINATED BY '\r\n'[4];
   ```

3. 웹로그 테이블의 로우row 수를 카운트한다.

   ```
   mysql> select count(*) from weblogs;
   ```

   출력은 다음과 같다.

   ```
   +----------+
   | count(*) |
   +----------+
   |    30001 |
   +----------+
   1 row in set (0.01 sec)
   ```

4. MySQL에서 HDFS로 데이터를 가져온다.

   ```
   sqoop import -m 1 --connect jdbc:mysql://<HOST>:<PORT>/logs --username
   hdp_usr --password test1 --table weblogs --target-dir /data/weblogs/
   import
   ```

---

3 앞으로 나오는 디렉토리 경로인 /path 또는 /path/to는 해당 파일이 실제 위치한 절대경로로 대체한다. – 옮긴이
4 '\r\n'에서 유닉스/리눅스/맥의 경우는 '\n'이다. – 옮긴이

출력은 다음과 같다.

```
INFO orm.CompilationManager: Writing jar file:
/tmp/sqoop-jon/compile/f57ad8b208643698f3d01954eedb2e4d/weblogs.jar
WARN manager.MySQLManager: It looks like you are importing from mysql.
WARN manager.MySQLManager: This transfer can be faster! Use the --direct
WARN manager.MySQLManager: option to exercise a MySQL-specific fast path.
...
INFO mapred.JobClient:     Map input records=3000
INFO mapred.JobClient:     Spilled Records=0
INFO mapred.JobClient:     Total committed heap usage (bytes)=85000192
INFO mapred.JobClient:     Map output records=3000
INFO mapred.JobClient:     SPLIT_RAW_BYTES=87
INFO mapreduce.ImportJobBase: Transferred 245.2451 KB in 13.7619 seconds (17.8206 KB/sec)
INFO mapreduce.ImportJobBase: Retrieved 3000 records.
```

예제 분석

스쿱은 $SQOOP_HOME/libs로부터 --connect에 정의된 JDBC 드라이버를 적재한다. $SQOOP_HOME은 스쿱이 설치된 위치의 전체 경로다. --username과 --password 옵션은 MySQL 인스턴스에 인증받는 데 사용된다. mysql.user 테이블은 --username 옵션과 하둡 클러스터 각 노드의 호스트 정보를 담아야 한다. 그렇지 않으면 스쿱은 호스트가 MySQL 서버와 연결이 허용되지 않는다는 예외사항을 던질 것이다.

```
mysql> USE mysql;
mysql> select host, user from user;
```

출력은 다음과 같다.

```
+------------+-----------+
| user       | host      |
+------------+-----------+
| hdp_usr    | hdp01     |
| hdp_usr    | hdp02     |
| hdp_usr    | hdp03     |
```

```
| hdp_usr      | hdp04       |
| root         | 127.0.0.1   |
| root         | ::1         |
| root         | localhost   |
+--------------+-------------+
7 rows in set (1.04 sec)
```

예를 들어, hdp_usr을 사용해 MySQL 서버에 연결한다. 클러스터는 hdp01, hdp02, hdp03, hdp04라는 4개의 머신을 갖는다.

--table 인자는 스쿱이 가져올 테이블을 말한다. 이 경우, 웹로그 테이블을 HDFS로 가져온다. --target-dir 인자는 가져온 테이블이 저장될 HDFS의 디렉토리 경로를 나타낸다.

```
hadoop fs -ls /data/weblogs/import
```

출력은 다음과 같다.

```
-rw-r--r--   1   hdp_usr hdp_grp      0       2012-06-08  23:47 /data/
weblogs/import/_SUCCESS
drwxr-xr-x-  -   hdp_usr hdp_grp      0       2012-06-08  23:47 /data/
weblogs/import/_logs
-rw-r--r--   1   hdp_usr hdp_grp      251131  2012-06-08  23:47 /data/
weblogs/import/part-m-00000
```

기본적으로, 가져올 데이터는 기본 키primary key로 분할된다. 가져올 테이블이 기본 키가 없다면, -m 또는 --split-by 인자를 통해 데이터를 분할할 수 있게 스쿱이 알아야 한다. 이전 예제에서 -m 인자가 사용됐다. -m 인자는 데이터를 가져오는 데 사용될 매퍼의 수를 조절한다. -m이 1로 설정되면, 단일 매퍼가 데이터를 가져올 것이다. 각 매퍼는 파트 파일을 생성할 것이다.

이 한 줄이 매우 복잡한 커맨드라인을 줄여준다. 스쿱은 각 컬럼에 대한 DBWritable 클래스들을 생성하기 위해 데이터베이스에 저장된 메타데이터를 사용한다. 이 클래스들은 DBInputFormat에 의해 사용되고 임의의 질의 결과를 읽을 수 있는 하둡 입력 포맷은 데이터베이스와 대조되어 실행한다. 이전 예제에서 맵리듀스 잡은 웹로그 테이블로부터 컨텐츠를 조회하기 위해 DBInputFormat 클래스를 사용해 시작된다. 전체 웹로그 테이블은 스캔해서 /data/weblogs/import에 저장된다.

> **부연 설명**

스쿱으로 데이터를 가져오는 데 유용한 많은 옵션이 있다. 스쿱은 `--as-avrodatafile` 또는 `--as-sequencefile` 인자를 사용해 에이브로Avro 또는 시퀀스 파일Sequence file로 데이터를 가져올 수 있다. 이 데이터는 `-z` 또는 `--compress` 인자를 사용해, 가져오는 동안 압축할 수도 있다. 기본 코덱은 GZIP이지만 하둡 압축 코덱은 `--compression-codec <CODEC>` 인자를 사용해 그 밖의 코덱도 지원받을 수 있다(2장의 'LZO를 사용한 데이터 압축' 절 참조). 또 다른 유용한 옵션은 `-direct`이다. 이 인자는 설치된 데이터베이스가 지원만 한다면, 네이티브 가져오기/내보내기 도구를 스쿱이 사용할 수 있게 한다. 이전 예제에서 `--direct`가 인자로 추가되면, 스쿱은 웹로그 테이블을 빠르게 내보내기 위해 `mysqldump`를 사용할 수 있다. `--direct` 인자는 이전 예제에서 매우 중요하다. 경고 메시지가 다음과 같이 로깅된다.

```
WARN manager.MySQLManager: It looks like you are importing from mysql.
WARN manager.MySQLManager: This transfer can be faster! Use the --direct
WARN manager.MySQLManager: option to exercise a MySQL-specific fast path.
```

> **참고사항**
>
> ▶ 1장의 '스쿱을 사용해 데이터를 HDFS에서 MySQL로 내보내기' 절 참조

스쿱을 사용해 데이터를 HDFS에서 MySQL로 내보내기

스쿱은 하둡 생태계에 속하는 아파치 프로젝트로, 여러 가지 면에서 `distcp`와 비슷하다(1장의 '분산 복사를 사용한 클러스터 간의 효율적인 데이터 이동' 절 참조). 둘 다 맵리듀스 상위 레벨에서 만들어졌고 병렬 처리와 장애 허용이라는 장점이 있다. 스쿱은 클러스터 간에 데이터를 이동하는 대신 JDBC 드라이버를 사용해 관계형 데이터베

이스에 데이터를 내보내거나 가져오도록 설계됐다.

스쿱의 기능은 광범위하다. 이 절에서는 웹로그 예제를 통해 HDFS에서 MySQL로 데이터를 내보내기 위한 스쿱의 사용법을 보여준다.

준비

이 예제는 스쿱 버전 1.3.0을 사용한다.

CDH3를 사용한다면 이미 스쿱이 설치되어 있다. CDH3를 사용하지 않는다면 https://ccp.cloudera.com/display/CDHDOC/Sqoop+Installation에서 설치 방법을 찾을 수 있다.

이 절에서는 MySQL 인스턴스와 하둡 클러스터가 잘 작동하고 있다고 가정한다. `mysql.user` 테이블은 스쿱이 실행 중인 머신과 사용자 연결이 가능하도록 구성되어 있다. MySQL의 설치와 구성에 관한 자세한 정보는 http://dev.mysql.com/doc/refman/5.5/en/installing.html에 나와 있다.

MySQL JDBC 드라이버 JAR 파일은 $SQOOP_HOME/libs에 복사되어 있다. 이 드라이버는 http://dev.mysql.com/downloads/connector/j/로부터 내려받는다.

weblog_entries.txt 파일을 HDFS로 적재하기 위해 1장의 '하둡 셸 명령어를 사용해 데이터를 내보내고 HDFS로 데이터 가져오기' 절을 참조한다.

예제 구현

HDFS에서 MySQL 테이블로 데이터를 전송하기 위해 다음 단계를 수행한다.

1. MySQL 인스턴스에 새로운 데이터베이스를 생성한다.

    ```
    CREATE DATABASE logs;
    ```

2. weblogs_from_hdfs 테이블을 생성한다.

    ```
    USE logs;
    CREATE TABLE weblogs_from_hdfs (
        md5             VARCHAR(32),
        url             VARCHAR(64),
    ```

```
        request_date       DATE,
        request_time       TIME,
        ip                 VARCHAR(15)
);
```

3. HDFS에서 MySQL로 weblog_entries.txt를 내보낸다.

```
sqoop export -m 1 --connect jdbc:mysql://<HOST>:<PORT>/logs --username
hdp_usr --password test1 --table weblogs_from_hdfs --export-dir /data/
weblogs/weblog_entries.txt --input-fields-terminated-by '\t' --mysql-
delimiters
```

출력은 다음과 같다.

```
INFO mapreduce.ExportJobBase: Beginning export of weblogs_from_hdfs
input.FileInputFormat: Total input paths to process : 1
input.FileInputFormat: Total input paths to process : 1
mapred.JobClient: Running job: job_201206222224_9010
INFO mapred.JobClient:     Map-Reduce Framework
INFO mapred.JobClient:     Map input records=3000
INFO mapred.JobClient:     Spilled Records=0
INFO mapred.JobClient:     Total committed heap usage (bytes)=85000192
INFO mapred.JobClient:     Map output records=3000
INFO mapred.JobClient:     SPLIT_RAW_BYTES=133
INFO mapreduce.ExportJobBase: Transferred 248.3086 KB in 12.2398
seconds (20.287 KB/sec)
INFO mapreduce.ExportJobBase: Exported 3000 records.
```

예제 분석

스쿱은 $SQOOP_HOME/libs로부터 --connect에 정의된 JDBC 드라이버를 적재한다. $SQOOP_HOME은 스쿱이 설치된 위치의 전체 경로다. --username과 --password 옵션은 MySQL 인스턴스에 인증받는 데 사용된다. mysql.user 테이블은 --username 옵션과 하둡 클러스터 각 노드의 호스트 정보를 담아야 한다. 그렇지 않으면 스쿱은 호스트가 MySQL 서버와 연결이 허용되지 않는다는 예외사항을 던질 것이다.

```
mysql> USE mysql;
mysql> select host, user from user;
+---------------+-----------+
| user          | host      |
+---------------+-----------+
| hdp_usr       | hdp01     |
| hdp_usr       | hdp02     |
| hdp_usr       | hdp03     |
| hdp_usr       | hdp04     |
| root          | 127.0.0.1 |
| root          | ::1       |
| root          | localhost |
+---------------+-----------+
7 rows in set (1.04 sec)
```

예를 들어, hdp_usr을 사용해 MySQL 서버에 연결한다. 클러스터는 hdp01, hdp02, hdp03, hdp04라는 4개의 머신을 갖는다.

--table 인자는 HDFS로부터 데이터를 받아서 저장할 MySQL 테이블을 가리킨다. 이 테이블은 스쿱 export 명령어가 실행되기 전에 생성되어 있어야 한다. 스쿱은 HDFS로부터 오는 데이터를 검증하고 INSERT 문을 생성하기 위해 테이블의 메타데이터와 컬럼 수, 컬럼 타입을 사용한다. 예를 들어, 내보내기 잡은 HDFS의 weblogs_entries.txt 파일 각 라인을 읽고 아래 출력을 생산한다고 생각할 수 있다.

```
INSERT INTO weblogs_from_hdfs
VALUES('aabba15edcd0c8042a14bf216c5', '/jcwbtvnkkujo.html', '2012-05-10',
'21:25:44', '148.113.13.214');

INSERT INTO weblogs_from_hdfs
VALUES('e7d3f242f111c1b522137481d8508ab7', '/ckyhatbpxu.html', '2012-05-
10', '21:11:20', '4.175.198.160');

INSERT INTO weblogs_from_hdfs
VALUES('b8bd62a5c4ede37b9e77893e043fc1', '/rr.html', '2012-05-10',
'21:32:08', '24.146.153.181');
...
```

기본적으로, 스쿱 export는 INSERT 문을 생성한다. 만약 --update-key 인자를 사용하면, UPDATE 문이 대신 생성된다. 이전 예제에서 --update-key mds 인자를 사용했다면, 생성되는 코드는 다음과 같이 실행됐을 것이다.

```
UPDATE weblogs_from_hdfs SET url='/jcwbtvnkkujo.html', request_date='2012-
05-10'request_time='21:25:44'
ip='148.113.13.214' WHERE md5='aabba15edcd0c8042a14bf216c5'

UPDATE weblogs_from_hdfs SET url='/jcwbtvnkkujo.html', request_date='2012-
05-10'request_time='21:11:20' ip='4.175.198.160' WHERE md5='e7d3f242f111c1b
522137481d8508ab7'

UPDATE weblogs_from_hdfs SET url='/jcwbtvnkkujo.html', request_date='2012-
05-10'request_time='21:32:08' ip='24.146.153.181' WHERE md5='b8bd62a5c4ede3
7b9e77893e043fc1'
```

이 경우, --update-key 값이 없고 --update-mode를 allowinsert로 설정하면 로우를 삽입한다.

-m 인자는 HDFS에서 분할된 파일을 읽는 맵 잡의 수를 설정한다. 각 매퍼는 MySQL 서버에 각기 연결할 것이다. INSERT 문 1개당 100개의 레코드까지 삽입한다. 100개의 INSERT 문이 완료되면, 총 10,000개의 레코드는 트랜잭션이 커밋commit될 것이다. 삽입 충돌이나 중복 데이터가 발생하면 데이터 불일치 때문에 맵 태스크는 실패할 가능성이 있다. 이 문제는 -staging-table 인자를 사용해서 해결할 수 있다. 먼저 staging 테이블로 레코드를 삽입하는 잡을 만들고 같은 트랜잭션으로 staging 테이블에서 --table 인자에 기술된 테이블로 데이터를 이동한다. --staging-table 인자는 --table과 같은 포맷의 테이블이어야 한다. --staging-table 테이블은 비어 있어야 하고, 그렇지 않으면 --clear-staging-table 인자를 사용해야 한다.

참고사항

▶ 1장의 '스쿱을 사용해 데이터를 MySQL에서 HDFS로 가져오기' 절 참조

MS-SQL 서버를 위한 스쿱 구성

이 절에서는 마이크로소프트 SQL 서버 데이터베이스와 연결하기 위해 스쿱을 구성하는 방법을 설명한다. 마이크로소프트 SQL 서버 데이터베이스에서 HDFS로 효과적으로 데이터를 적재한다.

준비

이 예제는 스쿱 버전 1.3.0을 사용한다.

CDH3를 사용한다면 이미 스쿱이 설치되어 있다. CDH3를 사용하지 않는다면 https://ccp.cloudera.com/display/CDHDOC/Sqoop+Installation에서 설치 방법을 찾을 수 있다.

이 절에서는 SQL 서버 인스턴스와 하둡 클러스터가 잘 동작한다고 가정한다.

예제 구현

스쿱과 마이크로소프트 SQL 서버 데이터베이스를 연결하기 위해 다음 단계를 수행한다.

1. 아래 사이트로부터 'Microsoft SQL Server JDBC Driver 3.0'을 내려받는다.

    http://download.microsoft.com/download/D/6/A/D6A241AC-433E-4CD2-A1CE-50177E8428F0/1033/sqljdbc_3.0.1301.101_enu.tar.gz

    이 다운로드는 SQL 서버 JDBC 드라이버인 sqljdbc4.jar를 포함한다. 스쿱은 JDBC 드라이버를 사용해 관계형 데이터베이스를 연결한다.

2. TAR 파일의 압축을 풀고 추출한다.

    ```
    gzip -d sqljdbc_3.0.1301.101_enu.tar.gz
    tar -xvf sqljdbc_3.0.1301.101_enu.tar
    ```

    이때 sqljdbc_3.0 디렉토리가 생성된다.

3. sqljdbc4.jar를 $SQOOP_HOME/lib에 복사한다.

   ```
   cp sqljdbc_3.0/enu/sqljdbc4.jar $SQOOP_HOME/lib
   ```

   스쿱은 이제 sqljdbc4.jar에 접근해서 SQL 서버 인스턴스에 연결할 수 있다.

4. 아래 사이트에서 'Microsoft SQL Server Connector for Apache Hadoop'을 내려받는다.

   http://download.microsoft.com/download/B/E/5/BE5EC4FD-9EDA-4C3F-8B36-1C8AC4CE2CEF/sqoop-sqlserver-1.0.tar.gz

5. TAR 파일의 압축을 풀고 추출한다.

   ```
   gzip -d sqoop-sqlserver-1.0.tar.gz
   tar -xvf sqoop-sqlserver-1.0.tar
   ```

   그러면 sqoop-sqlserver-1.0 디렉토리가 생성된다.

6. MSSQL_CONNECTOR_HOME 환경 변수를 설정한다.

   ```
   export MSSQL_CONNECTOR_HOME=/path/to/sqoop-sqlserver-1.0
   ```

7. 설치 스크립트를 실행한다.

   ```
   ./install.sh
   ```

8. 데이터를 가져오고 내보내기 위해 1장의 '스쿱을 사용해 데이터를 MySQL에서 HDFS로 가져오기' 절과 '스쿱을 사용해 데이터를 HDFS에서 MySQL로 내보내기' 절을 참고한다. 이 절들의 내용은 SQL 서버에도 잘 적용된다. 이때 --connect 인자는 --connect jdbc:sqlserver://<HOST>:<PORT>로 변경해야 한다.

예제 분석

스쿱은 JDBC를 사용해 데이터베이스와 통신한다. sqljdbc4.jar 파일을 $SQOOP_HOME/lib 디렉토리에 추가한 후, 스쿱은 --connect jdbc:sqlserver://<HOST>:<PORT>를 사용해 SQL 서버 인스턴스를 연결할 수 있다. 이때 SQL 서버가 스쿱과 완전히 호환되기 위해 일부 구성이 변경돼야 한다. 이 구성은 스쿱의 install.sh 스크립트를 실행하면 업데이트된다.

데이터를 HDFS에서 몽고DB로 내보내기

이 절에서는 HDFS 인스턴스에서 몽고DB_{MongoDB} 컬렉션으로 데이터를 적재하기 위해 `MongoOutputFormat`을 사용할 것이다.

준비

몽고 하둡 어댑터_{Mongo Hadoop Adaptor}를 시작하는 가장 쉬운 방법은 깃허브_{GitHub}에서 mongo-hadoop 프로젝트를 클론_{clone}해서 하둡의 특정 버전을 위해 구성된 프로젝트로 빌드한다. 깃_{Git} 클라이언트는 이 프로젝트를 클론하기 위해 설치해야 한다.

이 절에서는 CDH3 하둡 배포판을 사용한다고 가정한다.

공식 깃 클라이언트는 http://git-scm.com/downloads에서 찾을 수 있다.

- 윈도우용 깃허브: http://windows.github.com/
- 맥용 깃허브: http://mac.github.com/

몽고 하둡 어댑터는 https://github.com/mongodb/mongo-hadoop에서 찾을 수 있다. 이 프로젝트는 임의의 하둡 버전으로 빌드할 필요가 있다. 빌드된 JAR 파일은 각 노드의 $HADOOP_HOME/lib 디렉토리 내에 설치돼야 한다.

몽고 자바 드라이버는 각 노드의 $HADOOP_HOME/lib에 설치돼야 한다. 이 드라이버는 https://github.com/mongodb/mongo-java-driver/downloads에서 찾을 수 있다.

예제 구현

HDFS에서 몽고DB로 데이터를 복사하기 위해 다음 단계를 수행한다.

1. 아래 커맨드라인을 이용해 mongo-hadoop 리포지터리를 클론한다.

   `git clone https://github.com/mongodb/mongo-hadoop.git`

2. 안정적인 릴리스 1.0 버전을 체크아웃한다.

   `git checkout release-1.0`

3. mongo-hadoop의 하둡 버전을 설정한다. mongo-hadoop이 복제된 디렉토리에서 텍스트 편집기를 이용해 build.sbt 파일을 열고

   `hadoopRelease in ThisBuild := "default"`

   위 라인을 다음과 같이 변경한다.

   `hadoopRelease in ThisBuild := "cdh3"`

4. mongo-hadoop을 빌드한다.

   `./sbt package`

   core/target 디렉토리 안에 mongo-hadoop-core_cdh3u3-1.0.0.jar가 생성될 것이다.

5. https://github.com/mongodb/mongo-java-driver/downloads 사이트에서 'MongoDB Java Driver Version 2.8.0'을 내려받는다.

6. 각 노드의 $HADOOP_HOME/lib에 mongo-hadoop과 몽고DB 자바 드라이버를 복사한다.

   `cp mongo-hadoop-core_cdh3u3-1.0.0.jar mongo-2.8.0.jar $HADOOP_HOME/lib`

7. HDFS에서 weblog_entries.txt 웹로그를 읽고 MongoOutputFormat 클래스를 사용해 웹로그를 몽고DB에 쓰는 자바 맵리듀스 프로그램을 생성한다.

   `import java.io.*;`

   `import org.apache.commons.logging.*;`

```java
import org.apache.hadoop.conf.*;
import org.apache.hadoop.fs.Path;
import org.apache.hadoop.io.*;
import org.apache.hadoop.mapreduce.lib.input.FileInputFormat;
import org.apache.hadoop.mapreduce.lib.input.TextInputFormat;
import org.apache.hadoop.mapreduce.*;
import org.bson.*;
import org.bson.types.ObjectId;

import com.mongodb.hadoop.*;
import com.mongodb.hadoop.util.*;

public class ExportToMongoDBFromHDFS {

  private static final Log log =
    LogFactory.getLog(ExportToMongoDBFromHDFS.class);

  public static class ReadWeblogs extends Mapper<LongWritable,
      Text, ObjectId, BSONObject> {

    public void map(Text key, Text value, Context context)
        throws IOException, InterruptedException {

      System.out.println("Key: " + key);
      System.out.println("Value: " + value);

      String[] fields = value.toString().split("\t");

      String md5 = fields[0];
      String url = fields[1];
      String date = fields[2];
      String time = fields[3];
      String ip = fields[4];

      BSONObject b = new BasicBSONObject();
      b.put("md5", md5);
      b.put("url", url);
      b.put("date", date);
      b.put("time", time);
      b.put("ip", ip);
```

```java
        context.write(new ObjectId(), b);
    }
}

public static void main(String[] args) throws Exception {

    final Configuration conf = new Configuration();
    MongoConfigUtil.setOutputURI(conf,
        "mongodb://<HOST>:<PORT>/test.weblogs");

    System.out.println("Configuration: " + conf);

    final Job job = new Job(conf, "Export to Mongo");

    Path in = new Path("/data/weblogs/weblog_entries.txt");
    FileInputFormat.setInputPaths(job, in);

    job.setJarByClass(ExportToMongoDBFromHDFS.class);
    job.setMapperClass(ReadWeblogs.class);

    job.setOutputKeyClass(ObjectId.class);
    job.setOutputValueClass(BSONObject.class);

    job.setInputFormatClass(TextInputFormat.class);
    job.setOutputFormatClass(MongoOutputFormat.class);

    job.setNumReduceTasks(0);

    System.exit(job.waitForCompletion(true) ? 0 : 1);
  }
}
```

8. 실행 가능한 JAR 파일을 내보내고 잡을 실행한다.

```
hadoop jar ExportToMongoDBFromHDFS.jar
```

9. 몽고 셸을 이용해 몽고DB 컬렉션에 적재된 웹로그를 검증한다.

```
db.weblogs.find();
```

> 예제 분석

몽고 하둡 어댑터는 `MongoInputFormat`과 `MongoOutputFormat`이라는 새로운 하둡 호환 파일 시스템 구현 클래스를 제공한다. 이런 추상화는 몽고DB를 하둡 호환 파일 시스템처럼 작업하게 해준다.

데이터를 몽고DB에서 HDFS로 가져오기

이 절에서는 몽고DB 컬렉션에서 HDFS로 데이터를 적재하기 위해 `MongoInputFormat` 클래스를 사용한다.

> 준비

몽고 하둡 어댑터를 시작하는 가장 쉬운 방법은 깃허브에서 mongo-hadoop 프로젝트를 클론하고 특정 하둡 버전으로 구성된 프로젝트를 빌드하는 것이다. 깃 클라이언트는 이 프로젝트를 클론하고 설치한다.

이 절에서는 CDH3 하둡 배포판을 사용한다고 가정한다.

공식 깃 클라이언트는 http://git-scm.com/downloads에서 찾을 수 있다.

- 윈도우용 깃허브: http://windows.github.com/
- 맥용 깃허브: http://mac.github.com/

몽고 하둡 어댑터는 https://github.com/mongodb/mongo-hadoop에서 찾을 수 있다. 이 프로젝트는 임의의 하둡 버전으로 빌드할 필요가 있다. 빌드된 JAR 파일은 각 노드의 $HADOOP_HOME/lib 디렉토리 내에 설치돼야 한다.

몽고 자바 드라이버는 각 노드의 $HADOOP_HOME/lib에 설치돼야 한다. 이 드라이버는 https://github.com/mongodb/mongo-java-driver/downloads에서 찾을 수 있다.

예제 구현

몽고DB에서 HDFS로 데이터를 복사하기 위해 다음 단계를 수행한다.

1. mongo-hadoop 리포지터리를 클론한다.

   git clone https://github.com/mongodb/mongo-hadoop.git

2. 안정적인 릴리스 1.0 버전을 체크아웃한다.

   git checkout release-1.0

3. mongo-hadoop의 하둡 버전을 설정한다. mongo-hadoop이 복제된 디렉토리에서 텍스트 편집기를 이용해 build.sbt 파일을 열고

   hadoopRelease in ThisBuild := "default"

   위 라인을 다음과 같이 변경한다.

   hadoopRelease in ThisBuild := "cdh3"

4. mongo-hadoop을 빌드한다.

   ./sbt package

   core/target 디렉토리 안에 mongo-hadoop-core_cdh3u3-1.0.0.jar가 생성될 것이다.

5. https://github.com/mongodb/mongo-java-driver/downloads 사이트에서 'MongoDB Java Driver Version 2.8.0'을 내려받는다.

6. 각 노드의 $HADOOP_HOME/lib에 mongo-hadoop과 몽고DB 자바 드라이버를 복사한다.

   cp mongo-hadoop-core_cdh3u3-1.0.0.jar mongo-2.8.0.jar $HADOOP_HOME/lib

7. 몽고DB 컬렉션에서 weblog_entries.txt 웹로그를 읽고 HDFS에 웹로그를 쓰는 자바 맵리듀스 프로그램을 생성한다.

   import java.io.*;

   import org.apache.commons.logging.*;

```java
import org.apache.hadoop.conf.*;
import org.apache.hadoop.fs.Path;
import org.apache.hadoop.io.*;
import org.apache.hadoop.mapreduce.lib.output.*;
import org.apache.hadoop.mapreduce.*;
import org.bson.*;

import com.mongodb.hadoop.*;
import com.mongodb.hadoop.util.*;

public class ImportWeblogsFromMongo {

  private static final Log log =
    LogFactory.getLog(ImportWeblogsFromMongo.class);

  public static class ReadWeblogsFromMongo extends Mapper<Object,
      BSONObject, Text, Text> {

    public void map(Object key, BSONObject value, Context
        context) throws IOException, InterruptedException {

      System.out.println("Key: " + key);
      System.out.println("Value: " + value);

      String md5 = value.get("md5").toString();
      String url = value.get("url").toString();
      String date = value.get("date").toString();
      String time = value.get("time").toString();
      String ip = value.get("ip").toString();
      String output = "\t" + url + "\t" + date + "\t" +
                  time + "\t" + ip;
      context.write( new Text(md5), new Text(output));
    }
  }

  public static void main(String[] args) throws Exception {

    final Configuration conf = new Configuration();
    MongoConfigUtil.setInputURI(conf,
      "mongodb://<HOST>:<PORT>/test.weblogs");
```

```java
      MongoConfigUtil.setCreateInputSplits(conf, false);
      System.out.println("Configuration: " + conf);

      final Job job = new Job(conf, "Mongo Import");

      Path out = new Path("/data/weblogs/mongo_import");
      FileOutputFormat.setOutputPath(job, out);
      job.setJarByClass(ImportWeblogsFromMongo.class);
      job.setMapperClass(ReadWeblogsFromMongo.class);
      job.setOutputKeyClass(Text.class);
      job.setOutputValueClass(Text.class);

      job.setInputFormatClass(MongoInputFormat.class);
      job.setOutputFormatClass(TextOutputFormat.class);

      job.setNumReduceTasks(0);

      System.exit(job.waitForCompletion(true) ? 0 : 1);
   }
}
```

이 맵 온리 잡은 몽고 하둡 어댑터에서 제공되는 클래스들을 사용한다. HDFS에서 데이터를 읽고 BSONObject로 변환한다. 이 클래스는 바이너리 포맷의 JSON 값을 나타낸다. 몽고DB는 효과적으로 직렬화하고 전송해서 데이터를 저장하기 위해 BSON 객체를 사용한다. 몽고 하둡 어댑터는 몽고DB가 파일 시스템과 연결할 때 잡 설정을 돕기 위해 편리한 MongoConfigUtil 클래스도 제공한다.

8. 실행 가능한 JAR 파일을 내보내고 잡을 실행한다.

```
hadoop jar ImportWeblogsFromMongo.jar
```

9. 몽고DB에서 가져온 웹로그를 검증한다.

```
hadoop fs -ls /data/weblogs/mongo_import
```

> 예제 분석

몽고 하둡 어댑터는 `MongoInputFormat`과 `MongoOutputFormat`이라는 새로운 하둡 호환 파일 시스템 구현 클래스를 제공한다. 이런 추상화는 몽고DB를 하둡 호환 파일 시스템처럼 작업하게 해준다.

피그를 사용해 데이터를 HDFS에서 몽고DB로 내보내기

몽고DB는 대용량 데이터를 저장하고 조회하기 위해 설계된 NoSQL 데이터베이스다. 몽고DB는 주로 사용자 연결user-facing 데이터에 쓰인다. 이 데이터는 이용되기 전에 클리닝되고 정형화돼야 한다. 아파치 피그Apache Pig가 부분적으로 이런 종류의 작업을 위해 설계됐다. `MongoStorage` 클래스는 피그를 사용해 HDFS의 데이터를 대량으로 몽고DB에 적재하기 위해 최적화되어 있다. 이 절에서는 HDFS에서 몽고DB 컬렉션으로 데이터를 저장하기 위해 `MongoStorage` 클래스를 사용한다.

> 준비

몽고 하둡 어댑터를 시작하는 가장 쉬운 방법은 깃허브에서 mongo-hadoop 프로젝트를 클론하고 특정 하둡 버전으로 구성된 프로젝트를 빌드하는 것이다. 깃 클라이언트는 이 프로젝트를 클론하고 설치한다.

이 절에서는 CDH3 하둡 배포판을 사용한다고 가정한다.

공식 깃 클라이언트는 http://git-scm.com/downloads에서 찾을 수 있다.

- 윈도우용 깃허브: http://windows.github.com/
- 맥용 깃허브: http://mac.github.com/

몽고 하둡 어댑터는 https://github.com/mongodb/mongo-hadoop에서 찾을 수 있다. 이 프로젝트는 임의의 하둡 버전으로 빌드할 필요가 있다. 빌드된 JAR 파일은 각 노드의 $HADOOP_HOME/lib 디렉토리 내에 설치돼야 한다.

몽고 자바 드라이버는 각 노드의 $HADOOP_HOME/lib에 설치돼야 한다. 이 드라이버는 https://github.com/mongodb/mongo-java-driver/downloads에서 찾을 수 있다.

예제 구현

HDFS에서 몽고DB로 데이터를 복사하기 위해 다음 단계를 수행한다.

1. mongo-hadoop 리포지터리를 클론한다.

    ```
    git clone https://github.com/mongodb/mongo-hadoop.git
    ```

2. 안정적인 릴리스 1.0 버전을 체크아웃한다.

    ```
    git checkout release-1.0
    ```

3. mongo-hadoop의 하둡 버전을 설정한다. mongo-hadoop이 복제된 디렉토리에서 텍스트 편집기를 이용해 build.sbt 파일을 열고

    ```
    hadoopRelease in ThisBuild := "default"
    ```

    위 라인을 다음과 같이 변경한다.

    ```
    hadoopRelease in ThisBuild := "cdh3"
    ```

4. mongo-hadoop을 빌드한다.

    ```
    ./sbt package
    ```

    core/target 디렉토리 안에 mongo-hadoop-core_cdh3u3-1.0.0.jar와 mongo-hadoop-pig_cdh3u3-1.0.0.jar가 생성될 것이다.

5. https://github.com/mongodb/mongo-java-driver/downloads 사이트에서 'MongoDB Java Driver Version 2.8.0'을 내려받는다.

6. 각 노드의 $HADOOP_HOME/lib에 mongo-hadoop-core, mongo-hadoop-pig와 몽고DB 자바 드라이버를 복사한다.

    ```
    cp mongo-hadoop-core_cdh3u3-1.0.0.jar mongo-2.8.0.jar $HADOOP_HOME/lib
    ```

7. HDFS에서 웹로그를 읽을 수 있는 피그 스크립트를 생성하고 웹로그를 몽고 DB 컬렉션에 저장한다.

```
register /path/to/mongo-hadoop/mongo-2.8.0.jar
register /path/to/mongo-hadoop/core/target/mongo-hadoop-core-1.0.0.jar
register /path/to/mongo-hadoop/pig/target/mongo-hadoop-pig-1.0.0.jar

define MongoStorage com.mongodb.hadoop.pig.MongoStorage();

weblogs =load '/data/weblogs/weblog_entries.txt' as
                (mdS:chararray, url:chararray, date:chararray,
    time:chararray, ip:chararray);

store weblogs into 'mongodb://<HOST>:<PORT>/test.weblogs_from_pig'
using MongoStorage();
```

예제 분석

몽고 하둡 어댑터는 `MongoInputFormat`과 `MongoOutputFormat`이라는 새로운 하둡 호환 파일 시스템 구현 클래스를 제공한다. 이런 추상화는 몽고DB를 하둡 호환 파일 시스템처럼 작업하게 해준다. `MongoStorage`는 피그 타입들을 몽고DB에서 사용되는 `BasicDBObjectBuilder` 객체 타입으로 변환한다.

그린플럼 외부 테이블에서의 HDFS 사용

그린플럼Greenplum은 하나 이상의 PostgreSQL 인스턴스로 데이터를 질의하고 분산하는 병렬 처리 데이터베이스로, 실시간 또는 실시간에 가까운 대용량 데이터에 접근하기 위해 하둡을 보완해준다. 그린플럼은 HDFS 파일을 외부 테이블로 사용할 수 있게 해준다. 외부 테이블은 그린플럼 클러스터의 외부에 있는 데이터를 제어하는 좋은 솔루션이다. 외부 테이블에 있는 데이터가 네트워크를 타고 탐색되기 때문에 그린플럼 클러스터의 내부에 있는 여타 데이터와 함께 질의가 자주 사용되지 않아야 한다.

준비

이 절에서는 하둡의 CDH3 배포판을 사용한다고 가정한다.

http://www.greenplum.com/products/greenplum-database를 이용해 하둡 클러스터와 호환되는 그린플럼 인스턴스를 실행한다.

다음과 같이 그린플럼을 구성한다.

- gp_hadoop_target_version에 cdh3u2를 설정한다.
- gp_hadoop_home에 $HADOOP_HOME의 전체 경로를 설정한다.

그린플럼 클러스터의 각 노드에 자바 1.6 이상을 설치해야 한다.

예제 구현

HDFS의 웹로그 파일로부터 외부 테이블을 생성한다.

```
CREATE EXTERNAL TABLE weblogs(
    md5             text,
    url             text,
    request_date    date,
    request_time    time,
    ip              inet
)
LOCATION ('gphdfs://<NAMENODE_HOST>:<NAMENODE_PORT>/data/weblogs/weblog_entries.txt')
FORMAT 'TEXT' (DELIMITER '\t');
```

예제 분석

그린플럼은 기본적으로 HDFS로부터 병렬로 데이터를 적재하도록 지원한다. weblog_entries.txt 테이블에 질의하면, weblog_entries.txt 파일이 임시 그린플럼 테이블에 적재되고 질의가 실행된다. 질의가 완료되면 해당 임시 테이블은 삭제된다.

> **부연 설명**
>
> 그린플럼 외부 테이블은 데이터 쓰기도 지원한다. 테이블을 생성할 때 WRITABLE 키워드를 사용한다.
>
> ```
> CREATE WRITABLE EXTERNAL TABLE weblogs(
>     md5             text,
>     url             text,
>     request_date    date,
>     request_time    time,
>     ip              inet
> )
> LOCATION ('gphdfs://<NAMENODE_HOST>:<NAMENODE_PORT>/data/weblogs/weblog_entries.txt')
> FORMAT 'TEXT' (DELIMITER '\t');
> ```
>
> 더 많은 정보는 http://media.gpadmin.me/wp-content/uploads/2011/05/GP-4100-AdminGuide.pdf에서 찾을 수 있다.

데이터를 HDFS로 적재하기 위한 플룸 사용

아파치 플룸Apache Flume은 여러 데이터 소스로부터 HDFS에 스트리밍streaming 데이터를 효과적이고 신뢰성 있게 적재하기 위해 설계된 하둡 커뮤니티의 프로젝트다. 플룸의 일반적인 사용 사례는 여러 데이터 소스에서 HDFS로 웹로그 데이터를 적재하는 것이다. 이 절에서는 플룸을 사용해 웹로그 엔트리를 적재한다.

> **준비**
>
> 이 절에서는 플룸이 설치, 구성되었다고 가정한다.
>
> 플룸은 http://incubator.apache.org/flume/ 아파치 페이지에서 내려받을 수 있다.
>
> CDH3를 사용한다면, 기본적으로 플룸 버전 0.9.4+25.43이 설치된다.

예제 구현

HDFS로 웹로그를 적재하기 위해 다음 단계를 수행한다.

1. 플룸이 적절히 구성됐는지 테스트하기 위해 dump 명령어를 사용한다.

```
flume dump 'text("/path/to/weblog_entries.txt")'
```

2. 구성을 실행하기 위해 플룸 셸을 사용한다.

```
flume shell -c <MASTER_HOST>:<MASTER_PORT> -e 'exec config text("/path/
to/weblog_entries.txt") | collectorSink("hdfs://<NAMENODE_HOST>:
<NAMENODE_PORT>/data/weblogs/flume")'
```

예제 분석

플룸은 Source, Sink[5] 추상화와 그것들을 함께 연결하기 위해 파이프(|) 같은 데이터 흐름을 사용한다. 예를 들어, text는 텍스트 파일의 경로를 인자로 하는 데이터 소스이고 설정된 싱크에 파일의 내용을 보낸다. dump 명령어는 싱크 콘솔을 사용한다. 이 설정을 이용해 weblog_entries.txt 파일은 텍스트로 읽히고 콘솔에 쓰여진다.

2단계에서, 플룸 셸은 잡을 구성하고 실행한다. -c 인자는 플룸이 연결하는 플룸 마스터Master 노드의 위치다. 플룸은 -e 인자 뒤의 명령어를 실행한다. 이전에 언급한 대로, text는 경로에 있는 파일의 모든 내용물을 읽는 데이터 소스다. collectorSink는 로컬 파일 시스템 또는 HDFS의 경로로 데이터를 보낸다. 이전 예제에서 HDFS 경로가 주어졌다. 이 명령어의 결과로 weblog_entries.txt가 HDFS에 적재될 것이다.

---

5 Source와 Sink는 플룸의 핵심 요소로 Source는 플룸으로 데이터를 수집하는 컴포넌트이며, Sink는 플룸에서 데이터를 내보내는 컴포넌트다. – 옮긴이

> **부연 설명**

플룸에는 미리 정의된 Source와 Sink가 있다. 주요 기본 Source는 다음과 같다.

- `null`: 열고, 닫고, 널을 반환한다.
- `stdin`: 표준 입력으로부터 읽는다.
- `rpcSource`: 쓰리프트Thrift 또는 에이브로Avro RPC로부터 읽는다.
- `text`: 파일의 내용물을 읽는다.
- `tail`: 파일을 읽고 파일을 열린 상태로 유지하며, 파일에 추가된 데이터를 읽는다.

주요 기본 Sink는 다음과 같다.

- `null`: 데이터 이벤트를 버린다.
- `collectorSink`: 로컬 파일 시스템 또는 HDFS로 데이터를 쓴다.
- `console`: 데이터를 콘솔에 쓴다.
- `formatDfs`: 시퀀스파일, 에이브로, 쓰리프트 등의 기술된 포맷으로 HDFS에 쓴다.
- `rpcSink`: 쓰리프트 또는 에이브로 RPC로 쓴다.

2 HDFS

> **2장에서 다루는 내용**
> - HDFS에서 데이터 읽고 쓰기
> - LZO를 사용한 데이터 압축
> - 시퀀스파일로 데이터 읽고 쓰기
> - 데이터 직렬화를 위한 아파치 에이브로 사용
> - 데이터 직렬화를 위한 아파치 쓰리프트 사용
> - 데이터 직렬화를 위한 프로토콜 버퍼 사용
> - HDFS 복제 계수 설정
> - HDFS 블록 크기 설정

개요

하둡 분산 파일 시스템HDFS은 '일반적인off-the-shelf' 하드웨어[1]에서 실행되도록 설계된 장애 허용 분산 파일 시스템이다. 큰 파일을 읽고 스트리밍 처리하는 데 최적화되어 있고 I/O 처리량은 지연 시간이 낮은 편이다. 또 HDFS는 파일을 한 번 기록해서 데이터 무결성에 대한 간단한 모델을 제공한다.

HDFS는 예측불허의 사태를 대비해 디스크 오류를 가정하고 클러스터의 노드 간에 데이터를 복제하기 위해 **블록 복제**block replication라고 부르는 개념을 사용한다. HDFS는 데스크탑 파일 시스템과 비교하면 훨씬 더 큰 블록을 사용한다. 예를 들어, HDFS의 기본 블록 크기는 64MB이다. 파일이 HDFS에 배치되면, 파일은 하나 이상의 데이터 블록으로 분할되어 클러스터 노드로 분산된다. 또 데이터 블록의

---

[1] 'commodity hardware'라는 말을 쓰기도 한다. – 옮긴이

복사본은 디스크 오류가 발생한 경우 데이터의 가용성을 보장하기 위해 노드에 분산되어 만들어진다. 각 데이터 블록을 구성하는 HDFS 복제 수는 **복제 계수**replication factor 설정에 의해 결정된다. 기본 복제 계수는 3이며, 데이터 블록의 복제본 3개는 클러스터 내의 노드로 분산되어 있다.

마지막으로, 하둡 프레임워크는 데이터가 있는 곳에서 연산이 가능하도록 설계됐기 때문에 HDFS를 사용하는 애플리케이션은 높은 처리량을 달성할 수 있다. 즉 **데이터 지역성**data locality 개념으로, 데이터를 애플리케이션으로 가져오는 대신에 데이터가 있는 노드에서 애플리케이션을 실행할 수 있다.

HDFS에는 세 가지 서비스가 있다.

HDFS 애플리케이션	목적
네임노드(NameNode)	클러스터 내 모든 블록 위치의 카탈로그를 유지한다.
보조 네임노드	네임노드의 블록 인덱스와 주기적으로 동기화한다. 동기화 처리 과정에서 보조 네임노드는 현재의 네임노드 이미지(image)와 에디트 로그(edit log)를 검색하고 이 두 가지를 병합하고 나서 다시 병합된 이미지를 네임노드로 보낸다. 보조 네임노드는 '핫 백업(hot backup)'이 아니다. 네임노드 장애 이벤트에서 사용될 수 없다.
데이터노드(DataNode)	네임노드에서 받은 데이터 블록을 관리한다. 데이터노드는 클러스터의 여타 데이터노드와 통신할 수 없으며, 단지 네임노드와 통신한다.

2장에서는 HDFS에 효율적으로 데이터를 기록하고 저장하기 위해 파일 시스템 API와 맵리듀스, 고급 직렬화 라이브러리를 사용한다.

 하둡 버전 0.20.x는 append 기능을 지원하지 않는다.[2]

---

2 하둡의 버전은 복잡해서 사용자가 많은 어려움을 겪는다. 현재 가장 많이 사용하고 선호하는 하둡 버전은 1.x.x이다. 그리고 이 책은 0.20.2 버전을 사용한다. - 옮긴이

HDFS에서 데이터 읽고 쓰기

HDFS에서 데이터를 읽고 쓸 수 있는 많은 방법이 있다. 2장에서는 HDFS에 파일을 만들고 쓰기 위해 파일 시스템 API를 사용한 다음, HDFS에서 파일을 읽고 로컬 파일 시스템에 다시 그것을 쓸 수 있는 애플리케이션을 다룬다.

준비

팩트 웹사이트 http://www.packtpub.com/support에서 weblog_entries.txt 데이터셋을 내려받는다.[3]

예제 구현

HDFS에서 데이터를 읽고 쓰려면 다음 단계를 수행한다.

1. 테스트 데이터셋을 내려받은 후, 로컬 파일 시스템에서 파일을 읽고 HDFS에 내용을 쓸 수 있는 애플리케이션을 만든다.

   ```
   public class HdfsWriter extends Configured implements Tool {

     public int run(String[] args) throws Exception {

       String localInputPath = args[0];
       Path outputPath = new Path(args[1]);
       Configuration conf = getConf();
       FileSystem fs = FileSystem.get(conf);
       OutputStream os = fs.create(outputPath);
       InputStream is = new BufferedInputStream(
         new FileInputStream(localInputPath));
       IOUtils.copyBytes(is, os, conf);
       return 0;
     }

     public static void main(String[] args) throws Exception {
       int returnCode = ToolRunner.run(new HdfsWriter(), args);
       System.exit(returnCode);
     }
   }
   ```

---

3 소스 코드의 데이터는 chapter4 디렉토리에 있다. - 옮긴이

2. 다음으로, HDFS에서 만든 파일을 읽고 읽은 내용을 다시 로컬 파일 시스템으로 쓸 수 있는 애플리케이션을 작성한다.

```java
public class HdfsReader extends Configured implements Tool {

  public int run(String[] args) throws Exception {

    Path inputPath = new Path(args[0]);
    String localOutputPath = args[1];
    Configuration conf = getConf();
    FileSystem fs = FileSystem.get(conf);
    InputStream is = fs.open(inputPath);
    OutputStream os = new BufferedOutputStream(
      new FileOutputStream(localOutputPath));
    IOUtils.copyBytes(is, os, conf);
    return 0;
  }

  public static void main(String[] args) throws Exception {
    int returnCode = ToolRunner.run(new HdfsReader(), args);
    System.exit(returnCode);
  }
}
```

예제 분석

FileSystem은 일반적인 파일 시스템을 나타내는 추상 클래스다. 대부분의 하둡 파일 시스템 구현체는 FileSystem 객체를 통해 접근하거나 조작된다. 하둡 분산 파일 시스템의 인스턴스를 생성하려면, FileSystem.get() 메소드를 호출한다. FileSystem.get() 메소드는 하둡 클래스패스에 하둡 구성 파일의 fs.default.name 매개변수에 할당된 URI를 참조하고 인스턴스화하려고 FileSystem 클래스의 적절한 구현을 선택한다. HDFS의 fs.default.name 매개변수는 hdfs:// 값을 갖는다.

FileSystem 클래스의 인스턴스가 생성되면 HdfsWriter 클래스는 HDFS에 파일을 생성하려고(또는 이미 존재하는 경우 덮어쓰기를 하려고) create() 메소드를 호출한다. `create()` 메소드는 일반적인 자바 I/O 메소드를 사용해 조작할 수 있는 `OutputStream` 객체를 반환한다. 마찬가지로, `HdfsReader` 메소드는 HDFS에서 파일의 컨텐츠를 읽으려고 `InputStream` 객체를 반환해 파일을 열기 위해 `open()` 메소드를 호출한다.

> **부연 설명**

파일 시스템 API는 광범위하다. API에서 사용 가능한 그 밖의 방법 중 일부를 설명하기 위해, 작성했던 `HdfsWriter`와 `HdfsReader` 클래스에 몇 가지 에러 검사를 추가할 수 있다.

`create()`를 호출하기 전에 파일 존재 유무를 검사하려면 다음과 같이 한다.

```
boolean exists = fs.exists(inputPath);
```

경로가 파일인지 검사하려면 다음과 같이 한다.

```
boolean isFile = fs.isFile(inputPath);
```

이미 존재하는 파일의 이름을 바꾸려면 다음과 같이 한다.

```
boolean renamed = fs.rename(inputPath, new Path("old_file.txt"));
```

LZO를 사용한 데이터 압축

하둡은 다음을 포함한 다수의 압축 알고리즘을 지원한다.

- bzip2
- gzip
- DEFLATE

하둡은 이러한 알고리즘의 자바 구현체를 제공하므로 파일은 파일 시스템 API와 맵리듀스의 입력, 출력 포맷을 사용해 쉽게 압축/해제될 수 있다.

그러나 이전에 언급한 압축 포맷을 사용하면 HDFS에 데이터를 저장한다는 단점이 있다. 이러한 포맷은 분할할 수 없다. 하둡이 제공하는 압축 코덱 중 하나를 사용해 압축하면, 파일은 전체 파일을 읽지 않고는 해제될 수 없다.

이런 단점을 이해하려면 먼저 하둡의 맵리듀스가 주어진 태스크를 시작하기 위해 매퍼의 수를 결정하는 방법을 이해할 필요가 있다. 매퍼의 수는 `dfs.block.size`(기본 블록 크기는 64MB)로 나눈 값의 입력 크기와 거의 같다.

각 매퍼는 **입력 스플릿**input split이라고 부르는 작업 블록working block을 입력받는다. 예를 들어, 맵리듀스 잡의 입력이 압축되지 않은 128MB라면 2개(128MB/64MB)의 매퍼로 잡을 실행한다.

bzip2, gzip, DEFLATE 코덱을 사용해 압축된 파일은 분할할 수 없으므로 전체 파일이 매퍼에 단일 입력 스플릿으로 주어져야 한다. 이전 예에서, 맵리듀스 잡의 입력이 gzip으로 압축된 128MB 파일이었다면 맵리듀스 프레임워크는 하나의 매퍼를 시작하게 된다.

압축 코덱으로 LZO는 입력 스플릿에 적합한 알고리즘인가? LZO 알고리즘은 DEFLATE와 비교해, 압축 속도는 비슷하면서 압축 해제 속도가 빠르도록 설계됐다. 또한 하둡 커뮤니티 노력 덕분에 LZO 압축 파일은 분할할 수 있다.[4]

 bzip2는 하둡 버전 0.21.0처럼 분할 가능하지만, 상용 환경에서 사용하기 전에 알고리즘의 성능 한계가 무엇인지 철저하게 조사해야 한다.[5]

준비

https://github.com/kevinweil/hadoop-lzo에서 하둡 LZO 코덱 구현체를 내려받는다.

---

4 하둡 입력 스플릿을 지원한다. - 옮긴이
5 구글에서 만든 스내피(snappy) 압축 알고리즘이 있다. I/O 관점에서 압축/해제를 할 것인지 네트워크 간의 데이터 전송 속도를 중심으로 둘 것인지에 따라 압축 알고리즘은 신중하게 선택해야 한다. - 옮긴이

예제 구현

LZO를 설정하고, 텍스트 파일을 압축하고 인덱싱하기 위해 다음 단계를 수행한다.

1. 먼저 `lzo`와 `lzo-devel` 패키지를 설치한다.

- 레드햇 리눅스Red Hat Linux의 경우

```
# yum install liblzo-devel
```

- 우분투Ubuntu의 경우

```
# apt-get install liblzo2-devel
```

2. hadoop-lzo 소스를 해제한 디렉토리로 이동해 프로젝트를 빌드한다.

```
# cd kevinweil-hadoop-lzo-6bb1b7f/
# export JAVA_HOME=/path/to/jdk/ # ./setup.sh
```

3. 빌드가 성공하면 다음과 같이 표시된다.

```
BUILD SUCCESSFUL
```

4. 클러스터의 하둡 lib 디렉토리에 빌드된 JAR 파일을 복사한다.

```
# cp build/hadoop-lzo*.jar /path/to/hadoop/lib/
```

5. 클러스터의 하둡 네이티브 lib 디렉토리에 네이티브 라이브러리를 복사한다.

```
# tar -cBf - -C build/hadoop-lzo-0.4.15/lib/native/ . | tar -xBvf
- -C /path/to/hadoop/lib/native
```

6. 다음으로, LZO 코덱 종류를 사용하는 core-site.xml 파일을 수정한다.

```
<property>
  <name>io.compression.codecs</name>
  <value>org.apache.hadoop.io.compress.GzipCodec,
       org.apache.hadoop.io.compress.DefaultCodec,
       org.apache.hadoop.io.compress.BZip2Codec,
       com.hadoop.compression.lzo.LzoCodec,
       com.hadoop.compression.lzo.LzopCodec
  </value>
</property>
<property>
```

```
    <name>io.compression.codec.lzo.class</name>
    <value>com.hadoop.compression.lzo.LzoCodec</value>
</property>
```

7. 마지막으로, hadoop-env.sh 스크립트에서는 다음 환경 변수를 수정한다.

```
export HADOOP_CLASSPATH=/path/to/hadoop/lib/hadoop-lzo-X.X.XX.jar
export JAVA_LIBRARY_PATH=/path/to/hadoop/lib/native/hadoop-lzo-native-
lib:/path/to/hadoop/lib/native/other-native-libs
```
[6]

LZO 라이브러리 설치를 테스트한다.

8. 테스트 데이터셋을 압축하기 위해 다음과 같이 한다.

```
$ lzop weblog_entries.txt
```

9. 압축된 weblog_entries.txt.lzo 파일을 HDFS로 옮긴다.

```
$ hadoop fs -put weblog_entries.txt.lzo /test/weblog_entries.txt.lzo
```

10. weblog_entries.txt.lzo 파일을 인덱싱하기 위해 맵리듀스 LZO 인덱서 indexer를 실행한다.

```
$ hadoop jar /usr/lib/hadoop/lib/hadoop-lzo-0.4.15.jar com.hadoop.
compression.lzo.DistributedLzoIndexer /test/weblog_entries.txt.lzo
```

이제 /test 디렉토리에서 2개의 파일을 볼 수 있다.

```
$ hadoop fs -ls /test
$ /test/weblog_entries.txt.lzo
$ /test/weblog_entries.txt.lzo.index
```

예제 분석

이번 절에는 단계가 많다. LZO JAR 파일과 네이티브 라이브러리를 이동한 후, core-site.xml의 io.compression.codecs 속성을 수정했다. HDFS와 맵리듀스 모두 구성 파일을 공유하고 io.compression.codec 속성 값이 시스템에 이용되는지 결정하는 데 사용된다.

---

[6] /path/to/는 하둡이 설치된 루트 디렉토리다. – 옮긴이

마지막으로, DistributedLzoIndexer를 실행했다. 이는 하나 이상의 LZO 압축 파일과 각 파일의 LZO 블록 경계의 인덱스를 읽는 맵리듀스 애플리케이션이다. 이 애플리케이션을 LZO 파일에 실행하면, LZO 파일은 입력 포맷인 LzoTextInputFormat을 사용해 압축된 파일을 분할하고 여러 매퍼에 보낼 수 있다.

부연 설명

DistributedLzoIndexer 외에도 하둡 LZO 라이브러리는 LzoIndexer로 명명된 클래스를 포함한다. LzoIndexer는 HDFS에서 LZO 파일을 인덱싱하기 위한 독립형standalone 애플리케이션을 시작한다. HDFS에 있는 weblog_entries.txt.lzo를 인덱싱하려면 다음 명령어를 실행한다.

```
$ hadoop jar /usr/lib/hadoop/lib/hadoop-lzo-0.4.15.jar com.hadoop.compression.lzo.LzoIndexer /test/weblog_entries.txt.lzo
```

참고사항

- 2장의 '데이터 직렬화를 위한 아파치 쓰리프트 사용' 절 참조
- 2장의 '데이터 직렬화를 위한 프로토콜 버퍼 사용' 절 참조

시퀀스파일로 데이터 읽고 쓰기

시퀀스파일SequenceFile 포맷은 하둡 배포판에 포함되어 있는 유연한 포맷으로, 텍스트와 바이너리 데이터를 모두 저장할 수 있다. 시퀀스파일은 바이너리 키/값의 쌍으로 데이터를 저장한다. 그 다음, 바이너리 쌍은 블록에 그룹핑된다. 이 포맷은 키/값 쌍의 레코드 또는 블록 전체 값의 부분 압축을 지원한다. 시퀀스파일은 GzipCodec 같이 일반적으로 분할할 수 없는 압축 코덱을 사용했을 때도 분할할 수 있다. 개별 값(또는 블록)은 전체 시퀀스파일로 압축된 것이 아니기 때문에 시퀀스파일은 분할할 수 있다.

이번 절에서는 시퀀스파일로 쓰고 읽는 방법을 보여준다.

준비

팩트 웹사이트 http://www.packtpub.com/support에서 weblog_entries.txt 데이터셋을 내려받는다. 또한 weblog_entries.txt는 HDFS에서 사용한다. 다음과 같이 하둡 FS 셸을 사용해 weblog_entries.txt 파일을 HDFS에 배치할 수 있다.

```
$ hadoop fs -put /path/on/local/filesystem/weblog_entries.txt /path/in/hdfs
```

예제 구현

1. 테스트 데이터셋을 내려받은 후, 맵리듀스를 사용해 HDFS에서 일반 텍스트 파일을 읽거나 HDFS에 있는 시퀀스파일에 컨텐츠를 쓰기 위해 애플리케이션을 작성할 수 있다.

```
public class SequenceWriter extends Configured implements Tool {

  public int run(String[] args) throws Exception {

    Path inputPath = new Path(args[0]);
    Path outputPath = new Path(args[1]);

    Configuration conf = getConf();
    Job weblogJob = new Job(conf);
    weblogJob.setJobName("Sequence File Writer");
    weblogJob.setJarByClass(getClass());
    weblogJob.setNumReduceTasks(0);
    weblogJob.setMapperClass(IdentityMapper.class);
    weblogJob.setMapOutputKeyClass(LongWritable.class);
    weblogJob.setMapOutputValueClass(Text.class);
    weblogJob.setOutputKeyClass(LongWritable.class);
    weblogJob.setOutputValueClass(Text.class);
    weblogJob.setInputFormatClass(TextInputFormat.class);
    weblogJob.setOutputFormatClass(SequenceFileOutputFormat.class);

    FileInputFormat.setInputPaths(weblogJob, inputPath);
    SequenceFileOutputFormat.setOutputPath(weblogJob, outputPath);

    if(weblogJob.waitForCompletion(true)) {
      return 0;
    }
```

```
      return 1;
    }

    public static void main(String[] args) throws Exception {
      int returnCode = ToolRunner.run(new SequenceWriter(), args);
      System.exit(returnCode);
    }
}
```

2. 이제 HDFS에서 시퀀스파일을 읽기 위해 맵리듀스 잡을 사용하고 다시 일반적인 텍스트 파일로 변환한다.

```
public class SequenceReader extends Configured implements Tool {

  public int run(String[] args) throws Exception {

    Path inputPath = new Path(args[0]);
    Path outputPath = new Path(args[1]);

    Configuration conf = getConf();
    Job weblogJob = new Job(conf);
    weblogJob.setJobName("Sequence File Reader");
    weblogJob.setJarByClass(getClass());
    weblogJob.setNumReduceTasks(0);
    weblogJob.setMapperClass(IdentityMapper.class);
    weblogJob.setMapOutputKeyClass(LongWritable.class);
    weblogJob.setMapOutputValueClass(Text.class);
    weblogJob.setOutputKeyClass(LongWritable.class);
    weblogJob.setOutputValueClass(Text.class);
    weblogJob.setInputFormatClass(SequenceFileInputFormat.class);
    weblogJob.setOutputFormatClass(TextOutputFormat.class);

    SequenceFileInputFormat.addInputPath(weblogJob, inputPath);
    FileOutputFormat.setOutputPath(weblogJob, outputPath);

    if (weblogJob.waitForCompletion(true)) {
      return 0;
    }
    return 1;
  }

  public static void main(String[] args) throws Exception {
    int returnCode = ToolRunner.run(new SequenceReader(), args);
```

```
        System.exit(returnCode);
    }
}
```

예제 분석

맵리듀스는 HDFS의 데이터를 변환하는 효율적인 방법이다. 위의 두 가지 맵리듀스 잡은 매우 간단하고, 클러스터의 분산 처리 능력을 사용해 데이터를 변환할 수 있다.

첫째, 위의 두 가지 맵리듀스 잡은 '맵 온리' 잡이다. 맵 온리 잡은 하둡이 테스트 데이터를 처리하는 데 매퍼만 사용함을 의미한다. 이를 위해서는 다음 코드와 같이 리듀서 수를 0으로 설정하면 된다.

`weblogJob.setNumReduceTasks(0);`

다음으로, 시퀀스 라이터sequence writer 잡이 텍스트 파일을 읽고 텍스트 파일을 시퀀스파일로 출력해 저장하려고 한다. 이렇게 하려면 다음 코드와 같이 SequenceWriter 클래스가 입력 포맷 클래스를 `TextInputFormat.class`로 설정한다.

`weblogJob.setInputFormatClass(TextInputFormat.class);`

또, 다음 코드에 나타난 것처럼 출력 포맷 클래스를 `SequenceFileInputFormat.class`로 설정한다.

`weblogJob.setOutputFormatClass(SequenceFileOutputFormat.class);`

다음 애플리케이션은 시퀀스파일을 읽고 일반 텍스트 파일을 쓰려고 한다. 이를 위해, 시퀀스 라이터 잡에 사용되는 입력과 출력 포맷을 바꾼다.

시퀀스 리더 잡은 입력 포맷을 시퀀스파일로 설정한다.

`weblogJob.setInputFormatClass(SequenceFileInputFormat.class);`

출력 포맷을 일반 텍스트로 설정한다.

`weblogJob.setOutputFormatClass(TextOutputFormat.class);`

부연 설명

시퀀스파일의 세 가지 압축 옵션은 다음과 같다.

- **비압축** uncompressed: 키/값 쌍이 압축되지 않은 상태로 저장된다.
- **레코드 압축** record compression: 매퍼나 리듀서 출력 값이 압축된다.
- **블록 압축** block compression: 키/값 쌍의 전체 블록이 압축된다.

잡을 설정할 때, 다음 방법을 사용해 시퀀스파일을 압축할 수 있다.

```
SequenceFileOutputFormat.setOutputCompression(job, true);
```

그런 다음, 사용하려는 압축 옵션을 설정한다. 다음 코드는 레코드 압축 옵션을 설정한다.

```
SequenceFileOutputFormat.setOutputCompressionType(weblogJob,
    SequenceFile.CompressionType.RECORD);
```

또는 블록 압축 옵션을 설정한다.

```
SequenceFileOutputFormat.setOutputCompressionType(weblogJob,
    SequenceFile.CompressionType.BLOCK);
```

마지막으로, 다음의 gzip 예처럼 압축 코덱 종류를 선택한다.

```
SequenceFileOutputFormat.setOutputCompressorClass(weblogJob, GzipCodec.class);
```

참고사항

다음 절에서는 데이터 직렬화 라이브러리와 포맷 간의 차이점을 살펴본다.

- 2장의 '데이터 직렬화를 위한 아파치 에이브로 사용'
- 2장의 '데이터 직렬화를 위한 아파치 쓰리프트 사용'
- 2장의 '데이터 직렬화를 위한 프로토콜 버퍼 사용'

데이터 직렬화를 위한 아파치 에이브로 사용

아파치 에이브로 사이트에서는 에이브로Avro를 '데이터 직렬화 시스템'으로 정의한다. 에이브로는 컴퓨터 언어에 의존하지 않는 파일 포맷을 지원하고 직렬화와 RPC 메커니즘을 포함한다. 에이브로의 깔끔한 특징 중 하나는 프레임워크의 직렬화 특징을 사용하기 위해 인터페이스 타입이나 프로토콜 정의 파일을 컴파일할 필요가 없다는 점이다.

이 절에서는 맵리듀스를 사용해 HDFS에 있는 파일에 자바 객체를 직렬화하거나 쓰려고 에이브로를 사용한다.

준비

다음 항목들을 내려받아 컴파일하고 설치한다.

- 버전 1.5.4의 에이브로와 에이브로 JAR 파일(http://avro.apache.org)
- 테스트 데이터 파일 weblog_entries.txt(http://www.packtpub.com/support)

예제 구현

1. 다음은 weblog_entries.txt 데이터셋에서 레코드를 나타내는 자바 클래스다.

    ```java
    public class WeblogRecord {
      private String cookie;
      private String page;
      private Date date;
      private String ip;

      public WeblogRecord() {

      }
      public WeblogRecord(String cookie, String page, Date date,
          String ip) {
        this.cookie = cookie;
        this.page = page;
        this.date = date;
    ```

```
      this.ip = ip;
  }
  // 게터와 세터

  @Override
  public String toString() {
    return cookie + "\t" + page + "\t" + date.toString() + "\t" + ip;
  }
}
```

2. 아래는 시퀀스파일을 생성하고 읽기 위해 만든 맵 온리 잡이다. 그러나 IdentityMapper를 사용하는 대신에 weblog_entries.txt에서 레코드를 읽고 WeblogRecord의 인스턴스를 생성하는 매퍼를 작성한다.

```
public class WeblogMapper extends MapReduceBase implements
    Mapper<LongWritable, Text, AvroWrapper, NullWritable> {

  private AvroWrapper<WeblogRecord> outputRecord = new
    AvroWrapper<WeblogRecord>();

  private WeblogRecord weblogRecord = new WeblogRecord();

  SimpleDateFormat dateFormatter = new SimpleDateFormat(
    "yyyy-MM-dd:HH:mm:ss");

  public void map(LongWritable key, Text value, OutputCollector
      <AvroWrapper, NullWritable> oc, Reporter rprtr) throws IOException {

    String[] tokens = value.toString().split("\t");
    String cookie = tokens[0];
    String page = tokens[1];
    String date = tokens[2];
    String time = tokens[3];
    String formattedDate = date + ":" + time;
    Date timestamp = null;
    try {
      timestamp = dateFormatter.parse(formattedDate);
    } catch(ParseException ex) {
      // 타당하지 않은 Date는 무시한다.
```

```
      return;
    }
    String ip = tokens[4];

    weblogRecord.setCookie(cookie);
    weblogRecord.setDate(timestamp);
    weblogRecord.setIp(ip);
    weblogRecord.setPage(page);
    outputRecord.datum(weblogRecord);
    oc.collect(outputRecord, NullWritable.get());
  }
}
```

3. 이제 텍스트 파일을 읽기 위해 맵리듀스 잡을 사용해서 WeblogRecord 객체를 직렬화한다.

```
public class AvroWriter extends Configured implements Tool {

  public int run(String[] args) throws Exception {

    Path inputPath = new Path(args[0]);
    Path outputPath = new Path(args[1]);

    Schema schema = ReflectData.get().getSchema(WeblogRecord.class);

    Configuration conf = getConf();
    JobConf weblogJob = new JobConf(conf, getClass());
    weblogJob.setJobName("Avro Writer");
    weblogJob.setNumReduceTasks(0);
    weblogJob.setMapperClass(WeblogMapper.class);
    weblogJob.setMapOutputKeyClass(AvroWrapper.class);
    weblogJob.setMapOutputValueClass(NullWritable.class);
    weblogJob.setInputFormat(TextInputFormat.class);
    AvroJob.setOutputSchema(weblogJob, schema);
    FileInputFormat.setInputPaths(weblogJob, inputPath);
    FileOutputFormat.setOutputPath(weblogJob, outputPath);

    RunningJob job = JobClient.runJob(weblogJob);
    if (job.isSuccessful()) {
```

```
      return 0;
    }
    return 1;
  }

  public static void main(String[] args) throws Exception {
    int returnCode = ToolRunner.run(new AvroWriter(), args);
    System.exit(returnCode);
  }
}
```

예제 분석

AvroWriter 맵리듀스 잡은 일반 텍스트 파일을 읽고 WeblogRecord 클래스를 에이브로 파일로 직렬화한다. 첫 번째 단계에서는 에이브로 파일 포맷을 사용해 텍스트 파일을 읽고 출력 파일을 쓰려고 맵리듀스 잡으로 설정한다.

입력 포맷을 텍스트 파일을 읽기 위해 설정한다.

```
weblogJob.setInputFormat(TextInputFormat.class);
```

WeblogRecord 클래스를 기반으로 에이브로 스키마를 빌드하고, 그런 다음 출력 스키마를 설정한다.

```
Schema schema = ReflectData.get().getSchema(WeblogRecord.class);
AvroJob.setOutputSchema(weblogJob, schema);
```

다음으로, 매퍼를 작성하기 위해 오래된[7] 하둡 맵리듀스 API를 사용하고 AvroWrapper 클래스를 사용함으로써 WeblogRecord 객체를 출력한다.

WeblogMapper 클래스의 출력 멤버는 다음과 같다.

```
private AvroWrapper<WeblogRecord> outputRecord = new
  AvroWrapper<WeblogRecord>();
private WeblogRecord weblogRecord = new WeblogRecord();
```

---

7 하둡의 버전이 판 올림되면서 이전 맵리듀스 클래스를 지원한다. 0.19 버전까지는 Context 객체 대신에 OutputCollector 객체를 지원했다. 이 객체는 여전히 1.x 버전까지 존재한다. - 옮긴이

WeblogMapper의 map() 메소드에서 출력되는 데이터는 다음과 같다.

```
outputRecord.datum(weblogRecord);
oc.collect(outputRecord, NullWritable.get());
```

맵 온리 잡의 출력은 에이브로 파일 포맷으로 저장된다.

부연 설명

AvroWriter 잡에 의해 생성된 에이브로 파일을 읽으려면 입력 포맷과 매퍼 클래스를 변환해야 한다. 우선, 입력 포맷과 입력 스키마를 설정한다.

```
JobConf weblogJob = new JobConf(conf, getClass());
Schema schema = ReflectData.get().getSchema(WeblogRecord.class);
AvroJob.setReflect(weblogJob);
```

이제, 다음과 같이 정의된 매퍼 클래스를 만든다.

```
public class WeblogMapperAvro extends MapReduceBase implements
    Mapper<AvroWrapper<WeblogRecord>, NullWritable, Text, NullWritable> {
  public void map(AvroWrapper<WeblogRecord> key, NullWritable value,
      OutputCollector<Text, NullWritable> oc, Reporter rprtr) throws
      IOException {
    WeblogRecord weblogRecord = key.datum();
    // 웹로그 레코드를 처리
  }
}
```

참고사항

다음 절에서는 하둡과 함께 사용할 수 있는 추가적인 데이터 직렬화 라이브러리를 보여준다.

- ▶ 2장의 '데이터 직렬화를 위한 아파치 쓰리프트 사용'
- ▶ 2장의 '데이터 직렬화를 위한 프로토콜 버퍼 사용'

데이터 직렬화를 위한 아파치 쓰리프트 사용

아파치 쓰리프트Thrift는 교차 언어 직렬화[8] 및 RPC 서비스 프레임워크다. 쓰리프트는 자바 등 많은 언어 바인딩을 생성하는 인터페이스 정의 파일을 사용한다.

이 절에서는 쓰리프트 인터페이스를 정의하고 자바 바인딩을 생성하는 방법을 설명한다. 그리고 맵리듀스를 사용해 HDFS에서 자바 객체를 직렬화하기 위한 자바 바인딩의 사용법을 보여준다.

준비

다음 항목들을 내려받아 컴파일하고 설치한다.

- 하둡 LZO 라이브러리
- 아파치 쓰리프트 버전 0.7.0(http://thrift.apache.org/)
- 엘리펀트 버드Elephant Bird의 최신 버전(https://github.com/kevinweil/elephant-bird)
- 테스트 데이터 파일 weblog_entries.txt(http://www.packtpub.com/support)

아파치 쓰리프트를 컴파일하고 설치하기 위해, 우선 욤Yum을 사용해 모든 필요한 의존성을 확인한다.

```
# yum install automake libtool flex bison pkgconfig gcc-c++ boost-devel
libevent-devel zlib-devel python-devel ruby-devel openssl-devel
```

다음으로 엘리펀트 버드를 빌드한다.

```
$ cd /path/to/elephant-bird
$ ant
```

elephant-bird-X.X.X.jar 파일을 개발 환경에 맞는 클래스패스에 복사한다.

---

[8] IDL(Inteface Definition Language)이라고 정의하며, 규약된 스크립트를 작성하면 다양한 언어로 변환해준다. – 옮긴이

예제 구현

1. 디렉토리 구조를 만든다.

```
$ mkdir test-thrift
$ mkdir test-thrift/src
$ mkdir test-thrift/src/thrift
$ mkdir test-thrift/src/java
$ cd test-thrift/src/thrift
```

2. 다음으로 인터페이스 정의[9]를 생성한다.

```
namespace java com.packt.hadoop.hdfs.ch2.thrift

struct WeblogRecord {
    1: optional string cookie,
    2: string page,
    3: i64 timestamp,
    4: string ip
}
```

test-thrift/src/thrift/ 디렉토리에 weblog_record.thrift로 저장한다.

3. 컴파일해 .java 파일을 만든다.

```
# thrift --gen java -o src/java/ src/thrift/weblog_record.thrift
```

쓰리프트는 src/java/ 디렉토리에 WeblogRecord.java[10]로 명명된 파일을 생성한다.

4. 이제 HDFS에서 weblog_entries.txt를 읽을 맵리듀스 애플리케이션을 작성하고, WeblogRecord 객체를 LZO 압축 파일로 직렬화하기 위해 엘리펀트 버드의 LzoThriftBlockOutputFormat 클래스를 사용한다.

```
public class ThriftMapper extends Mapper<Object, Text, NullWritable,
    ThriftWritable<WeblogRecord>> {
```

---

9 쓰리프트 웹사이트를 가보면 알겠지만, 상세한 설명을 제공하지 않는다. 『클라우드 컴퓨팅 구현 기술』(에이콘출판)에서 쓰리프트를 좀 더 자세하게 다룬다. – 옮긴이

10 독자는 쓰리프트가 생성한 코드를 절대 수정하면 안 된다. 따라서 제공된 소스의 패키지조차도 수정해서는 안 된다. 수정하고 싶다면 IDL 언어를 새로 만들고 빌드해야 한다. – 옮긴이

```java
      private ThriftWritable<WeblogRecord> thriftRecord =
        ThriftWritable.newInstance(WeblogRecord.class);
      private WeblogRecord record = new WeblogRecord();
      private SimpleDateFormat dateFormatter = new
        SimpleDateFormat("yyyy-MM-dd:HH:mm:ss");

      @Override
      protected void map(Object key, Text value, Context context)
          throws IOException, InterruptedException {
        String[] tokens = value.toString().split("\t");
        String cookie = tokens[0];
        String page = tokens[1];
        String date = tokens[2];
        String time = tokens[3];
        String formatedDate = date + ":" + time;
        Date timestamp = null;
        try {
          timestamp = dateFormatter.parse(formatedDate);
        } catch(ParseException ex) {
          return;
        }
        String ip = tokens[4];
        record.setCookie(cookie);
        record.setPage(page);
        record.setTimestamp(timestamp.getTime());
        record.setIp(ip);
        thriftRecord.set(record);
        context.write(NullWritable.get(), thriftRecord);
      }
    }
```

5. 마지막으로, 맵리듀스 잡을 구성한다.

```java
    public class ThriftWriter extends Configured implements Tool {

      public int run(String[] args) throws Exception {

        Path inputPath = new Path(args[0]);
        Path outputPath = new Path(args[1]);
```

```
        Configuration conf = getConf();
        Job weblogJob = new Job(conf);
        weblogJob.setJobName("ThriftWriter");
        weblogJob.setJarByClass(getClass());
        weblogJob.setNumReduceTasks(0);
        weblogJob.setMapperClass(ThriftMapper.class);
        weblogJob.setMapOutputKeyClass(LongWritable.class);
        weblogJob.setMapOutputValueClass(Text.class);
        weblogJob.setOutputKeyClass(LongWritable.class);
        weblogJob.setOutputValueClass(Text.class);
        weblogJob.setInputFormatClass(TextInputFormat.class);
        weblogJob.setOutputFormatClass(LzoThriftBlockOutputFormat.class);

        FileInputFormat.setInputPaths(weblogJob, inputPath);
        LzoThriftBlockOutputFormat.setClassConf(WeblogRecord.class,
           weblogJob.getConfiguration());
        LzoThriftBlockOutputFormat.setOutputPath(weblogJob, outputPath);

        if (weblogJob.waitForCompletion(true)) {
          return 0;
        }
        return 1;
    }

    public static void main(String[] args) throws Exception {
        int returnCode = ToolRunner.run(new ThriftWriter(), args);
        System.exit(returnCode);
    }
}
```

예제 분석

첫 번째 태스크는 쓰리프트 인터페이스를 정의해 컴파일해야 했다. 이 정의는 쓰리프트가 지원하는 언어 바인딩을 생성하는 데 사용할 수 있다.

다음으로, 쓰리프트가 생성한 WeblogRecord 객체를 직렬화할 맵리듀스 애플리케이션을 구축하기 위해 엘리펀트 버드를 사용했다. 맵리듀스 잡을 설정하기 위해,

일반 텍스트 파일을 읽는 데 필요한 입력 포맷을 설정한다.

```
weblogJob.setInputFormatClass(TextInputFormat.class);
```

다음 출력 포맷은 출력 레코드를 저장하는 데 LZO로 쓰리프트 블록 포맷의 압축을 사용하도록 구성한다.

```
LzoThriftBlockOutputFormat.setClassConf(
  WeblogRecord.class, weblogJob.getConfiguration());
LzoThriftBlockOutputFormat.setOutputPath(weblogJob, outputPath);
```

매퍼에서 `WeblogRecord` 객체를 감싸기wrapping 위해 엘리펀트 버드의 `ThriftWritable` 객체를 사용한다. `ThriftWritable` 클래스는 맵리듀스로 출력되는 모든 키에 의해 구현돼야 하는 하둡의 `WritableComparable` 클래스에서 파생된다. 쓰리프트를 사용해 바인딩의 모든 타입을 생성할 때마다, `ThriftWritable` 클래스는 사용자 정의 `WritableComparable` 클래스를 작성하는 일을 피하는 데 도움이 된다.

```
private ThriftWritable<WeblogRecord> thriftRecord =
  ThriftWritable.newInstance(WeblogRecord.class);
private WeblogRecord record = new WeblogRecord();
```

그런 다음, `WeblogRecord`의 인스턴스와 `thriftRecord` 객체의 설정 메소드를 호출한다. 마지막으로, 매퍼는 `WeblogRecord`의 인스턴스가 포함한 `thriftRecord` 객체를 출력한다.

```
thriftRecord.set(record);
context.write(NullWritable.get(), thriftRecord);
```

참고사항

다음 절에서는 구글이 개발한 또 다른 대중적인 직렬화 프레임워크를 보여준다.

▶ 2장의 '데이터 직렬화를 위한 프로토콜 버퍼 사용'

데이터 직렬화를 위한 프로토콜 버퍼 사용

프로토콜 버퍼Protocol Buffers는 교차 언어 데이터 포맷이다. 프로토콜 버퍼는 자바 등 많은 언어 바인딩을 생성하는 인터페이스 정의 파일을 사용한다.

이 절에서는 프로토콜 버퍼 메시지를 정의하고 자바 바인딩을 생성하는 방법을 설명한다. 그리고 맵리듀스를 사용해 HDFS에서 자바 객체를 직렬화하기 위한 자바 바인딩의 사용법을 보여준다.

준비

다음 항목들을 내려받아 컴파일하고 설치한다.

- 하둡 LZO 라이브러리
- 구글 프로토콜 버퍼 버전 2.3.0(http://code.google.com/p/protobuf)
- 엘리펀트 버드(이전 절 참조)
- 테스트 데이터 파일 weblog_entries.txt(http://www.packtpub.com/support)

 프로토콜 버퍼의 소스를 컴파일하려면 설치된 GNU C/C++ 컴파일러 컬렉션이 필요하다. 프로토콜 버퍼 소스 코드를 컴파일한다.

윰을 사용해 GNU C/C++를 설치하려면, 배시bash 셸에서 루트root 사용자로 다음과 같이 한다.

```
# yum install gcc gcc-c++ autoconf automake
```
[11]

프로토콜 버퍼를 컴파일하고 설치하려면 다음과 같이 한다.

```
$ cd /path/to/protobuf
$ ./configure
$ make
$ make check
```

---

11 스내피 압축 코덱을 설치하는 데 필요한 것들이므로 미리 설치하자. - 옮긴이

```
# make install
# ldconfig
```

예제 구현

1. 디렉토리 구조를 만든다.

   ```
   $ mkdir test-protobufs
   $ mkdir test-protobufs/src
   $ mkdir test-protobufs/src/proto
   $ mkdir test-protobufs/src/java
   $ cd test-protobufs/src/proto
   ```

2. 다음은 프로토콜 포맷을 생성한다.

   ```
   package example;

   option java_package = "com.packt.hadoop.hdfs.ch2";
   option java_outer_classname = "WeblogRecord";

   message Record {
     optional string cookie = 1;
     required string page = 2;
     required int64 timestamp = 3;
     required string ip = 4;
   }
   ```

   test-protobufs/src/proto/ 디렉토리에 weblog_record.proto로 저장한다.

3. test-protobufs 디렉토리에서 프로토콜 포맷을 컴파일한다. WeblogRecord. java는 `protoc`로 src/java/에서 생성된다.

   ```
   $ cd ../../
   $ protoc --proto_path=src/proto/ --java_out=src/java/ src/proto/weblog_record.proto
   ```

4. 이제 HDFS에서 weblog_entries.txt를 읽을 맵리듀스 애플리케이션을 작성하고, `WeblogRecord` 객체를 LZO 압축 파일로 직렬화하기 위해 엘리펀트 버드의 `LzoProtobufBlockOutputFormat` 클래스를 사용한다.

```java
public class ProtobufMapper extends Mapper<Object, Text, NullWritable,
    ProtobufWritable<WeblogRecord.Record>> {

  private ProtobufWritable<WeblogRecord.Record> protobufRecord =
    ProtobufWritable.newInstance(WeblogRecord.Record.class);
  private SimpleDateFormat dateFormatter = new
    SimpleDateFormat("yyyy-MM-dd:HH:mm:ss");

  @Override
  protected void map(Object key, Text value, Context context)
      throws IOException, InterruptedException {
    String[] tokens = value.toString().split("\t");
    String cookie = tokens[0];
    String page = tokens[1];
    String date = tokens[2];
    String time = tokens[3];
    String formatedDate = date + ":" + time;
    Date timestamp = null;
    try {
      timestamp = dateFormatter.parse(formatedDate);
    } catch(ParseException ex) {
      return;
    }
    String ip = tokens[4];
    protobufRecord.set(WeblogRecord.Record.newBuilder()
            .setCookie(cookie)
            .setPage(page)
            .setTimestamp(timestamp.getTime())
            .setIp(ip)
            .build());
    context.write(NullWritable.get(), protobufRecord);
  }
}
```

5. 마지막으로, 맵리듀스 잡을 구성한다.

```java
public class ProtobufWriter extends Configured implements Tool {

  public int run(String[] args) throws Exception {

    Path inputPath = new Path(args[0]);
    Path outputPath = new Path(args[1]);
```

```java
    Configuration conf = getConf();
    Job weblogJob = new Job(conf);
    weblogJob.setJobName("ProtobufWriter");
    weblogJob.setJarByClass(getClass());
    weblogJob.setNumReduceTasks(0);
    weblogJob.setMapperClass(ProtobufMapper.class);
    weblogJob.setMapOutputKeyClass(LongWritable.class);
    weblogJob.setMapOutputValueClass(Text.class);
    weblogJob.setOutputKeyClass(LongWritable.class);
    weblogJob.setOutputValueClass(Text.class);
    weblogJob.setInputFormatClass(TextInputFormat.class);
    weblogJob.setOutputFormatClass(LzoProtobufBlockOutputFormat.class);

    FileInputFormat.setInputPaths(weblogJob, inputPath);
    LzoProtobufBlockOutputFormat.setClassConf(
      WeblogRecord.Record.class, weblogJob.getConfiguration());
    LzoProtobufBlockOutputFormat.setOutputPath(weblogJob, outputPath);

    if(weblogJob.waitForCompletion(true)) {
      return 0;
    }
    return 1;
  }

  public static void main(String[] args) throws Exception {
    int returnCode = ToolRunner.run(new ProtobufWriter(), args);
    System.exit(returnCode);
  }
}
```

예제 분석

첫 번째 태스크는 프로토콜 버퍼 메시지를 정의해 컴파일해야 했다. 이 정의는 프로토콜 버퍼 컴파일러가 지원하는 언어 바인딩을 생성하는 데 사용할 수 있다. 메시지 포맷에 대해 주의해야 할 사항들이 있다.

먼저, 패키지 정의 package example; 은 자바 패키지와 관계가 없다. 이는 *.proto 파일에 정의된 메시지의 네임스페이스다. 둘째, option java_package 선언은 자바 패키지의 정의다. 마지막으로, option java_outer_classname 선언은 사용될 출력 클래스 이름이다. java_outer_classname 안에, Record 클래스가 정의된다.

다음으로, 프로토콜 버퍼 컴파일러가 생성한 WeblogRecord 객체를 직렬화할 맵리듀스 애플리케이션을 작성했다. 맵리듀스 잡을 설정하기 위해, 일반 텍스트 파일을 읽는 데 필요한 입력 포맷을 설정한다.

```
weblogJob.setInputFormatClass(TextInputFormat.class);
```

다음 출력 포맷은 LZO를 사용해 압축된 프로토콜 버퍼 블록 포맷으로, 잡에서 생성되는 레코드를 저장하도록 설정된다.

```
LzoProtobufBlockOutputFormat.setClassConf(WeblogRecord.Record.class,
    weblogJob.getConfiguration());
LzoProtobufBlockOutputFormat.setOutputPath(weblogJob, outputPath);
```

매퍼에서 WeblogRecord.Record 객체를 감싸기 위해 엘리펀트 버드의 ProtobufWritable 객체를 사용한다. ProtobufWritable 클래스는 맵리듀스로 출력되는 모든 키에 의해 구현돼야 하는 하둡의 WritableComparable 클래스에서 파생된다. protoc를 사용해 바인딩의 모든 타입을 생성할 때마다, ProtobufWritable 클래스는 사용자 정의 WritableComparable 클래스를 작성하는 일을 피하는 데 도움이 된다.

매퍼에서 ProtobufWritable 인스턴스를 인스턴스화한다.

```
private ProtobufWritable<WeblogRecord.Record> protobufRecord =
    ProtobufWritable.newInstance(WeblogRecord.Record.class);
```

그런 다음, WeblogRecord.Record의 새로운 인스턴스와 protobufRecord 객체의 설정 메소드를 호출한다. 마지막으로, 매퍼는 protobufRecord 객체를 출력한다.

```
protobufRecord.set(WeblogRecord.Record.newBuilder()
            .setCookie(cookie)
            .setPage(page)
            .setTimestamp(timestamp.getTime())
            .setIp(ip)
            .build());
context.write(NullWritable.get(), protobufRecord);
```

HDFS 복제 계수 설정

HDFS는 데이터 블록으로 파일을 저장하고 전체 클러스터에서 이러한 블록을 분산한다. HDFS는 장애를 허용하고 일반 하드웨어에서 실행되도록 설계됐기 때문에 블록은 데이터의 고 가용성을 보장하기 위해 여러 번 복제된다. 복제 계수는 전체 클러스터의 글로벌 복제 계수를 조정하기 위한 것으로 HDFS 구성 파일에서 설정할 수 있다. HDFS에 저장된 각 블록의 경우 클러스터에 분산된 $n - 1$의 중복된 블록이 된다. 예를 들어, 복제 계수를 3으로 설정한 경우 원래 블록 1개와 2개의 복제본이 된다.

준비

하둡이 설치된 conf/ 디렉토리에서 hdfs-site.xml 파일을 연다.

예제 구현

다음과 같이 hdfs-site.xml을 수정하거나 추가한다.

```
<property>
  <name>dfs.replication<name>
  <value>3<value>
  <description>Block Replication<description>
<property>
```

예제 분석

hdfs-site.xml은 HDFS를 설정하는 데 사용된다. hdfs-site.xml 파일에서 `dfs.replication` 속성을 변경하면 HDFS에 배치된 모든 파일의 기본 복제를 변경한다.

부연 설명

하둡 FS 셸을 사용해 파일 단위의 복제 계수를 변경할 수 있다.

```
$ hadoop fs -setrep -w 3 /my/file
```

또는 디렉토리에 있는 모든 파일의 복제 계수를 변경할 수 있다.

```
$ hadoop fs -setrep -w 3 -R /my/dir
```

참고사항

▶ 2장의 'HDFS 블록 크기 설정' 절 참조(HDFS 블록 크기 설정 방법을 설명한다.)

HDFS 블록 크기 설정

HDFS는 대량의 데이터를 유지 관리할 수 있게 설계됐기 때문에, 전형적인 HDFS의 블록 크기는 이제까지 접했던 전통적인 파일 시스템(예를 들어, 내 노트북의 파일 시스템은 4KB의 블록 크기를 사용하고 있다)의 블록 크기보다 훨씬 크다. 블록 크기 설정은 파일을 블록으로 분할하고, 그런 다음 클러스터 전체에 그 블록을 배포해 HDFS에서 사용된다. 예를 들어 클러스터가 64MB의 블록 크기를 사용하고 128MB의 텍스트 파일이 HDFS에 입력된 경우, HDFS는 2개(128MB/64MB)의 블록으로 파일을 분할할 것이고 두 청크chunk를 클러스터에 있는 데이터 노드로 배포한다.

준비

하둡이 설치된 conf/ 디렉토리에서 hdfs-site.xml 파일을 연다.

예제 구현

다음과 같이 hdfs-site.xml을 추가하거나 수정한다.

```
<property>
  <name>dfs.block.size<name>
  <value>134217728<value>
  <description>Block size<description>
<property>
```

예제 분석

hdfs-site.xml은 HDFS를 설정하는 데 사용된다. hdfs-site.xml 파일에서 `dfs.block.size` 속성을 변경하면 HDFS에 배치되는 모든 파일의 기본 블록 크기가 변경된다. 위의 경우 `dfs.block.size`를 128MB[12]로 설정한다. 설정을 변경하면 현재 HDFS 내 모든 파일의 블록 크기에는 영향을 주지 않는다. 설정을 활성화한 후,[13] HDFS에 배치될 파일의 블록 크기에만 영향을 준다.

---

12 실무에서는 64MB보다 128MB를 많이 사용한다. - 옮긴이
13 하둡을 재시작해야 한다. - 옮긴이

3 데이터 추출과 변환

3장에서 다루는 내용

- 맵리듀스를 사용해 아파치 로그를 TSV 포맷으로 변환
- 웹 서버 로그에서 봇 트래픽을 필터링하기 위한 아파치 피그 사용
- 웹 서버 로그 데이터를 타임스탬프로 정렬하기 위한 아파치 피그 사용
- 웹 서버 로그 데이터를 세션화하기 위한 아파치 피그 사용
- 아파치 피그 기능 확장을 위한 파이썬 사용
- 페이지 뷰를 계산하기 위한 맵리듀스와 보조 정렬 사용
- 지리 이벤트 데이터를 정리하고 변환하기 위한 하이브와 파이썬 사용
- 시계열 분석을 수행하기 위한 파이썬과 하둡 스트리밍 사용
- 출력 파일 이름을 지정하기 위한 맵리듀스의 MultipleOutputs 사용
- 지리 이벤트 데이터를 읽기 위한 사용자 정의 하둡 Writable과 InputFormat 생성

개요

비즈니스 요구사항을 만족시키기 위해 대용량 데이터를 파싱하고 정형화하는 일은 어려운 작업이다. 해당 소프트웨어와 아키텍처는 엄격하게 확장성과 신뢰성, 런타임 제약사항을 만족시켜야 한다. 하둡은 대용량 데이터 처리를 위한 확장성과 신뢰성, 분산 처리 환경을 제공한다. 3장은 맵리듀스와 아파치 피그, 아파치 하이브Hive, 파이썬Python을 사용해 데이터를 추출하고 변환하는 방법을 보여줄 것이다.

맵리듀스를 사용해 아파치 로그를 TSV 포맷으로 변환

맵리듀스는 데이터를 **탭 구분 값**TSV, tab-separated value으로 변환하기 위한 훌륭한 도구다. 입력 데이터가 HDFS로 적재되면 모든 하둡 클러스터는 병렬로 대용량 데이터셋을 변환하기 위해 이용된다. 이 절에서는 아파치 접근 로그에서 레코드를 추출하고 HDFS에서 탭 구분 값으로 레코드를 저장하는 메소드를 설명한다.

준비

팩트 웹사이트의 http://www.packtpub.com/support 지원 페이지에서 apache_clf.txt 데이터셋을 내려받고 파일을 HDFS에 배치한다.

예제 구현

맵리듀스를 사용해 아파치 로그에서 TSV 포맷으로 변환하기 위해 다음 단계를 수행한다.

1. 아파치 로그 포맷을 파싱하기 위해 정규식 패턴을 구현한다.

    ```
    private Pattern p = Pattern.compile("^([\\d.]+) (\\S+) (\\S+)
    \\[([\\w:/]+\\s[+\\-]\\d{4})\\] \"(\\w+) (.+?) (.+?)\" (\\d+) (\\d+)
    \"([^\"]+|(.+?))\" \"([^\"]+|(.+?))\"", Pattern.DOTALL);
    ```

2. 로그 파일을 읽기 위해 매퍼 클래스를 생성한다. 매퍼는 키로 IP 주소를 추출하고, 값으로 타임스탬프timestamp, 페이지page, http 상태status, 클라이언트에게 반환되는 바이트bytes, 클라이언트의 사용자 에이전트user agent를 추출한다.

    ```
    public class CLFMapper extends Mapper<Object, Text, Text, Text> {

      private SimpleDateFormat dateFormatter =
        new SimpleDateFormat("dd/MMM/yyyy:HH:mm:ss Z");
      private Pattern p =
        Pattern.compile("^([\\d.]+) (\\S+) (\\S+)"
          + " \\[([\\w:/]+\\s[+\\-]\\d{4})\\] \"(\\w+) (.+?) (.+?)\" "
          + "(\\d+) (\\d+) \"([^\"]+|(.+?))\" \"([^\"]+|(.+?))\"",
          Pattern.DOTALL);
    ```

```java
    private Text outputKey = new Text();
    private Text outputValue = new Text();

    @Override
    protected void map(Object key, Text value, Context context) throws
        IOException, InterruptedException {
      String entry = value.toString();
      Matcher m = p.matcher(entry);
      if (!m.matches()) {
        return;
      }
      Date date = null;
      try {
        date = dateFormatter.parse(m.group(4));
      } catch (ParseException ex) {
        return;
      }
      outputKey.set(m.group(1)); // IP
      StringBuilder b = new StringBuilder();
      b.append(date.getTime()); // 타임스탬프
      b.append('\t');
      b.append(m.group(6)); // 페이지
      b.append('\t');
      b.append(m.group(8)); // http 상태
      b.append('\t');
      b.append(m.group(9)); // 바이트
      b.append('\t');
      b.append(m.group(12)); // 사용자 에이전트
      outputValue.set(b.toString());
      context.write(outputKey, outputValue);
    }
  }
```

3. 변환을 적용하기 위해 맵 온리 잡을 생성한다.

```java
public class ParseWeblogs extends Configured implements Tool {

  public int run(String[] args) throws Exception {

    Path inputPath = new Path(args[0]);
    Path outputPath = new Path(args[1]);
```

```
        Configuration conf = getConf();
        Job weblogJob = new Job(conf);
        weblogJob.setJobName("Weblog Transformer");
        weblogJob.setJarByClass(getClass());
        weblogJob.setNumReduceTasks(0);
        weblogJob.setMapperClass(CLFMapper.class);
        weblogJob.setMapOutputKeyClass(Text.class);
        weblogJob.setMapOutputValueClass(Text.class);
        weblogJob.setOutputKeyClass(Text.class);
        weblogJob.setOutputValueClass(Text.class);
        weblogJob.setInputFormatClass(TextInputFormat.class);
        weblogJob.setOutputFormatClass(TextOutputFormat.class);

        FileInputFormat.setInputPaths(weblogJob, inputPath);
        FileOutputFormat.setOutputPath(weblogJob, outputPath);

        if(weblogJob.waitForCompletion(true)) {
          return 0;
        }
        return 1;
    }

    public static void main(String[] args) throws Exception {
        int returnCode = ToolRunner.run(new ParseWeblogs(), args);
        System.exit(returnCode);
    }
}
```

4. 마지막으로, 맵리듀스 잡을 실행한다.

```
$ hadoop jar myjar.jar com.packt.ch3.etl.ParseWeblogs /user/hadoop/apache_clf.txt /user/hadoop/apache_clf_tsv
```

예제 분석

처음 생성한 매퍼는 아파치 웹로그에서 원하는 정보를 추출하고 추출된 필드를 탭 구분 포맷으로 출력해야 한다.

그 다음, 웹 서버 로그 데이터를 탭 구분 포맷으로 변환하는 맵 온리 잡을 생성한다. 매퍼로부터 출력되는 키/값 쌍은 HDFS 내에 파일로 저장된다.

> **부연 설명**

기본적으로 TextOutputFormat 클래스는 키와 값 쌍을 분리하기 위해 탭을 사용한다. mapred.textoutputformat.separator 속성을 설정해서 기본 구분자를 바꿀 수 있다. 예를 들어, ','로 IP와 타임스탬프를 분리하기 위해 다음 명령어로 잡을 재실행할 수 있다.

```
$ hadoop jar myjar.jar com.packt.ch3.etl.ParseWeblogs -Dmapred.textoutputformat.separator=',' /user/hadoop/apache_clf.txt /user/hadoop/csv
```

> **참고사항**

이번 절에서 살펴본 탭 구분 출력은 다음 절들에서 사용된다.

- 3장의 '웹 서버 로그에서 봇 트래픽을 필터링하기 위한 아파치 피그 사용'
- 3장의 '웹 서버 로그 데이터를 타임스탬프로 정렬하기 위한 아파치 피그 사용'
- 3장의 '웹 서버 로그 데이터를 세션화하기 위한 아파치 피그 사용'
- 3장의 '아파치 피그 기능 확장을 위한 파이썬 사용'
- 3장의 '페이지 뷰를 계산하기 위한 맵리듀스와 보조 정렬 사용'

웹 서버 로그에서 봇 트래픽을 필터링하기 위한 아파치 피그 사용

아파치 피그는 맵리듀스 애플리케이션을 만드는 고수준 언어다. 이번 절에서는 샘플 웹 서버 로그 데이터셋의 모든 봇 트래픽을 제거하기 위해 아파치 피그와 피그의 사용자 정의 필터 함수UDF, user-defined filter function를 사용할 것이다. **봇 트래픽**bot traffic은 웹페이지를 방문하는 **스파이더**spider처럼 사람이 발생시키지 않는 트래픽이다.

준비

다음 항목들을 내려받아 컴파일하고 설치한다.

- 아파치 피그 버전 0.8.1 이상(http://pig.apache.org/)
- 테스트 데이터: apache_nobots_tsv.txt, blacklist.txt(팩트 웹사이트 http://www.packtpub.com/support)
- HDFS의 현재 작업 디렉토리에 apache_nobots_tsv.txt와 blacklist.txt를 복사한다.

예제 구현

아파치 피그 UDF를 사용해 봇 트래픽을 필터링하기 위해 다음 단계를 수행한다.

1. 먼저 피그의 `FilterFunc` 추상 클래스를 상속한 피그 UDF를 작성한다. 이 클래스는 사용자 에이전트 문자열을 사용해 웹로그 데이터셋의 레코드를 필터링하는 클래스다.

```java
public class IsUseragentBot extends FilterFunc {

  private Set<String> blacklist = null;

  private void loadBlacklist() throws IOException {
    blacklist = new HashSet<String>();
    BufferedReader in = new BufferedReader(new FileReader("blacklist"));
    String userAgent = null;
    while ((userAgent = in.readLine()) != null) {
      blacklist.add(userAgent);
    }
  }

  @Override
  public Boolean exec(Tuple tuple) throws IOException {
    if (blacklist == null) {
      loadBlacklist();
    }
```

```
        if (tuple == null || tuple.size() == 0) {
          return null;
        }

        String ua = (String) tuple.get(0);
        if (blacklist.contains(ua)) {
          return true;
        }
        return false;
      }
    }
```

2. 그 다음, 현재 작업 디렉토리에 피그 스크립트를 생성한다. 피그 스크립트를 시작할 때, HDFS 내의 blacklist.txt의 경로를 맵리듀스 프레임워크에 설정한다.

```
set mapred.cache.files '/user/hadoop/blacklist.txt#blacklist';
set mapred.create.symlink 'yes';
```

3. 피그를 이용해 IsUseragentBot 클래스를 포함하는 JAR 파일을 등록하고, 사용자 에이전트로 웹로그를 필터링하는 피그 스크립트를 작성한다.

```
register myudfjar.jar;

all_weblogs = LOAD '/user/hadoop/apache_nobots_tsv.txt' AS (ip:
chararray, timestamp:long, page:chararray, http_status:int, payload_
size:int, useragent:chararray);

nobots_weblogs = FILTER all_weblogs BY NOT com.packt.ch3.etl.pig.
IsUseragentBot(useragent);

STORE nobots_weblogs INTO '/user/hadoop/nobots_weblogs';
```

피그 잡을 실행하기 위해 myudfjar.jar를 피그 스크립트와 같은 디렉토리에 넣고 실행한다.

```
$ ls
myudfjar.jar filter_bot_traffic.pig
$ pig -f filter_bot_traffic.pig
```

예제 분석

아파치 피그는 사용자 정의 함수UDF를 사용해 확장한다. UDF를 생성하는 방법 중 하나는 아파치 피그 배포판의 자바 추상 클래스와 인터페이스를 이용하는 것이다. 이 절에서는 알려진 사용자 에이전트 문자열을 포함하는 모든 레코드를 지운다. 이를 위한 방법 중 하나는 피그 필터를 생성하는 것이다.

`IsUseragentBot` 클래스는 `exec(Tuple t)` 메소드를 오버라이드해주는 `FilterFunc` 추상 클래스를 상속받는다. 피그의 튜플Tuple은 피그 프리미티브primitive이거나 널null일 수 있는 필드의 정렬된 리스트다. 런타임에서 피그는 데이터셋의 사용자 에이전트 문자열을 이용한 `IsUseragentBot` 클래스의 `exec(Tuple t)` 메소드를 실행한다. 이 UDF는 튜플의 첫 번째 필드에서 사용자 에이전트 문자열을 추출하고, 사용자 에이전트 문자열이 봇이면 `true`를 반환하고, 아니면 `false`를 반환한다.

이 외에, IsUseragentBot UDF는 `blacklist`라 불리는 파일을 읽고 HashSet 인스턴스로 컨텐츠를 적재한다. `blacklist`라는 파일은 blacklist.txt의 심볼링 링크다. 이 파일은 **분산 캐시**distributed cache 메커니즘을 사용해 클러스터의 노드들에 분산되어 있다. 파일을 분산 캐시에 복사하고 심볼링 링크를 생성하기 위해 다음의 맵리듀스 속성들을 설정한다.

```
set mapred.cache.files '/user/hadoop/blacklist.txt#blacklist';
set mapred.create.symlink 'yes';
```

이 속성들은 피그 속성이 아니라는 점에 주목하자. 이 속성들은 맵리듀스 프레임워크에서 임의의 맵리듀스 잡의 분산 캐시에 파일을 적재하는 데 사용할 수 있다.

다음은 IsUseragentBot UDF를 포함하는 JAR 파일을 찾는 피그 명령어다.

```
register myudfjar.jar;
```

마지막으로, 자바 클래스명을 사용해 UDF를 호출한다. 잡을 실행할 때 피그는 IsUseragentBot 클래스를 인스턴스화하고 all_weblogs 릴레이션relation의 레코드를 `exec(Tuple t)` 메소드의 인자로 사용한다.

> **부연 설명**

피그 버전 0.9에서 피그 UDF는 `mapred.cache.files`와 `mapred.create.symlink` 속성 설정 없이 분산 캐시에 접근할 수 있다. 대부분 추상 피그 클래스는 `List<String> getCacheFiles()` 메소드를 가진 UDF를 생성했다. 이 메소드는 HDFS에서 분산 캐시로 파일을 적재할 때 오버라이드해서 사용된다. 예를 들어, `IsUseragentBot` 클래스는 다음 메소드를 추가해서 분산 캐시에 blacklist.txt 파일을 적재하기 위해 수정될 수 있다.

```
@Override
public List<String> getCacheFiles() {
  List<String> list = new ArrayList<String>();
  list.add("/user/hadoop/blacklist.txt#blacklist");
  return list;
}
```

> **참고사항**

아파치 피그는 다음 절에서 사용된다.

- 3장의 '웹 서버 로그 데이터를 타임스탬프로 정렬하기 위한 아파치 피그 사용'
- 3장의 '웹 서버 로그 데이터를 세션화하기 위한 아파치 피그 사용'
- 3장의 '아파치 피그 기능 확장을 위한 파이썬 사용'
- 3장의 '페이지 뷰를 계산하기 위한 맵리듀스와 보조 정렬 사용'

웹 서버 로그 데이터를 타임스탬프로 정렬하기 위한 아파치 피그 사용

데이터 정렬은 일반적인 데이터 변환 기술이다. 이 절에서는 하둡 클러스터의 분산 처리 기능을 사용해 데이터셋을 정렬하는 간단한 피그 스크립트를 작성하는 메소드를 설명할 것이다.

준비

다음 항목들을 내려받아 컴파일하고 설치한다.

- 아파치 피그 버전 0.8.1 이상(http://pig.apache.org/)
- 테스트 데이터: apache_nobots_tsv.txt(http://www.packtpub.com/support)

예제 구현

아파치 피그를 사용해 데이터를 정렬하기 위해 다음 단계를 수행한다.

1. 우선 웹 서버 로그 데이터를 피그 릴레이션에 적재한다.

   ```
   nobots = LOAD '/user/hadoop/apache_nobots_tsv.txt' AS (ip:chararray,
   timestamp:long, page:chararray, http_status:int, payload_size:int,
   useragent:chararray);
   ```

2. 다음, timestamp 필드에 따라 오름차순으로 웹 서버 로그 레코드를 정렬한다.

   ```
   ordered_weblogs = ORDER nobots BY timestamp;
   ```

3. 마지막으로, HDFS 내에 정렬된 결과를 저장한다.

   ```
   STORE ordered_weblogs INTO '/user/hadoop/ordered_weblogs';
   ```

4. 피그 잡을 실행한다.

   ```
   $ pig -f ordered_weblogs.pig
   ```

예제 분석

공유되지 않은 환경에서 분산된 데이터를 정렬하는 일은 중요하다. 피그의 ORDER BY 관계 연산자는 데이터셋을 모두 정렬할 수 있는 기능이 있다. 이것은 part-00000 형태의 출력 파일로 나타낼 수 있는 어떤 레코드들을 의미한다. 데이터가 타임스탬프로 정렬되기 때문에 part-00000은 part-00001보다 빠른 타임스탬프 값을 갖는다.

> **부연 설명**

피그의 ORDER BY 관계 연산자는 다중 필드 정렬이나 내림차순 정렬도 지원한다. 예를 들어, ip와 timestamp 필드로 nobots 릴레이션을 정렬하고 싶다면 다음 표현식을 사용할 수 있다.

ordered_weblogs = ORDER nobots BY ip, timestamp;

timestamp 필드에 따라 내림차순으로 nobots 릴레이션을 정렬하고 싶다면 desc 옵션을 사용한다.

ordered_weblogs = ORDER nobots timestamp desc;

> **참고사항**

다음 절들은 아파치 피그를 사용할 것이다.

- 3장의 '웹 서버 로그 데이터를 세션화하기 위한 아파치 피그 사용'
- 3장의 '아파치 피그 기능 확장을 위한 파이썬 사용'
- 3장의 '페이지 뷰를 계산하기 위한 맵리듀스와 보조 정렬 사용'

웹 서버 로그 데이터를 세션화하기 위한 아파치 피그 사용

세션은 웹사이트에서 사용자의 지속적인 상호작용과 임의의 활동 종료가 발생할 때 사용자 세션 종료를 나타낸다. 새로운 세션은 사용자가 비활동 기간 후에 웹사이트로 돌아오면 시작된다. 이 절에서는 특정 IP의 세션 시작을 표시하는 apache_nobots_tsv.txt 파일로부터 레코드의 부분집합을 생성하기 위해 아파치 피그와 피그 사용자 정의 함수UDF를 사용할 것이다.

준비

다음 항목들을 내려받아 컴파일하고 설치한다.

- 아파치 피그 버전 0.8.1 이상(http://pig.apache.org/)
- 테스트 데이터: apache_nobots_tsv.txt(http://www.packtpub.com/support)

예제 구현

다음은 웹 서버 로그 데이터를 세션화하는 아파치 피그 UDF를 생성하는 단계다.

1. 세션의 첫 레코드만 출력하기 위해 피그의 UDF를 생성한다. UDF는 EvalFunc 피그 추상 클래스를 상속받고 Accumulator 피그 인터페이스를 구현한다. 이 클래스는 웹 서버 로그 데이터셋에 세션 로직을 적용하는 기능을 한다.

```
public class Sessionize extends EvalFunc<DataBag> implements
    Accumulator<DataBag> {

  private long sessionLength = 0;
  private Long lastSession = null;
  private DataBag sessionBag = null;

  public Sessionize(String seconds) {
    sessionLength = Integer.parseInt(seconds) * 1000;
    sessionBag = BagFactory.getInstance().newDefaultBag();
  }

  @Override
  public DataBag exec(Tuple tuple) throws IOException {
    accumulate(tuple);
    DataBag bag = getValue();
    cleanup();
    return bag;
  }

  @Override
  public void accumulate(Tuple tuple) throws IOException {
    if (tuple == null || tuple.size() == 0) {
```

```java
      return;
    }
    DataBag inputBag = (DataBag) tuple.get(0);
    for(Tuple t: inputBag) {
      Long timestamp = (Long)t.get(1);
      if (lastSession == null) {
        sessionBag.add(t);
      }
      else if ((timestamp - lastSession) >= sessionLength) {
        sessionBag.add(t);
      }
      lastSession = timestamp;
    }
  }

  @Override
  public DataBag getValue() {
    return sessionBag;
  }

  @Override
  public void cleanup() {
    lastSession = null;
    sessionBag = BagFactory.getInstance().newDefaultBag();
  }
}
```

2. 다음으로, 적재하기 위해 피그 스크립트를 생성하고 IP 주소로 웹 서버 로그 레코드를 그룹핑한다.

```
register myjar.jar;
define Sessionize com.packt.ch3.etl.pig.Sessionize('1800'); /* 30분 */

nobots_weblogs = LOAD '/user/hadoop/apache_nobots_tsv.txt' AS
(ip:chararray, timestamp:long, page:chararray, http_status:int,
payload_size:int, useragent:chararray);

ip_groups = GROUP nobots_weblogs BY ip;
```

3. 마지막으로, 특정 IP와 연관된 모든 레코드를 타임스탬프로 정렬하기 위해 피그 표현식을 작성한다. 그리고 나서 Sessionize UDF로 정렬된 레코드를 보낸다.

```
sessions = FOREACH ip_groups {
  ordered_by_timestamp = ORDER nobots_weblogs BY timestamp;
  GENERATE FLATTEN(Sessionize(ordered_by_timestamp));
}

STORE sessions INTO '/user/jowens/sessions';
```

4. 현재 작업 디렉토리에 Sessionize 클래스를 포함하는 JAR 파일을 복사하고 피그 스크립트를 실행한다.

```
$ pig -f sessionize.pig
```

예제 분석

우선, EvalFunc 추상 클래스를 상속받고 Accumulator 인터페이스를 구현하는 UDF를 생성했다. EvalFunc 클래스는 피그 스크립트 내에 사용되는 함수를 생성한다. 데이터는 exec(Tuple t) 메소드를 통해 UDF에 전달될 것이다. Accumulator 인터페이스는 사용자 정의 eval 함수를 위해 선택적으로 사용되며, 피그는 이를 이용해 UDF의 데이터 흐름과 메모리 이용률을 최적화한다. 전체 데이터셋을 처리하는 대신, EvalFunc 클래스 작동 방법과 마찬가지로 Accumulator 인터페이스는 UDF에 전달되는 데이터의 부분집합을 허용한다.

다음으로, 모든 웹 서버 로그 레코드를 IP로 그룹핑하는 피그 스크립트를 작성하고 타임스탬프로 레코드를 정렬한다. Sessionize UDF가 각 세션의 시작을 결정하기 위해 정렬된 타임스탬프가 필요하기 때문에 타임스탬프로 정렬된 데이터가 필요하다.

그 다음, Sessionize 별칭alias을 호출해서 특정 IP를 갖는 모든 세션을 생성했다.

마지막으로, UDF에서 출력된 DataBag 내에 튜플을 포함하지 않기 위해 FLATTEN 연산자를 사용했다.

참고사항

▶ 3장의 '아파치 피그 기능 확장을 위한 파이썬 사용' 절 참조

아파치 피그 기능 확장을 위한 파이썬 사용

이 절에서는 피그 DataBag 내의 레코드 수를 계산하기 위해 간단한 아파치 피그 사용자 정의 함수UDF를 생성하는 파이썬을 사용한다.

준비

다음 항목들을 내려받아 컴파일하고 설치한다.

- 자이썬Jython 2.5.2(http://www.jython.org/)
- 아파치 피그 버전 0.8.1(http://pig.apache.org/)
- 테스트 데이터: apache_nobots_tsv.txt(http://www.packtpub.com/support)

이 절에서는 자이썬 표준 JAR 파일이 필요하다. 이 파일을 빌드하기 위해 자이썬 자바 인스톨러를 내려받고 설치 메뉴에서 **Standalone**을 선택한다.

```
$ java -jar jython_installer-2.5.2.jar
```

아파치 피그의 클래스패스에 자이썬 표준 JAR 파일을 추가한다.

```
$ export PIG_CLASSPATH=$PIG_CLASSPATH:/path/to/jython2.5.2/jython.jar
```

예제 구현

다음은 파이썬을 사용해 아파치 피그 UDF를 생성하는 단계다.

1. 피그 DataBag 내의 레코드 수를 계산하기 위해 count.py라는 간단한 파이썬 함수를 생성한다.

    ```
    #!/usr/bin/python

    @outputSchema("hits:long")
    def calculate(inputBag):
      hits = len(inputBag)
      return hits
    ```

2. 그 다음, IP와 페이지로 모든 웹 서버 로그 레코드를 그룹핑하는 피그 스크립트를 생성한다. 그러고 나서 파이썬 함수로 그룹핑된 웹 서버 로그 레코드를 보낸다.

```
register 'count.py' using jython as count;

nobots_weblogs = LOAD '/user/hadoop/apache_nobots_tsv.txt' AS
    (ip:chararray, timestamp:long, page:chararray, http_status:int,
    payload_size:int, useragent:chararray);

ip_page_groups = GROUP nobots_weblogs BY (ip, page);

ip_page_hits = FOREACH ip_page_groups GENERATE FLATTEN(group),
count.calculate(nobots_weblogs);

STORE ip_page_hits INTO '/user/hadoop/ip_page_hits';
```

예제 분석

우선, 피그 DataBag의 길이를 계산하는 간단한 파이썬 함수를 생성한다. 이 외에, 파이썬 데코레이터_{decorator}인 @outputSchema("hits:long")을 포함하는 파이썬 스크립트는 피그에게 파이썬 함수에서 반환되는 데이터를 해석하는 방법을 알려준다. 이런 경우, 피그가 hits 필드의 자바 long 값으로 이 함수에서 반환되는 데이터를 저장하길 원한다.

다음으로, 명령문을 사용해 파이썬 UDF를 등록하는 피그 스크립트를 작성한다.

```
register 'count.py' using jython as count;
```

마지막으로, 피그 DataBag에서 count 별칭을 사용해 calculate() 함수를 호출한다.

```
count.calculate(nobots_weblogs);
```

페이지 뷰를 계산하기 위한 맵리듀스와 보조 정렬 사용

일반적인 맵리듀스 잡에서 키/값 쌍은 매퍼에서 출력되고 셔플링, 정렬되고 나서 최종적으로 리듀서에 전달된다. 맵리듀스 프레임워크는 리듀서에 전달된 값을 정렬하기 위해 어떤 시도도 하지 않는다. 그러나 페이지 뷰를 계산하는 경우처럼, 정렬되기 위해 리듀서에 값이 전달되는 경우도 있다.

페이지 뷰를 계산하려면 페이지별로 별개의 IP를 계산해야 한다. 이를 계산하는 방법 중 하나는 키/값 쌍(페이지, IP)을 출력하는 매퍼를 갖는 것이다. 그러고 나서 리듀서에서 페이지와 연관된 모든 IP를 저장할 수 있다. 그러나 이 접근은 성능이 좋지 않다. 웹로그에 단일 페이지를 방문하는 별개의 IP 개수가 굉장히 많이 포함되면 무슨 일이 일어날까? 메모리에 별개 IP들의 전체 집합을 넣을 수 없을지도 모른다.

맵리듀스 프레임워크는 이 문제를 처리하기 위한 방법을 제공한다. 이번 절에서는 **보조 정렬**secondary sort로 알려진 접근법을 사용해 리듀서로 가는 값을 정렬하는 맵리듀스 애플리케이션을 작성한다. 메모리 내에 모든 별개의 IP를 넣는 대신, 리듀서의 값을 처리하는 동안 마지막으로 본 IP를 추적할 수 있다. 그리고 별개의 IP를 계산하는 카운터를 유지할 수 있다.

준비

http://www.packtpub.com/support에서 apache_nobots_tsv.txt 파일을 내려받고 HDFS에 파일을 복사한다.

예제 구현

다음 단계는 페이지 뷰를 계산하기 위해 맵리듀스의 보조 정렬을 구현하는 방법을 보여준다.

1. 하둡의 `WritableComparable` 인터페이스를 구현하는 클래스를 생성한다. 키를 저장하고 필드를 정렬하는 데 이 클래스를 사용한다.

```java
public class CompositeKey implements WritableComparable {

  private Text first = null;
  private Text second = null;

  public CompositeKey() {

  }

  public CompositeKey(Text first, Text second) {
    this.first = first;
    this.second = second;
  }

  // 게터와 세터 메소드 생략

  public void write(DataOutput d) throws IOException {
    first.write(d);
    second.write(d);
  }

  public void readFields(DataInput di) throws IOException {
    if (first == null) {
      first = new Text();
    }
    if (second == null) {
      second = new Text();
    }
    first.readFields(di);
    second.readFields(di);
  }

  public int compareTo(Object obj) {
    CompositeKey other = (CompositeKey) obj;
    int cmp = first.compareTo(other.getFirst());
    if (cmp != 0) {
      return cmp;
    }
    return second.compareTo(other.getSecond());
  }
```

```java
@Override
public boolean equals(Object obj) {
  CompositeKey other = (CompositeKey)obj;
  return first.equals(other.getFirst());
}

@Override
public int hashCode() {
  return first.hashCode();
}
}
```

2. 다음으로, Mapper와 Reducer 클래스를 작성한다. 이 Mapper 클래스는 2개의 필드를 저장하기 위해 CompositeKey 클래스를 사용한다. 첫 번째 필드는 매퍼에서 나가는 데이터를 그룹핑하고 분할하는 데 사용하는 page 필드다. 두 번째 필드는 리듀서에 전달되는 값을 정렬하는 데 사용되는 ip 필드다.

```java
public class PageViewMapper extends Mapper<Object, Text,
    CompositeKey, Text> {

  private CompositeKey compositeKey = new CompositeKey();
  private Text first = new Text();
  private Text second = new Text();
  private Text outputValue = new Text();

  @Override
  protected void map(Object key, Text value, Context context)
      throws IOException, InterruptedException {
    String[] tokens = value.toString().split("\t");
    if (tokens.length > 3) {
      String page = tokens[2];
      String ip = tokens[0];
      first.set(page);
      second.set(ip);
      compositeKey.setFirst(first);
      compositeKey.setSecond(second);
      outputValue.set(ip);
      context.write(compositeKey, outputValue);
    }
```

```
    }
  }

  public class PageViewReducer extends Reducer<CompositeKey, Text,
      Text, LongWritable> {
    private LongWritable pageViews = new LongWritable();

    @Override
    protected void reduce(CompositeKey key, Iterable<Text> values,
        Context context) throws IOException, InterruptedException {
      String lastIp = null;
      long pages = 0;
      for (Text t : values) {
        String ip = t.toString();
        if (lastIp == null) {
          lastIp = ip;
          pages++;
        } else if (!lastIp.equals(ip)) {
          lastIp = ip;
          pages++;
        } else if (lastIp.compareTo(ip) > 0) {
          throw new IOException("secondary sort failed");
        }
      }
      pageViews.set(pages);
      context.write(key.getFirst(), pageViews);
    }
  }
```

3. 매퍼에서 나가는 데이터를 분할하고 그룹핑하고 정렬하기 위해 3개의 클래스를 생성한다. 이 클래스들은 맵리듀스 프레임워크에서 사용된다. 먼저, 매퍼에서 출력되는 데이터를 page 필드로 분할하는 클래스를 작성한다.

```
  static class CompositeKeyParitioner extends Partitioner<CompositeKey,
      Writable> {

    @Override
    public int getPartition(CompositeKey key, Writable value,
        int numParition) {
```

```
      return (key.getFirst().hashCode() & 0x7FFFFFFF) % numParition;
    }
}
```

4. 그 다음, 모든 키를 함께 그룹핑하는 Comparator를 작성한다.

```
static class GroupComparator extends WritableComparator {
  public GroupComparator() {
    super(CompositeKey.class, true);
  }

  @Override
  public int compare(WritableComparable a, WritableComparable b) {
    CompositeKey lhs = (CompositeKey)a;
    CompositeKey rhs = (CompositeKey)b;
    return lhs.getFirst().compareTo(rhs.getFirst());
  }
}
```

5. 리듀서에 전달되는 값을 정렬하는 두 번째 Comparator를 작성한다.

```
static class SortComparator extends WritableComparator {
  public SortComparator() {
    super(CompositeKey.class, true);
  }

  @Override
  public int compare(WritableComparable a, WritableComparable b) {
    CompositeKey lhs = (CompositeKey)a;
    CompositeKey rhs = (CompositeKey)b;
    int cmp = lhs.getFirst().compareTo(rhs.getFirst());
    if (cmp != 0) {
      return cmp;
    }
      return lhs.getSecond().compareTo(rhs.getSecond());
    }
}
```

6. 마지막으로, 일반 맵리듀스 잡을 구성하는 코드를 작성한다. 그러나 위에서 구현한 Partitioner와 Comparator 클래스를 사용하는 맵리듀스 프레임워크와는 구별된다.

```java
public int run(String[] args) throws Exception {

  Path inputPath = new Path(args[0]);
  Path outputPath = new Path(args[1]);

  Configuration conf = getConf();
  Job weblogJob = new Job(conf);
  weblogJob.setJobName("PageViews");
  weblogJob.setJarByClass(getClass());
  weblogJob.setMapperClass(PageViewMapper.class);
  weblogJob.setMapOutputKeyClass(CompositeKey.class);
  weblogJob.setMapOutputValueClass(Text.class);

  weblogJob.setPartitionerClass(CompositeKeyParitioner.class);
  weblogJob.setGroupingComparatorClass(GroupComparator.class);
  weblogJob.setSortComparatorClass(SortComparator.class);

  weblogJob.setReducerClass(PageViewReducer.class);
  weblogJob.setOutputKeyClass(Text.class);
  weblogJob.setOutputValueClass(Text.class);
  weblogJob.setInputFormatClass(TextInputFormat.class);
  weblogJob.setOutputFormatClass(TextOutputFormat.class);

  FileInputFormat.setInputPaths(weblogJob, inputPath);
  FileOutputFormat.setOutputPath(weblogJob, outputPath);

  if(weblogJob.waitForCompletion(true)) {
    return 0;
  }
  return 1;
}
```

예제 분석

우선 CompositeKey 클래스를 생성한다. 이 클래스는 하둡의 WritableComparable 인터페이스를 상속받아서 Text와 IntWritable처럼 CompositeKey 클래스를 사용할 수 있다. CompositeKey 클래스는 2개의 Text 객체를 갖는다. 첫 번째 Text

객체는 매퍼에서 출력되는 키/값 쌍을 분할하고 그룹핑한다. 두 번째 Text 객체는 보조 정렬을 수행하는 데 사용된다.

다음으로, CompositeKey(페이지와 IP로 구성)를 키로, IP를 값으로 하는 키/값 쌍을 출력하는 매퍼 클래스를 작성했다. 추가로, CompoisteKey 객체와 정렬된 IP 리스트를 받는 리듀서 클래스를 작성했다. 별개의 IP 수는 이전 IP와 현재 IP가 같지 않으면 수를 증가시킨다.

매퍼와 리듀서 클래스를 작성한 후, 데이터를 분할하고 그룹핑, 정렬하는 3개의 클래스를 생성했다. CompositeKeyPartitioner 클래스는 매퍼에서 출력된 데이터를 분할할 책임이 있다. 이번 절에서는 같은 페이지를 갖는 데이터는 모두 같은 파티션으로 보낸다. 그러므로 CompositeKey 클래스의 첫 번째 필드만을 기반으로 파티션 위치를 계산한다.

그런 다음, CompositeKeyPartitioner와 같은 로직을 사용하는 GroupComparator를 생성했다. 리듀서가 처리하기 위해 같은 페이지 키로 그룹핑한다. 그러므로 GroupComparator는 비교를 위해 CompositeKey 클래스의 첫 번째 필드만 검사한다.

마지막으로, SortComparator 클래스를 생성했다. 이 클래스는 리듀서로 보낼 값들을 모두 정렬해야 한다. compare(WritableComparable a, WritableComparable b) 메소드를 보다시피, 각 리듀서로 보낼 키를 받는다. 이게 바로 매퍼에서 출력되는 모든 키에 IP를 포함해야 하는 이유다. SortComparator 클래스는 리듀서가 받은 값들이 정렬됐는지 보장하기 위해 CompositeKey 클래스의 두 필드를 비교한다.

참고사항

▶ 3장의 '지리 이벤트 데이터를 읽기 위한 사용자 정의 하둡 Writable과 InputFormat 생성' 절 참조

지리 이벤트 데이터를 정리하고 변환하기 위한 하이브와 파이썬 사용

이 절에서는 사용자 정의 파이썬 스크립트를 통해 데이터를 입출력하기 위해 하이브에서 특정 연산자들을 사용한다. 이 스크립트는 각 로우에 대해 간단한 가지치기 연산을 수행하고 로우의 약간 수정된 버전을 하이브 테이블로 출력한다.

준비

다음 항목들을 내려받아 컴파일하고 설치한다.

- 아파치 하이브 버전 0.7.1(http://hive.apache.org/)
- 테스트 데이터: Nigeria_ACLED.csv, Nigeria_ACLED_cleaned.tsv(http://www.packtpub.com/support)
- 파이썬 2.7 이상

이 절에서는 각 데이터 타입에 매핑되는 다음의 필드들을 갖는 `acled_nigeria` 하이브 테이블로 Nigera_ACLED.csv 파일을 적재한다.

하이브 클라이언트에 다음 명령어를 실행한다.

```
describe acled_nigeria;
```

그 결과는 다음과 같다.

```
OK
loc           string
event_date    string
year          string
event_type    string
actor         string
latitude      double
longitude     double
source        string
fatalities    string
```

예제 구현

다음은 데이터 변환을 위해 파이썬과 하이브를 사용하는 단계다.

1. 로컬 작업 디렉토리에 clean_and_transform_acled.hql 파일을 생성한다. 그리고 인라인inline 생성 및 변환 구문을 추가한다.

```
SET mapred.child.java.opts=-Xmx512M;

DROP TABLE IF EXISTS acled_nigeria_cleaned;
CREATE TABLE acled_nigeria_cleaned (
  loc STRING,
  event_date STRING,
  event_type STRING,
  actor STRING,
  latitude DOUBLE,
  longitude DOUBLE,
  source STRING,
  fatalities INT
) ROW FORMAT DELIMITED;

ADD FILE ./clean_acled_nigeria.py;
INSERT OVERWRITE TABLE acled_nigeria_cleaned
  SELECT TRANSFORM(
    if(loc != "", loc, 'Unknown'),
    event_date,
    year,
    event_type,
    actor,
    latitude,
    longitude,
    source,
    if(fatalities != "", fatalities, 'ZERO_FLAG'))
  USING 'python clean_acled_nigeria.py'
  AS (loc, event_date, event_type, actor, latitude, longitude, source,
fatalities)
  FROM acled_nigeria;
```

2. 그 다음, clean_and_transform_acled.hql처럼 같은 작업 디렉토리에 clean_acled_nigeria.py 파일을 생성한다. 그리고 표준 출력에서 읽기 위해 다음 파이썬 코드를 추가한다.

```
#!/usr/bin/env python
import sys

for line in sys.stdin:
    (loc, event_date, year, event_type, actor, lat, lon, src, fatalities) = line.strip().split('\t')
  if loc != 'LOCATION': #remove header row
    if fatalities == 'ZERO_FLAG':
    fatalities = '0'
      print '\t'.join([loc, event_date, event_type, actor, lat, lon, src, fatalities]) #strip out year
```

 파이썬은 들여쓰기에 민감하다. 파이썬 코드를 복사해서 붙여넣을 때 들여쓰기에 주의하자.

3. 하이브 클라이언트에 -f 옵션을 사용해 OS 셸에서 스크립트를 실행하자.

```
$ hive -f clean_and_transform_acled.hql
```

4. 완료된 스크립트를 적절히 검증하기 위해 하이브 클라이언트에 -e 옵션을 사용해 다음 명령어를 실행한다.

```
hive -e "select count(1) from acled_nigeria_cleaned"
```

하이브는 2931로우를 반환한다.

예제 분석

위에서 만든 하이브 스크립트를 시작한다. 첫 줄은 실행할 때 JVM 힙heap 크기를 간단하게 강제한다. 클러스터의 적절한 힙 크기로 설정한다. ACLED Nigeria 데이터셋의 경우 512MB 메모리면 충분하다.

그리고 즉시 `acled_nigeria_cleaned` 테이블을 DROP하고 같은 이름의 테이블을 생성한다. 필드와 로우에 대한 기본 구분자가 ROW FORMAT이고 ACLED Nigeria 데이터가 ROW FORMAT이기 때문에 ','로 구분되는 필드와 '\n'으로 구분되는 로우는 생략할 수 있다.

테이블이 정의되면, 데이터를 변환하고 출력할 SELECT 문을 만들어야 한다. 일반적인 규칙은 SELECT 문이 요구되기 전에 스크립트를 추가하는 것이다. 하이브는 맵리듀스 태스크를 사용하기 위해 ADD FILE `./clean_acled_nigeria.py` 명령어를 이용해 로컬 파일 시스템에서 하둡의 분산 캐시로 파이썬 스크립트를 적재한다.

SELECT 문은 탭으로 각 컬럼을 분리하고 '\n'과 같이 널 문자로 모든 컬럼을 형변환하기 위해 TRANSFORM 연산자를 사용한다. `loc`와 `fatalities` 컬럼이 조건으로 빈 문자열을 검사해서 컬럼이 비어 있으면 기본 값을 설정한다.

TRANSFORM 연산자와 함께 동작하는 사용자 정의 스크립트를 제공하기 위해 USING 연산자를 기술한다. 하이브는 TRANSFORM 호출에 필요한 적절한 컬럼 값을 갖는 로우 변환을 위해 USING 연산자로 스크립트를 호출할 필요가 있다. 만약 파일이 분산 캐시에 배치되고 클러스터의 각 노드에 파이썬이 설치되면 맵리듀스 JVM 태스크는 병렬로 스크립트를 실행하고 로우를 읽을 수 있다. AS 연산자는 하이브 테이블인 `acled_nigeria_cleaned`의 컬럼과 대응되는 필드 리스트를 포함한다.

파이썬 스크립트는 매우 직관적이다. `#!/usr/bin/env python` 구문은 셸이 스크립트를 실행하는 방법을 식별하기 위한 힌트다. 테이블의 각 로우는 표준 입력의 라인으로 전달된다. `strip()` 메소드는 쓸모없는(앞/뒤)[1] 공백을 제거한다. 그리고 나서 임의의 배열 변수에 토큰으로 변환한다. 로우의 각 필드는 지정된 변수 안에 들어간다. ACLED Nigeria 원천 데이터는 입력용 하이브 테이블을 생성하는 데 사용되고 제거할 헤더 로우를 포함하고 있다. 첫 번째 조건문은 헤더 로우를 무시하기 위해 `loc`의 값으로 `'LOCATION'`을 검사한다.

---

1 텍스트 파일에 불필요한 스페이스 혹은 탭 값이 앞/뒤로 있는 공백 문자다. 보통 텍스트를 작성할 때 작성자의 습관 때문에 많이 발생하는데, 데이터 분석 시에는 공백 문자조차도 데이터로 생각한다. – 옮긴이

로우가 이 검사를 통과하면 fatalities 값으로 'ZERO_FLAG'가 있는지 찾는다. 파이썬 스크립트가 이 값을 찾으면 fatalities 값으로 '0' 문자를 설정한다.

마지막으로, 입력받은 순서대로 year 필드만 제외하고 각 필드를 출력한다. 각 로우는 acled_nigeria_cleaned 테이블로 삽입된다.

참고사항

다음은 하이브의 TRANSFORM/USING/AS 연산자와 일반적인 ETL에 대한 추가 설명이다.

모든 컬럼 타입을 STRING으로 만들기

이것은 다소 비직관적이며 하이브 문서에서는 찾을 수 없다. 입력 데이터를 위한 초기 하이브 테이블의 각 구분된 필드를 문자열로 매핑하면 데이터 검증과 디버깅에 많은 도움이 된다. 거의 대부분의 입력을 클렌징cleansing 스크립트나 하이브 QL 문으로 성공적으로 표현하기 위해 하이브 STRING 타입을 사용한다. 예상되는 값으로 데이터 타입을 완벽히 매핑할 경우 잘못된 입력에 유연하지 않다. 숫자 값을 예상했는데 필드에 비정상적인 문자가 있을 수 있고, 특정 분석을 수행하기가 불가능한 것들이 있을 수 있다. 원천 데이터 필드로 문자열을 사용하면 사용자 정의 스크립트로 부적당한 데이터를 검출하고 응답을 결정할 수 있다. 더욱이 CSV나 탭 구분 데이터를 다룰 때, 하이브 테이블 선언에 INT 또는 FLOAT 타입에 잘 매핑되지 않는 데이터가 STRING 타입을 가지면, 로우당 NULL에 매핑될 수 있다. 원천 테이블의 각 필드에 문자열 매핑은 이와 같이 잘못된 타입의 컬럼을 매우 빠르게 보여준다. 이는 단지 선호의 문제로, 원천 데이터나 고르지 않은 입력 값을 하이브 테이블로 즉시 검증하고 변환하기 위해 설계된 테이블에만 적용한다.

AS 키워드를 사용해 값을 형변환하기

이 절에서는 표준 출력을 사용하기 위해 파이썬 스크립트에서 문자열만 출력했다. 하이브는 변환 테이블의 적절한 타입으로 문자열들을 형변환한다. 이 방법의 장점은 AS 연산자로 모든 필드를 명시적으로 형변환하지 않음으로써 시간과 코딩 공간을 절약한다는 점이다. 단점은 호환되지 않는 타입으로 형변환되더라도 실패하지 않는다는 사실이다. 예를 들어, 숫자 필드에 HI THERE가 출력되면 해당 로우의 필드 값은 NULL이 삽입된다. 해당 테이블에 연이은 SELECT 문을 위해 바람직하지 않은 행위다.

로컬에서의 스크립트 테스트

이것은 매우 당연한 설명일 수 있다. 맵리듀스 태스크 에러 로그를 보는 것보다 커맨드라인에서 직접 스크립트를 디버깅하는 편이 훨씬 쉽다. 확장성과 데이터 타당성을 검증하는 데 문제의 소지가 있지만 대부분의 컴파일 타임과 제어 흐름 문제를 제거할 수 있다.

시계열 분석을 수행하기 위한 파이썬과 하둡 스트리밍 사용

이 절에서는 정리된 ACLED Nigeria 데이터셋으로 기초 시계열 분석을 수행하기 위해 파이썬과 함께 하둡 스트리밍을 사용하는 방법을 설명한다. 이 프로그램은 나이지리아 회복 영토 내의 정부의 지리적 위치에 대한 시간 순서상의 날짜 리스트를 출력한다.

이 절에서는 무력 투쟁 지역과 사건 데이터셋 수집팀에 의해 제공된 정형화된 나이지리아 분쟁 데이터를 사용한다.

준비

다음 항목들을 내려받아 컴파일하고 설치한다.

- 아파치 피그 버전 0.7.1(http://hive.apache.org/)
- 테스트 데이터: Nigeria_ACLED_cleaned.tsv를 내려받아(http://www.packtpub.com/support) HDFS에 복사한다.
- 파이썬 버전 2.6 이상

예제 구현

다음은 하둡 스트리밍과 함께 파이썬을 사용하는 단계다.

1. 스트리밍 잡을 실행하는 run_location_regains.sh 셸 스크립트를 생성한다. 스트리밍 JAR 경로를 hadoop-streaming.jar 파일의 절대경로와 매칭하기 위해 변경하는 일이 중요하다. hadoop-streaming.jar 파일의 경로는 하둡 배포판의 경로와 다르다.

    ```
    #!/bin/bash
    $HADOOP_HOME/bin/hadoop jar $HADOOP_HOME/contrib/streaming/hadoop-streaming-0.20.2-cdh3u1.jar \
      -input /input/acled_cleaned/Nigeria_ACLED_cleaned.tsv \
      -output /output/acled_analytic_out \
      -mapper location_regains_mapper.py \
      -reducer location_regains_by_time.py \
      -file location_regains_by_time.py \
      -file location_regains_mapper.py \
      -jobconf stream.num.map.output.key.fields=2 \
      -jobconf map.output.key.field.separator=\t \
      -jobconf num.key.fields.for.partition=1 \
      -jobconf mapred.reduce.tasks=1
    ```

2. location_regains_mapper.py라는 파이썬 파일을 생성하고 다음을 추가한다.

    ```
    #!/usr/bin/python
    import sys

    for line in sys.stdin:
      (loc, event_date, event_type, actor, lat, lon, src, fatalities) = line.strip().split('\t');
      (day,month,year) = event_date.split('/')
      if len(day) == 1:
        day = '0' + day
      if len(month) == 1:
        month = '0' + month;
      if len(year) == 2:
        if int(year) > 30 and int(year) < 99:
    ```

```
        year = '19' + year
    else:
        year = '20' + year
event_date = year + '-' + month + '-' + day
print '\t'.join([loc, event_date, event_type]);
```

3. location_regains_by_time.py라는 파이썬 파일을 생성하고 다음을 추가한다.

```
#!/usr/bin/python
import sys

current_loc = "START_OF_APP"
govt_regains=[]
for line in sys.stdin:
  (loc,event_date,event_type) = line.strip('\n').split('\t')
  if loc != current_loc:
    if current_loc != "START_OF_APP":
      print current_loc + '\t' + '\t'.join(govt_regains)
    current_loc = loc
    govt_regains = []
  if event_type.find('regains') != -1:
    govt_regains.append(event_date)
```

4. 이전에 생성한 모든 파이썬 스크립트를 포함하는 현재 작업 디렉토리에서 셸 스크립트를 실행한다.

    ./run_location_regains.sh

커맨드라인에서 잡이 시작되고 성공적으로 완료되는 모습을 볼 수 있다.

`INFO streaming.StreamJob: Output: /output/acled_analytic_out`

예제 분석

이 셸 스크립트는 하둡 스트리밍 JAR 경로를 설정하고 프로그램에 필요한 인자를 전달한다. 각 인자의 자세한 설명은 다음과 같다.

인자	설명
–input /input/acled_cleaned/Nigeria_ACLED_cleaned.tsv \	맵리듀스를 위해 입력 데이터의 HDFS 경로를 설정한다.
–output /output/acled_analytic_out \	맵리듀스를 위해 잡 출력을 쓰기 위한 HDFS 경로를 설정한다.
–mapper location_regains_mapper.py \	맵 함수로서 실행되는 스크립트; STDIN/STDOUT을 통해 전달되는 레코드들
–reducer location_regains_by_time.py \	리듀스 함수로서 실행되는 스크립트
–file location_regains_by_time.py \	분산 캐시에 파일 추가. 이것은 외부 스크립트를 요구한다.
–file location_regains_mapper.py \	분산 캐시에 파일 추가
–jobconf stream.num.map.output.key.fields=2 \	맵 출력 키로서 필드의 스트리밍 도구를 식별한다. 레코드당 매퍼는 3개의 필드를 출력한다. 이 매개변수는 키로 처음 2개의 필드가 사용된다. 이 2개의 필드에 기반한 로우를 정렬하는 데 맵리듀스의 보조 정렬을 다룬다.
–jobconf map.output.key.field.separator=\t \	키를 구분하는 구분자를 설정하는 매개변수
jobconf num.key.fields.for.partition=1 \	키의 첫 번째 필드에서 같은 값을 갖는 모든 맵 출력 레코드들이 같은 리듀서로 보내짐을 보장한다.
–jobconf mapred.reduce.tasks=1	출력 키들을 리듀스하기 위한 JVM 태스크의 수

맵 단계에 사용되는 파이썬 스크립트는 각 레코드에 대응되는 라인을 얻는다. strip()으로 쓸모없는 공백을 제거하고 나서 탭으로 라인을 분할한다. 그 결과는 각 로우 필드로 명명된 변수들의 배열이다.

원천 입력의 event_date 필드는 약간의 처리가 필요하다. 날짜의 오름차순으로 레코드가 정렬되기 위해 dd/mm/yy 형태가 yyyy-mm-dd로 변환돼야 한다. 일부 이벤트가 2000년 이전에 발생했기 때문에 연도 변수가 4개의 숫자로 확장될 필요가 있다. 한 자리 숫자인 날과 달은 0으로 채워 올바르게 정렬한다.

이 분석은 location, event_date, event_type만 리듀스 단계로 출력한다. 셸 스크립트에서 출력 키로 처음 2개의 필드를 기술한다. 첫 번째 필드로 location을 기술하면 일반 리듀서로 같은 location을 갖는 모든 레코드를 그룹핑한다. 두 번째 필드로 event_date를 기술해서 맵리듀스 프레임워크가 location과 event_date의 복합으로 레코드를 정렬하게 한다.

샘플 맵을 출력한다.

```
(cityA, 2010-08-09, explosion)
(cityB, 2008-10-10, fire)
(cityA, 2009-07-03, riots)
```

정렬 리듀서는 location과 event_date의 복합 키로 정렬된 레코드를 보여준다.

```
(cityA, 2009-07-03, riots)
(cityA, 2010-08-09, explosion)
(cityB, 2008-10-10, fire)
```

구성에서 하나의 리듀서만 지정한다. 그래서 이번 절에서 모든 로우는 같은 리듀스 자바 가상 머신JVM, Java Virtual Machine으로 분할된다. 다중 리듀스 태스크가 지정되면, cityA와 cityB는 분리된 리듀스 JVM들로 독립적으로 처리된다.

리듀스 스크립트의 작동 방법을 결정하는 데는 맵리듀스 프레임워크가 location_regains_mapper.py 파일의 출력을 정렬하고 다루는 방법을 이해하는 일이 중요하다.

한 location당 정렬된 이벤트 컬렉션을 반복해서 특정 타입과 일치하는 이벤트를 집계하기 위해 location_regains_by_time.py를 사용한다.

레코드가 location에 의해 분할되고 각 파티션이 리듀서로 갈 것이다. 더욱이, event_date 컬럼으로 추가 정렬을 지정했기 때문에 주어진 location에 대응하는 이벤트가 날짜에 따라 오름차순으로 정렬됐다고 가정한다. 이제 리듀서 스크립트가 동작하는 방법을 이해해보자.

스크립트는 이전 location에서 loc 입력을 변경할 때 추적을 유지해야 한다. 이 변경은 모두 순서가 정렬되고 이전 location이 처리 완료됨을 의미한다. START_OF_APP으로 current_loc 플래그를 초기화한다. 그리고 관심 있는 이벤트의 날짜를 얻기 위해 govt_regains라는 빈 배열을 선언한다.

프로그램이 각 라인을 변수들로 처리하기 시작한다. loc가 변경됐고 애플리케이션의 시작이 아니면, 표준 출력으로 현재의 govt_regains 컬렉션을 출력한다. loc가 변경됐다는 건 이전 location을 처리 완료했다는 뜻이다.

들어오는 loc 값이 current_loc와 같으면, 들어오는 이벤트가 여전히 현재 처리되고 있는 location에 대응한다. 이벤트 타입이 영역 안에서 정부가 회복한 영토인지를 보여주기 위한 regains 타입인지 검사한다. 타입이 일치하면, 현재 govt_regains 컬렉션에 event_date를 추가한다. 들어온 레코드가 event_date에 따라 정렬됐기 때문에 레코드가 날짜에 따라 오름차순으로 govt_regains 컬렉션에 삽입됨이 보장된다.

이 결과는 리듀서의 출력으로 정렬된 location 리스트를 갖는 단일 파트 파일이다. 각 location의 오른쪽은 탭으로 구분해서 해당 location에서 정부가 영토를 회복한 날짜를 매칭한 날짜들로 정렬된다.

참고사항

하둡 스트리밍은 자주 사용하는 컴포넌트다. 다음은 알아둬야 할 추가사항이다.

표준 입력(stdin)을 읽고 표준 출력(stdout)에 쓰는 임의의 언어를 이용한 하둡 스트리밍 사용

하둡 스트리밍을 이용할 때 파이썬만 사용할 필요는 없다. 자바 클래스와 셸 스크립트, 루비 스크립트 등의 언어들은 기존 코드와 기능을 완전히 독립된 맵리듀스 프로그램으로 옮기는 데 자주 사용된다. 표준 입력을 읽고 표준 출력에 쓸 수 있는 임의의 언어로 하둡 스트리밍을 동작한다.

맵리듀스 잡에서 추가로 요구되는 파일을 전달하기 위한 -file 매개변수 사용

일반 맵리듀스 프로그램과 마찬가지로, 애플리케이션에서 사용되기 위해 분산 캐시로 필요한 파일을 추가 전달할 수 있다. 간단하게 -file 매개변수를 추가한다. 예를 들면 다음과 같다.

```
-file mapper.py \
-file wordlist.txt
```

출력 파일 이름을 지정하기 위한 맵리듀스의 MultipleOutputs 사용

맵리듀스 사용자들 사이에 공통적인 요구사항은 part-* 형태와는 다른 파일명으로 출력 파일을 제어하는 것이다. 이 절에서는 원하는 파일명으로 각기 다른 키/값 쌍을 출력하는 MultipleOutputs 클래스를 사용하는 방법을 설명한다.

준비

팩트 웹사이트(http://www.packtpub.com/support)에서 ip_to_country.txt 데이터셋을 내려받고 HDFS에 파일을 복사한다.

예제 구현

다음은 MultipleOutputs을 사용하는 단계다.

1. NamedCountryOutputJob으로 명명된 클래스를 생성하고 맵리듀스 잡을 구성한다.

    ```
    import org.apache.hadoop.conf.Configuration;
    import org.apache.hadoop.fs.Path;
    import org.apache.hadoop.io.IntWritable;
    import org.apache.hadoop.io.LongWritable;
    import org.apache.hadoop.io.NullWritable;
    import org.apache.hadoop.io.Text;
    import org.apache.hadoop.mapreduce.Job;
    import org.apache.hadoop.mapreduce.Mapper;
    import org.apache.hadoop.mapreduce.Reducer;
    import org.apache.hadoop.mapreduce.lib.input.FileInputFormat;
    import org.apache.hadoop.mapreduce.lib.input.TextInputFormat;
    import org.apache.hadoop.mapreduce.lib.output.FileOutputFormat;
    import org.apache.hadoop.mapreduce.lib.output.MultipleOutputs;
    import org.apache.hadoop.mapreduce.lib.output.TextOutputFormat;
    import org.apache.hadoop.util.Tool;
    import org.apache.hadoop.util.ToolRunner;

    import java.io.IOException;
    ```

```java
import java.util.regex.Pattern;

public class NamedCountryOutputJob implements Tool {

  private Configuration conf;
  public static final String NAME = "named_output";

  public static void main(String[] args) throws Exception {
    ToolRunner.run(new Configuration(), new NamedCountryOutputJob(), args);
  }

  public int run(String[] args) throws Exception {
    if(args.length != 2) {
      System.err.println("Usage: named_output <input> <output>");
      System.exit(1);
    }

    Job job = new Job(conf, "IP count by country to named files");
    job.setInputFormatClass(TextInputFormat.class);

    job.setMapperClass(IPCountryMapper.class);
    job.setReducerClass(IPCountryReducer.class);

    job.setMapOutputKeyClass(Text.class);
    job.setMapOutputValueClass(IntWritable.class);
    job.setJarByClass(NamedCountryOutputJob.class);

    FileInputFormat.addInputPath(job, new Path(args[0]));
    FileOutputFormat.setOutputPath(job, new Path(args[1]));

    return job.waitForCompletion(true) ? 1 : 0;
  }

  public void setConf(Configuration conf) {
    this.conf = conf;
  }

  public Configuration getConf() {
    return conf;
  }
```

2. country와 숫자 1을 키/값 쌍으로 출력하는 매퍼를 생성한다.

```java
public static class IPCountryMapper extends Mapper<LongWritable,
    Text, Text, IntWritable> {

  private static final int country_pos = 1;
  private static final Pattern pattern = Pattern.compile("\\t");

  @Override
  protected void map(LongWritable key, Text value, Context context)
      throws IOException, InterruptedException {
    String country = pattern.split(value.toString())[country_pos];
    context.write(new Text(country), new IntWritable(1));
  }
}
```

3. 모든 country의 개수를 합산하고 MultipleOutputs을 사용해 분리된 파일로 출력하는 리듀서를 생성한다.

```java
public static class IPCountryReducer extends Reducer<Text,
    IntWritable, Text, IntWritable> {

  private MultipleOutputs output;

  @Override
  protected void setup(Context context) throws IOException,
      InterruptedException {
    output = new MultipleOutputs(context);
  }

  @Override
  protected void reduce(Text key, Iterable<IntWritable> values,
      Context context) throws IOException, InterruptedException {
    int total = 0;
    for (IntWritable value: values) {
      total += value.get();
    }
    output.write(new Text("Output by MultipleOutputs"),
      NullWritable.get(), key.toString());
```

```
        output.write(key, new IntWritable(total), key.toString());
    }

    @Override
    protected void cleanup(Context context) throws IOException,
        InterruptedException {
        output.close();
    }
}
```

잡이 성공적으로 완료되면, 제공되는 출력 디렉토리에서 지정한 이름의 출력 파일들을 볼 수 있다(예: `Qatar-r-#####`, `Turkey-r-#####`).

예제 분석

먼저, 하둡에서 제공된 `Tool` 인터페이스를 사용해 잡을 구성한다. `NamedCountryOutputJob`의 `run()` 메소드는 HDFS상의 입/출력 경로 디렉토리의 제공 여부를 검사한다. 추가로, 매퍼와 리듀스 클래스를 설정하고 텍스트의 라인을 읽기 위해 `InputFormat`을 구성한다.

매퍼 클래스는 각 라인의 국가를 읽기 위해 위치를 초기화하고 각 라인을 분할하기 위해 정규식 패턴도 정의한다. 이 매퍼는 키로 country를, 그리고 country가 나타나는 라인마다 1을 값으로 출력한다.

리듀스 단계에서 각 태스크 JVM은 `setup()` 루틴routine을 실행하고 출력 파일의 이름을 지정하는 `MultipleOutputs` 인스턴스를 초기화한다.

각 `reduce()` 호출은 데이터셋 내의 국가와 그 발생 횟수를 보여준다. 발생 횟수는 최종 합계에 더해진다. 최종 합계를 출력하기 전에 파일의 헤더를 쓰기 위해 출력 인스턴스를 사용한다. 키는 Output by MultipleOutputs 헤더를 위한 텍스트를 갖는다. 그리고 헤더의 중간 컬럼 값은 필요 없기 때문에 널을 출력한다. 현재 국가의 이름으로 지정된 파일에 헤더를 쓰기 위해 `key.toString()`을 기술한다. 다음 라인에서 다시 `output.write()`를 호출한다. 출력 키는 국가이고 그 국가의 발생 횟수의 총 합계를 출력 값으로 그리고 이전에 호출된 `output.write()` 메소드처럼 같은 출력 파일을 지정하기 위해 `key.toString()` 메소드를 기술한다.

결과는 헤더와 해당 국가의 발생 횟수의 총 합계를 포함하는 해당 국가 이름의 파일이다.

`MultipleOutputs`을 사용함으로써, 잡의 `setup()` 루틴에 `OutputFormat` 클래스를 구성할 필요가 없어졌다. 또한 리듀서의 출력 키와 값을 하나의 타입으로 제한하지 않는다. 같은 파일 내에 `Text/NullWritable`과 `Text/IntWritable`에 대한 키/값 쌍이 가능하다.

지리 이벤트 데이터를 읽기 위한 사용자 정의 하둡 Writable과 InputFormat 생성

맵리듀스 애플리케이션으로부터 입력을 읽거나 출력을 쓸 때, 종종 하둡의 기본 `Writable` 클래스(예: `Text`, `IntWritable`) 대신에 추상 클래스를 사용해 데이터를 다루는 편이 더 쉬울 때가 있다. 이 절에서는 맵리듀스 애플리케이션에서 사용될 수 있는 사용자 정의 하둡 `Writable`과 `InputFormat`을 생성하는 방법을 설명한다.

준비

http://www.packtpub.com/support에서 Nigeria_ACLED_cleaned.tsv를 내려받고 HDFS에 복사한다.

예제 구현

다음은 사용자 정의 `InputFormat`과 `Writable` 클래스를 생성하는 단계다.

1. 우선, 2개의 사용자 정의 `WritableComparable` 클래스를 정의한다. 이 클래스들은 매퍼에 `LongWritable`과 `Text`를 전달하는 `TextInputFormat`만큼 매퍼에 전달되는 키/값 쌍을 표현한다.

   다음과 같이 키 클래스를 작성한다.

```java
public class GeoKey implements WritableComparable {
  private Text location;
  private FloatWritable latitude;
  private FloatWritable longitude;
  public GeoKey() {
    location = null;
    latitude = null;
    longitude = null;
  }

  public GeoKey(Text location, FloatWritable latitude,
      FloatWritable longitude) {
    this.location = location;
    this.latitude = latitude;
    this.longitude = longitude;
  }

  // 게터와 세터

  public void readFields(DataInput di) throws IOException {
    if (location == null) {
      location = new Text();
    }
    if (latitude == null) {
      latitude = new FloatWritable();
    }
    if (longitude == null) {
      longitude = new FloatWritable();
    }
    location.readFields(di);
    latitude.readFields(di);
    longitude.readFields(di);
  }

  public int compareTo(Object o) {
    GeoKey other = (GeoKey)o;
    int cmp = location.compareTo(other.location);
    if (cmp != 0) {
      return cmp;
```

```
      }
      cmp = latitude.compareTo(other.latitude);
      if (cmp != 0) {
        return cmp;
      }
      return longitude.compareTo(other.longitude);
    }
}
```

2. 다음은 값 클래스다.

```
public class GeoValue implements WritableComparable {
    private Text eventDate;
    private Text eventType;
    private Text actor;
    private Text source;
    private IntWritable fatalities;

    public GeoValue() {
      eventDate = null;
      eventType = null;
      actor = null;
      source = null;
      fatalities = null;
    }

    // 게터와 세터

    public void write(DataOutput d) throws IOException {
      eventDate.write(d);
      eventType.write(d);
      actor.write(d);
      source.write(d);
      fatalities.write(d);
    }

    public void readFields(DataInput di) throws IOException {
      if (eventDate == null) {
        eventDate = new Text();
      }
```

```java
    if (eventType == null) {
      eventType = new Text();
    }
    if (actor == null) {
      actor = new Text();
    }
    if (source == null) {
      source = new Text();
    }
    if (fatalities == null) {
      fatalities = new IntWritable();
    }
    eventDate.readFields(di);
    eventType.readFields(di);
    actor.readFields(di);
    source.readFields(di);
    fatalities.readFields(di);
  }

  public int compareTo(Object o) {
    GeoValue other = (GeoValue)o;
    int cmp = eventDate.compareTo(other.eventDate);
    if (cmp != 0) {
      return cmp;
    }
    cmp = eventType.compareTo(other.eventType);
    if (cmp != 0) {
      return cmp;
    }
    cmp = actor.compareTo(other.actor);
    if (cmp != 0) {
      return cmp;
    }
    cmp = source.compareTo(other.source);
    if (cmp != 0) {
      return cmp;
    }
    return fatalities.compareTo(other.fatalities);
  }
}
```

3. 이제, 입력 파일로부터 텍스트를 직렬화하는 `InputFormat`을 생성하고 `GeoKey`와 `GeoValue` 인스턴스를 생성한다. 이 `InputFormat`은 하둡의 `FileInputFormat` 클래스를 상속받고 `RecordReader`의 구현체를 반환한다.

```
public class GeoInputFormat extends FileInputFormat<GeoKey, GeoValue> {

    @Override
    public RecordReader<GeoKey, GeoValue> createRecordReader(
        InputSplit split, TaskAttemptContext context) {
      return new GeoRecordReader();
    }

    @Override
    protected boolean isSplitable(JobContext context, Path file) {
      CompressionCodec codec = new CompressionCodecFactory(
        context.getConfiguration()).getCodec(file);
      return codec == null;
    }
}
```

4. 그 다음, Nigeria_ACLED_cleaned.tsv 데이터셋을 읽기 위해 `RecordReader`를 생성한다.

```
public class GeoRecordReader extends RecordReader<GeoKey, GeoValue> {

    private GeoKey key;
    private GeoValue value;
    private LineRecordReader reader = new LineRecordReader();

    @Override
    public void initialize(InputSplit is, TaskAttemptContext tac)
        throws IOException, InterruptedException {
      reader.initialize(is, tac);
    }

    @Override
    public boolean nextKeyValue() throws IOException,
        InterruptedException {
```

```java
      boolean gotNextKeyValue = reader.nextKeyValue();
      if(gotNextKeyValue) {
        if (key == null) {
            key = new GeoKey();
        }
        if (value == null) {
            value = new GeoValue();
        }
        Text line = reader.getCurrentValue();
        String[] tokens = line.toString().split("\t");
        key.setLocation(new Text(tokens[0]));
        key.setLatitude(new FloatWritable(Float.parseFloat(tokens[4])));
        key.setLongitude(new FloatWritable(Float.parseFloat(tokens[5])));

        value.setActor(new Text(tokens[3]));
        value.setEventDate(new Text(tokens[1]));
        value.setEventType(new Text(tokens[2]));
        try {
          value.setFatalities(new IntWritable(
            Integer.parseInt(tokens[7])));
        } catch(NumberFormatException ex) {
          value.setFatalities(new IntWritable(0));
        }
        value.setSource(new Text(tokens[6]));
      }
      else {
        key = null;
        value = null;
      }
      return gotNextKeyValue;
    }

    @Override
    public GeoKey getCurrentKey() throws IOException,
        InterruptedException {
      return key;
    }

    @Override
```

```java
    public GeoValue getCurrentValue() throws IOException,
        InterruptedException {
      return value;
    }

    @Override
    public float getProgress() throws IOException,
        InterruptedException {
      return reader.getProgress();
    }

    @Override
    public void close() throws IOException {
      reader.close();
    }
}
```

5. 마지막으로, InputFormat을 테스트하기 위해 간단한 맵 온리 잡을 생성한다.

```java
public class GeoFilter extends Configured implements Tool {

  public static class GeoFilterMapper extends Mapper<GeoKey,
      GeoValue, Text, IntWritable> {

    @Override
    protected void map(GeoKey key, GeoValue value, Context
        context) throws IOException, InterruptedException {
          String location = key.getLocation().toString();
      if (location.toLowerCase().equals("aba")) {
        context.write(value.getActor(), value.getFatalities());
      }
    }
  }

  public int run(String[] args) throws Exception {

    Path inputPath = new Path(args[0]);
    Path outputPath = new Path(args[1]);
```

```java
    Configuration conf = getConf();
    Job geoJob = new Job(conf);
    geoJob.setNumReduceTasks(0);
    geoJob.setJobName("GeoFilter");
    geoJob.setJarByClass(getClass());
    geoJob.setMapperClass(GeoFilterMapper.class);
    geoJob.setMapOutputKeyClass(Text.class);
    geoJob.setMapOutputValueClass(IntWritable.class);
    geoJob.setInputFormatClass(GeoInputFormat.class);
    geoJob.setOutputFormatClass(TextOutputFormat.class);

    FileInputFormat.setInputPaths(geoJob, inputPath);
    FileOutputFormat.setOutputPath(geoJob, outputPath);

    if(geoJob.waitForCompletion(true)) {
      return 0;
    }
    return 1;
  }

  public static void main(String[] args) throws Exception {
    int returnCode = ToolRunner.run(new GeoFilter(), args);
    System.exit(returnCode);
  }
}
```

예제 분석

첫 번째 태스크는 `WritableComparable` 인터페이스를 구현해서 하둡의 키와 값의 표현을 정의하는 것이다. `WritableComparable` 인터페이스는 맵리듀스 프레임워크에서 키 또는 값으로 사용될 수 있는 추상 타입을 생성해준다.

그 다음, `FileInputFormat` 클래스를 상속받는 `InputFormat`을 생성했다. 하둡의 `FileInputFormat`은 모든 파일 기반 `InputFormat`을 위한 기본 클래스다. `InputFormat`은 맵리듀스 잡의 입력 파일을 관리하는 데 사용된다. 클러스터에서 입력 파일을 분할하고 분산하는 방법을 변경하지 않으면 `createRecordReader()`와 `isSplitable()`, 2개만 오버라이드하면 된다.

`isSplitable()` 메소드는 입력 파일을 읽고 분할하는 데 하둡 환경에서 사용 가능한 코덱이 있는지 알아보는 데 사용된다. `createRecordReader()` 메소드는 매퍼를 위해 분할한 개별 파일을 처리하고 키/값 쌍을 생성하는 하둡의 `RecordReader`를 생성하는 데 사용된다.

`GeoInputFormat` 클래스가 작성된 후에 분할된 개별 입력을 처리하는 `RecordReader`를 작성했다. 그리고 매퍼를 위해 `GeoKey`와 `GeoValue`를 생성했다. `GeoRecordReader` 클래스는 분할된 입력 파일을 읽기 위해 하둡의 `LineRecordReader` 클래스를 재사용했다. `LineRecordReader` 클래스가 Nigeria_ACLED_cleaned.tsv 데이터셋 읽기를 완료할 때, 2개의 객체를 생성했다. 이 객체들은 `GeoKey`와 `GeoValue`로, 매퍼로 보내진다.

4

하이브와 피그, 맵리듀스를 사용한 공통 태스크 수행

> **4장에서 다루는 내용**
> - HDFS에서 웹로그 데이터와 외부 테이블을 매핑하기 위한 하이브 사용
> - 웹로그 쿼리 결과로부터 동적으로 테이블을 생성하기 위한 하이브 사용
> - 웹로그 데이터에서 필드를 연결하기 위한 하이브의 문자열 UDF 사용
> - 웹로그의 IP를 조인해서 해당 IP에 맞는 국가를 찾기 위한 하이브 사용
> - 맵리듀스를 사용한 뉴스 아카이브에서의 n-그램 생성
> - 뉴스 아카이브에서 특정 키워드를 포함하는 라인을 찾기 위한 맵리듀스 분산 캐시 사용
> - 데이터를 테이블에 적재하고 GROUP BY 절을 갖는 SELECT 문의 연산을 수행하기 위한 피그 사용

개요

아파치 하이브와 피그, 맵리듀스로 작업할 때는 특정 작업을 자주 수행해야 할 수도 있다. 4장에서는 공통 루틴을 실행하는 해결책들을 소개한다.

이 도구들은 다양한 방법으로 같은 문제를 해결해주는데, 올바른 구현을 결정하기가 어려울 수도 있다. 4장의 절들은 효과적이고 명확한 코딩을 보여준다.

하이브와 피그는 데이터 흐름과 의미 있는 질의, 복잡한 맵리듀스 워크플로우workflow 사이에 명확한 추상화 레이어를 제공한다. 기본 맵리듀스의 의미semantic를

생각할 필요 없이 확장 질의에 대해 맵리듀스의 균형을 잡는다. 두 도구는 적절한 맵리듀스 순서로 표현식을 분해하고 빌드한다. 하이브는 HiveQL 같은 SQL과 비슷한 선언문을 사용해 데이터를 분석하고 관리한다. 피그 연산은 피그 라틴Pig Latin으로 작성되고 좀 더 필수적인 형태를 갖는다.

HDFS에서 웹로그 데이터와 외부 테이블을 매핑하기 위한 하이브 사용

HDFS의 하이브 웨어하우스 내에 존재하지 않는 기존 데이터에 대해 테이블을 생성할 수 있다. 하이브 외부 테이블은 이 시나리오를 만족시키는 가장 쉬운 방법 중 하나다. 하이브 클라이언트의 질의는 내부 관리 테이블처럼 정상적으로 수행된다.

준비

사용자 계정으로 클라이언트에 아파치 하이브 0.7.1을 설치하고 환경 변수에 경로를 설정해서 하둡 클러스터의 의사 분산 모드 또는 완전 분산 모드에 접근 가능한지 확인한다. 이 절은 HDFS 디렉토리인 /input/weblog/weblog_records.txt에 적재된 `weblog_entries` 데이터셋을 이용한다.

예제 구현

다음은 HDFS의 외부 테이블에 매핑하는 단계다.

1. SQL 구문이 표시되는 텍스트 편집기를 연다. 이 절에서는 Textmate 편집기를 사용했다.

2. 다음과 같이 CREATE TABLE 구문을 추가한다.

   ```
   DROP TABLE IF EXISTS weblog_entries;
   CREATE EXTERNAL TABLE weblog_entries (
       md5 STRING,
       url STRING,
   ```

```
        request_date STRING,
        request_time STRING,
        ip STRING
)
ROW FORMAT DELIMITED FIELDS TERMINATED BY '\t' LINES TERMINATED BY
'\n'
LOCATION '/input/weblog/';
```

3. 작업 디렉토리에서 weblog_create_external_table.hsql 스크립트를 저장한다.

4. 다음과 같이 -f 옵션을 넣어 셸 스크립트를 실행한다.

```
hive -f weblog_create_external_table.hql
```

5. 하이브 클라이언트에 반환된 2개의 성공 메시지를 볼 수 있다.

```
OK
Time taken: 2.654 seconds
OK
Time taken: 0.473 seconds
```

예제 분석

기존에 weblog_entries 테이블이 있다면 삭제된다. 이 스크립트는 CREATE 명령어에 EXTERNAL 키워드를 사용해서, HDFS의 하이브 웨어하우스에서 데이터가 관리되지 않고 하이브 메타스토어Metastore에서만 데이터가 식별된다.

이 테이블은 한 레코드당 5개의 필드로 구성되는데, URL의 MD5로 암호화된 값과 URL, 요청 날짜, 요청 시간, IP 주소로 이뤄진다.

ROW FORMAT DELIMITED는 네이티브 하이브의 **SerDe**를 사용하는데, 이는 원천 데이터를 읽고 쓰는 데 내부적으로 직렬화/역직렬화를 제공한다. 명시적으로 SerDe는 탭 문자(\t)를 사용해 필드를 구분하고, 각 레코드는 뉴라인 문자(\n)를 사용한다. LOCATION 키워드는 외부 테이블을 생성할 때 하이브에서 사용된다. 절대경로를 사용해 테이블 데이터를 포함하는 HDFS 디렉토리를 가리킨다.

> **부연 설명**

외부 테이블로 작업할 때 알아둬야 할 팁이 있다.

LOCATION은 파일이 아닌 디렉토리를 가리켜야 한다

하이브 릴리스 버전 0.7.1부터 LOCATION 키워드는 HDFS 디렉토리의 절대경로가 요구된다.

외부 테이블의 DROP은 테이블에 저장된 데이터를 삭제하지 않는다

하이브에서 관리되는 테이블과 달리, DROP 명령어는 메타스토어의 테이블 레코드만 삭제하고 HDFS의 물리적 데이터는 삭제하지 않는다. HDFS 디렉토리의 저장된 데이터에 의존하는 그 밖의 애플리케이션은 정상적으로 작업을 수행한다.

LOCATION 경로에 데이터를 추가할 수 있다

외부 테이블의 LOCATION 속성에 기술된 디렉토리에 새로운 데이터가 삽입되면, 그 데이터는 외부 테이블에서 수행되는 질의로 인해 결과가 보인다.

웹로그 쿼리 결과로부터 동적으로 테이블을 생성하기 위한 하이브 사용

이 절은 질의가 실행될 때의 인라인 테이블 생성을 간단히 설명한다. 테이블을 정의할 때마다 ETL이 고려되진 않는다. 동적으로 중간 테이블을 정의할 수 있다는 사실은 여러 스테이징 관점을 갖는 복잡한 분석에 매우 유용하다.

이 절에서는 웹로그 데이터셋으로부터 request_date, request_time, url이라는 3개의 필드를 갖는 새로운 테이블을 생성한다. 이 외에 추가로, url_length라는 필드를 정의한다.

준비

사용자 계정으로 클라이언트에 아파치 하이브 0.7.1을 설치하고 환경 변수에 경로를 설정해서 하둡 클러스터의 의사 분산 모드 또는 완전 분산 모드에 접근 가능한지 확인한다.

이 절에서는 weblog_entries 데이터셋을 해당 데이터 타입에 매핑되는 weblog_entries라는 하이브 테이블에 적재해서 사용한다.

하이브 클라이언트에 다음 명령어를 실행한다.

```
describe weblog_entries;
```

결과는 다음과 같다.

```
OK
md5 string
url string
request_date string
request_time string
ip string
```

예제 구현

다음과 같이 별칭을 사용해 인라인 테이블을 생성하는 단계를 수행한다.

1. SQL 구문이 강조되는 텍스트 편집기를 연다.

2. 다음과 같이 인라인 생성 구문을 추가한다.

   ```
   CREATE TABLE weblog_entries_with_url_length AS
   SELECT url, request_date, request_time, length(url) as url_length
   FROM weblog_entries;
   ```

3. 작업 디렉토리에 weblog_entries_create_table_as.hql로 스크립트를 저장한다.

4. 다음과 같이 하이브 클라이언트에 -f 옵션을 사용해 셸 스크립트를 실행한다.

   ```
   hive -f weblog_create_table_as.hql
   ```

5. 테이블이 성공적으로 생성됐음을 검증하기 위해 직접 하이브 클라이언트에 -e 옵션을 사용해 명령어를 실행한다.

   ```
   hive -e "describe weblog_entries_with_url_length"
   ```

6. 3개의 string 필드와, URL 길이를 나타내는 네 번째 int 필드를 볼 수 있다.

   ```
   OK
   url             string
   request_date    string
   request_time    string
   url_length      int
   ```

예제 분석

다음과 같이 처음에 weblog_entries_with_url_length라는 새로운 테이블을 정의한다.

```
CREATE TABLE weblog_entries_with_url_length AS
```

그 다음, 내부 SELECT 문의 결과셋을 별칭으로 이 테이블의 바디body를 정의한다. 이 경우, weblog_entries 테이블의 각 레코드로부터 url, request_date, request_time은 간단히 채워진다. 필드 이름은 새 테이블인 weblog_entries_with_url_length의 필드 이름으로 복사된다. 또한 url_length라는 추가 필드를 정의했다. 이 필드는 각 레코드의 url 필드의 문자 길이를 int 값으로 저장한다.

```
SELECT url, request_date, request_time, length(url) as url_length FROM weblog_entries;
```

간단한 한 문장으로, 시작 테이블의 필드와 새로 파생된 필드를 합쳐서 테이블을 생성했다.

부연 설명

다음은 외부 테이블을 사용할 때 주의해야 할 점이다.

외부 테이블을 생성할 때 CREATE TABLE AS 키워드는 사용할 수 없다

아파치 하이브 0.7.1부터는 SELECT 문을 별칭으로 사용해서 외부 테이블을 생성할 수 없다.

DROP 임시 테이블

하이브 사용자는 CREATE TABLE AS 구문을 이용해 새로운 테이블을 매우 빠르게 생성할 수 있지만 임시 테이블의 DROP을 잊으면 안 된다. 반복적으로 사용하기 위해 CREATE ALIAS를 스크립트로 만들고 실행하면 테이블 이름이 충돌해 실패할 수 있다. 게다가 이런 중간 테이블은 관리하기 힘든 웨어하우스 네임스페이스를 생성한다.

웹로그 데이터에서 필드를 연결하기 위한 하이브의 문자열 UDF 사용

문자열 붙이기는 개발 업무에서 매우 평범한 연산으로, 리포트를 생성하고 간단한 ETL 작업을 위해 하이브 사용 시 자주 발생한다. 이 절에서는 하이브의 문자열 붙이기 UDF 중 하나를 사용해 매우 기본적이고 유용한 예제를 보여준다.

이 절에서는 weblog_entries 파일로부터 분리된 request_date와 request_time 필드를 가져와서 두 필드 사이에 '_'를 붙여서 모든 레코드에 대해 단일 컬럼으로 콘솔에 출력한다.

준비

사용자 계정으로 클라이언트에 아파치 하이브 0.7.1을 설치하고 환경 변수에 경로를 설정해서 하둡 클러스터의 의사 분산 모드 또는 완전 분산 모드에 접근 가능한지 확인한다.

이 절에서는 weblog_entries 데이터셋을 해당 데이터 타입에 매핑되는 weblog_entries라는 하이브 테이블에 적재해서 사용한다.

하이브 클라이언트에 다음 명령어를 실행한다.

describe weblog_entries;

실행 결과는 다음과 같다.

```
OK
md5 string
url string
request_date string
request_time string
ip string
```

예제 구현

HiveQL로 문자열을 연결하기 위해 다음 단계를 수행한다.

1. SQL 구문이 강조되는 텍스트 편집기를 연다.

2. 다음과 같이 인라인 생성 구문을 추가한다.

    SELECT concat_ws('_', request_date, request_time) FROM weblog_entries;

3. 작업 디렉토리에 weblog_concat_date_time.hql 스크립트를 저장한다.

4. 하이브 클라이언트에 -f 옵션을 추가해 셸 스크립트를 실행한다. 콘솔에서 SELECT 문의 결과를 볼 수 있다. 다음은 2개의 샘플 로우만 보여준다. 전체 출력은 3,000로우다.

    ```
    2012-05-10_21:33:26
    2012-05-10_21:13:10
    ...
    ```

예제 분석

이 스크립트는 구분자 토큰을 이용해 두 문자열을 연결하는 하이브의 내장 UDF이다. 이 함수는 각 로우에서 request_date와 request_time을 붙인다. 이 함수의 출력은 언더스코어(_)로 별개의 필드를 하나의 문자열로 합쳐준다. SELECT 문이 이 함수로만 구성되고 함수 출력이 단지 하나의 문자열이기 때문에 출력 결과로 3000로우의 단일 컬럼을 볼 수 있다.

부연 설명

다음은 concat_ws() 함수에 대한 추가 설명이다.

UDF concat_ws( ) 함수는 매개변수를 문자열로 자동 형변환하지 않는다

concat_ws()의 매개변수로 문자열이 아닌 데이터 타입을 전달하면 에러 메시지를 보게 될 것이다.

```
FAILED: Error in semantic analysis: Line 1:21 Argument type mismatch field1:
Argument 2 of function CONCAT_WS must be "string", but "int" was found.
```

매개변수를 문자열로 자동 형변환하고 싶다면 concat() 함수를 사용한다.

문자열이 붙여진 필드의 별칭

대부분의 하이브 UDF처럼 concat_ws()의 출력을 별칭으로 만들 수 있다. 문자열 연결 결과를 유지하고 의미 있는 컬럼 이름을 원하는 경우에 유용하다.

concat_ws( ) 함수는 변수 길이 매개변수 인자를 지원한다

concat_ws()를 사용할 때는 출력을 위해 최소한 1개의 구분자와 1개의 입력 문자열 매개변수를 지원해야 한다. 그러나 연결하고 분리하는 데 사용할 입력 문자열 매개변수의 수에 제한은 없다.

다음 사용법도 가능하다.

```
concat_ws('_','test')
```

콘솔에 출력되는 결과는 다음과 같다.

```
test
```

다음 사용법 또한 가능하다.

concat_ws('_','hi','there','my','name','is')

콘솔에 출력되는 결과는 다음과 같다.

hi_there_my_name_is

참고사항

- 6장의 '지리 이벤트 데이터에서 이벤트 날짜를 변환하고 정렬하기 위한 하이브 날짜 UDF 사용' 절 참조
- 6장의 '지리 이벤트 데이터를 통해 월별 사망 보고서를 작성하기 위한 하이브 사용' 절 참조

웹로그의 IP를 조인해서 해당 IP에 맞는 국가를 찾기 위한 하이브 사용

하이브는 외래 키foreign key를 직접 지원하지 않는다. 그럼에도 불구하고 하나 이상의 테이블에 포함된 동일 키로 레코드를 조인하는 것은 여전히 사용된다. 이 절에서는 요청 IP에 기반한 국가에 weblog_entries 테이블의 각 요청 레코드를 연결한 웹로그 데이터를 통해 간단한 내부 조인을 보여준다.

weblog_entries 테이블에 포함된 각 레코드에 대해 질의를 하면, 추가 필드로 결정된 국가를 포함하는 레코드가 출력될 것이다.

준비

사용자 계정으로 클라이언트에 아파치 하이브 0.7.1을 설치하고 환경 변수에 경로를 설정해서 하둡 클러스터의 의사 분산 모드 또는 완전 분산 모드에 접근 가능한지 확인한다.

이 절에서는 weblog_entries 데이터셋을 해당 데이터 타입에 매핑되는 weblog_

entries라는 하이브 테이블에 적재해서 사용한다.

하이브 클라이언트에 다음 명령어를 실행한다.

describe weblog_entries;

실행 결과는 다음과 같다.

```
OK
md5 string
url string
request_date string
request_time string
ip string
```

추가로, 이 절에서는 다음의 각 필드에 매핑되는 데이터 타입을 갖는 ip_to_country라는 하이브 테이블로 ip_to_country 데이터셋이 적재되어 있어야 한다.[1]

하이브 클라이언트에 다음 명령어를 실행한다.

describe ip_to_country;

실행 결과는 다음과 같다.

```
OK
Ip string
country string
```

예제 구현

다음은 HiveQL로 내부 조인을 수행하는 단계다.

1. SQL 구문이 강조되는 텍스트 편집기를 연다.
2. 다음과 같은 인라인 생성 구문을 추가한다.

    ```
    SELECT wle.*, itc.country FROM weblog_entries wle
      JOIN ip_to_country itc ON wle.ip = itc.ip;
    ```

---

[1] ip_to_country.txt는 weblog_entries.txt가 들어 있는 /input/weblog에 함께 적재하면 안 된다. 두 외부 테이블이 스키마가 다르기 때문에 내부 조인 시 에러가 발생한다. 추후 사용을 위해서도 HDFS의 /input/weblog_ip 디렉토리에 적재한다.
 – 옮긴이

3. 작업 디렉토리에 weblog_simple_ip_join.hql 스크립트를 저장한다.

4. 하이브 클라이언트에 -f 옵션을 추가해 셸 스크립트를 실행한다. 콘솔에서 SELECT 문의 결과를 볼 수 있다. 다음은 2개의 샘플 로우만 보여준다. 전체 출력은 3000로우다.

```
11402ba8f780f7fbfb108f213449e1b9   /u.html   2012-05-10   21:19:05
98.90.200.33  United States
7ffb8f8ed136c5fe3a5dd6eedc32eae7   /cx.html  2012-05-10   21:17:05
59.19.27.24   Korea, Republic of
```

예제 분석

SELECT wle.* 문은 wle로 짧게 별칭을 만든 weblog_entries 테이블에 포함되는 각 레코드의 모든 컬럼을 출력하게 한다.

JOIN 연산자는 ip_to_country 테이블의 각 레코드와, weblog_entries 테이블 레코드의 IP 주소에 매핑되는 국가를 찾는 작업을 수행한다.

부연 설명

다음은 하이브 JOIN 구문과 관련한 유용한 팁이다.

하이브는 다중 테이블 조인을 지원한다

단일 SELECT 문은 여러 테이블에 포함되는 조건과 일치하기 위해 JOIN <table> ON 구문이 한 SELECT 문에 여러 번 사용될 수 있다.

내부 조인의 ON 연산자는 부등식을 지원하지 않는다

하이브 0.7.1부터 ON 조건문은 부등식을 사용할 수 없다. 이 절에서 같은 질의라도 조건문이 부등식으로 바뀌면 실패한다.

다음은 weblog_entries의 IP와 JOIN 구문 내의 IP가 일치하지 않는다는 조건을 제외하고는 이 절에서 다룬 질의와 동일하다.

```
SELECT wle.*, itc.country FROM weblog_entries wle
  JOIN ip_to_country itc ON wle.ip != itc.ip;
```

이 질의는 다음과 같은 에러를 발생시킨다.

```
FAILED: Error in semantic analysis: Line 2:30 Both left and right aliases
encountered in JOIN ip
```

참고사항

이 절에서는 간단한 테이블 조인을 설명했다. 하이브의 고급 조인은 5장에서 깊이 있게 다룬다.

- 5장의 '매퍼에서 맵리듀스를 사용한 데이터 조인' 절 참조
- 5장의 '아파치 피그의 복제 조인을 사용한 데이터 조인' 절 참조
- 5장의 '아파치 피그의 병합 조인을 사용한 정렬 데이터 조인' 절 참조
- 5장의 '지리 이벤트를 분석하기 위한 아파치 하이브 맵 사이드 조인 사용' 절 참조

맵리듀스를 사용한 뉴스 아카이브에서의 n-그램 생성

n-그램 분석은 연속적으로 이어지는 단어gram를 분석하기 위한 한 방법이다. 이 절에서는 뉴스 아카이브news archive에서 n-그램을 계산하기 위해 자바 맵리듀스 API를 사용하는 방법을 설명한다. 이 절에서 설명하는 코드 리스트는 다양한 맵리듀스 잡에서 유용하다. 잡을 제출하기 전에 ToolRunner 설정과 구성을 통한 사용자 정의 매개변수 전달, 자동 출력 디렉토리 제거를 위한 코드를 포함한다.

준비

이 절에서는 하둡 0.20 맵리듀스 API와 *n*-그램 계산의 기본 개념에 익숙하다고 가정한다. 이 책에서 제공하는 news_archives.zip 데이터셋이 필요하다. ZIP 파일 안에 rural.txt와 science.txt 파일이 있을 것이다. 두 파일을 하나의 HDFS 디렉토리에 복사한다.

하둡 0.20에서 소개된 새로운 맵리듀스 API를 사용해 맵리듀스 잡을 실행하는 의사 분산 또는 완전 분산 클러스터에 접근할 것이다.

또한 셸에서 실행될 하둡 JAR 내에 코드를 패키징한다. core 하둡 라이브러리만 컴파일해서 이 예제를 실행한다.

예제 구현

맵리듀스로 *n*-그램을 구현하기 위해 다음 단계를 수행한다.

1. 적절한 소스 패키지에서 NGram.java 클래스를 생성한다.

2. 첫 단계는 잡 제출을 위해 구체적인 `Tool` 클래스를 생성하는 것이다. `Tool` 클래스의 메소드는 다음과 같이 구현된다.

   ```
   import org.apache.hadoop.conf.Configuration;
   import org.apache.hadoop.fs.FileSystem;
   import org.apache.hadoop.fs.Path;
   import org.apache.hadoop.io.LongWritable;
   import org.apache.hadoop.io.NullWritable;
   import org.apache.hadoop.io.Text;
   import org.apache.hadoop.mapreduce.Job;
   import org.apache.hadoop.mapreduce.Mapper;
   import org.apache.hadoop.mapreduce.lib.input.FileInputFormat;
   import org.apache.hadoop.mapreduce.lib.input.TextInputFormat;
   import org.apache.hadoop.mapreduce.lib.output.FileOutputFormat;
   import org.apache.hadoop.mapreduce.lib.output.TextOutputFormat;
   import org.apache.hadoop.util.Tool;
   import org.apache.hadoop.util.ToolRunner;

   import java.io.IOException;
   ```

```java
import java.util.regex.Pattern;

public class NGramJob implements Tool {

  private Configuration conf;

  public static final String NAME = "ngram";
  private static final String GRAM_LENGTH = "number_of_grams";

  public void setConf(Configuration conf) {
    this.conf = conf;
  }

  public Configuration getConf() {
    return conf;
  }

  public static void main(String[] args) throws Exception {
    if(args.length != 3) {
      System.err.println(
        "Usage: ngram <input> <output> <number_of_grams>");
      System.exit(1);
    }
    ToolRunner.run(new NGramJob(new Configuration()), args);
  }

  public NGramJob(Configuration conf) {
    this.conf = conf;
  }
```

3. run() 메소드는 입출력 포맷과 매퍼 클래스 구성, 키/값 클래스를 구성하는 곳이다.

```java
  public int run(String[] args) throws Exception {
    conf.setInt(GRAM_LENGTH, Integer.parseInt(args[2]));

    Job job = new Job(conf, "NGrams");
    job.setInputFormatClass(TextInputFormat.class);
    job.setOutputFormatClass(TextOutputFormat.class);
    job.setMapperClass(NGramJob.NGramMapper.class);
```

```
        job.setNumReduceTasks(0);
        job.setOutputKeyClass(Text.class);
        job.setOutputValueClass(NullWritable.class);
        job.setJarByClass(NGramJob.class);

        FileInputFormat.addInputPath(job, new Path(args[0]));
        FileOutputFormat.setOutputPath(job, removeAndSetOutput(args[1]));

        return job.waitForCompletion(true) ? 1 : 0;
    }
```

4. removeAndSetOutput() 메소드는 필수는 아니지만 기존 디렉토리가 이미 있으면 에러가 발생하기 때문에 우회하는 데 도움이 된다.

```
    private Path removeAndSetOutput(String outputDir) throws IOException {
        FileSystem fs = FileSystem.get(conf);
        Path path = new Path(outputDir);
        fs.delete(path, true);
        return path;
    }
```

5. map() 함수는 mapreduce.Mapper를 상속받아서 다음 코드처럼 구현된다.

```
    public static class NGramMapper extends Mapper<LongWritable,
        Text, Text, NullWritable> {

      private int gram_length;
      private Pattern space_pattern = Pattern.compile("[ ]");
      private StringBuilder gramBuilder = new StringBuilder();

      @Override
      protected void setup(Context context) throws IOException,
          InterruptedException {
        gram_length =
          context.getConfiguration().getInt(NGramJob.GRAM_LENGTH, 0);
      }

      @Override
      protected void map(LongWritable key, Text value, Context context)
          throws IOException, InterruptedException {
        String[] tokens = space_pattern.split(value.toString());
```

```
        for (int i = 0; i < tokens.length; i++) {
          String token = tokens[i];
          gramBuilder.setLength(0);
          if(i + gram_length <= tokens.length) {
            for(int j = i; j < i + gram_length; j++) {
              gramBuilder.append(tokens[j]);
              gramBuilder.append(" ");
            }
            context.write(new Text(gramBuilder.toString()),
              NullWritable.get());
          }
        }
      }
    }
  }
}
```

예제 분석

우선, `import`를 구성하고 맵리듀스 `Tool` 인터페이스를 구현하는 `NGram` 퍼블릭 `public` 클래스를 생성한다. 정적 문자열 변수인 `NAME`은 하둡의 `Driver` 클래스 내에서 이 잡을 구성할 때 사용된다. `NGram` 프로그램은 HDFS의 입력 경로와 출력 경로, 토큰당 계산되는 그램의 총수라는 3개의 매개변수가 순서대로 필요하다. `NGramJob` 클래스의 인스턴스와, 앞서 말한 매개변수들과 함께 초기화된 `Configuration` 객체를 `ToolRunner`에게 전달한다.

`run()` 메소드는 맵 단계에서 텍스트 라인으로 입력을 읽고 출력하기 위해 `TextInputFormat`과 `TextOutputFormat`을 구성한다. 또한 `NGramMapper`라는 정적 내부 중첩 클래스 매퍼가 필요하다. 맵 온리 잡이기 때문에 리듀서의 수는 0으로 설정한다. 매퍼의 출력인 키/값 쌍을 위해 `Writable` 타입을 매개변수로 설정한다. `setJarByClass()`를 호출하는 일도 매우 중요해서 태스크 트래커는 `Mapper`와 `Reducer` 클래스를 적절히 압축 해제하고 찾을 수 있다. 잡은 입력과 출력 디렉토리를 각기 설정하기 위해 `FileInputFormat`과 `FileOutputFormat`이라는 정적 헬퍼 메소드를 사용한다. 출력 디렉토리가 존재하지 않으면, 이 프로그램은 우선 해당 경로에 위치한 이전에 정의된 HDFS 파일이나 디렉토리를 삭제한다. 모든 것이

적절히 구성됐으면, 이제 잡은 잡 트래커에 제출할 준비가 되었다.

NGramMapper 클래스는 매우 중요한 멤버 변수들을 갖는다. `gram_length` 변수는 잡 구성으로부터 역참조된다. 잡 구성은 사용자 인자가 제출되기 전에 설정된다. `space_pattern` 변수는 공백 문자로 문자열을 분할하기 위한 정규식으로 컴파일된다. `StringBuilder` 타입의 `gramBuilder`는 각 문자열 토큰에 대응하는 그램의 공백으로 분리된 리스트를 저장한다. 매퍼는 `LongWritable` 인스턴스로 라인 번호를 받고 `Text` 인스턴스로 라인 컨텐츠를 받는다. `map()` 함수는 즉시 라인을 공백으로 구분된 토큰으로 분할한다. 각 토큰마다 `gramBuilder`를 초기화하고 라인에서 토큰의 위치와 `gram_length`를 합한 값이 해당 라인의 토큰 총 개수를 초과하면 무시한다. 그렇지 않으면, 루프가 `gram_length`에 도달할 때까지 `gramBuilder`에 각 토큰을 반복적으로 저장한다. 그런 다음, `gramBuilder`의 컨텐츠를 출력하고 다음 토큰으로 바깥 루프를 순환한다. 이 결과는 사용자 인자에 기술된 출력 디렉토리에 하나 이상의 파트 파일로 저장된다. 파트 파일은 뉴스 아카이브를 n-그램으로 처리한 라인별 리스트를 포함한다.

다음은 2그램의 샘플 출력이다.

```
AWB has
has been
been banned
banned from
from trading
```

부연 설명

여기서는 개발자들이 HDFS 파일 시스템에서 제거 함수를 사용할 때 주의할 점과 `NullWritable` 객체를 효과적으로 사용하는 방법을 설명한다.

FileSystem.delete() 호출 시 주의사항

이 구현물의 `removeAndSetPath()` 메소드는 경고 없이 디렉토리 문자열 인자를 자동 제거한다. 이 메소드는 사용자의 출력 디렉토리 인자를 매개변수로 전달받는다. 입력 매개변수가 우연히 바뀌면 입력 디렉토리가 제거될 수도 있다. 프로그래밍으로 맵리듀스 setup 루틴에 행위behavior를 삽입하면 매우 편리하지만 FileSystem.delete()는 각별한 주의를 기울여 사용해야 한다.

불필요한 직렬화 오버헤드를 피하기 위한 NullWritable 사용

이 프로그램은 매퍼에서 출력 값의 타입으로 NullWritable을 사용했다. 프로그램이 라인당 단일 그램을 작성하기 때문에 모두 출력하는 데 key만 사용했다. 맵리듀스 잡이 출력하는 데 key와 value 둘 다 필요 없다면, NullWritable 사용은 맵리듀스 프레임워크가 디스크 출력을 위해 불필요한 객체를 직렬화하는 노고를 절약할 것이다. 많은 시나리오에서 NullWritable은 종종 빈 자리 값이나 출력을 위해 정적 싱글톤singleton 인스턴스를 사용할 때보다 깨끗하고 읽기가 더 수월하다.

뉴스 아카이브에서 특정 키워드를 포함하는 라인을 찾기 위한 맵리듀스 분산 캐시 사용

맵리듀스의 분산 캐시는 대개 종속 라이브러리와 코드에 관련된 복잡한 과제에 필요하다. 일반적인 방법은 각 맵/리듀스 태스크 JVM에 사용할 캐시 파일을 전달하는 것이다. 이 절에서는 뉴스 아카이브 데이터셋에서 리스트에 표시된 하나 이상의 키워드를 포함하는 라인을 표시하기 위해 맵리듀스 API와 분산 캐시를 사용한다. 각 매퍼가 HDFS 내의 키워드 리스트 파일의 위치를 알도록 분산 캐시를 사용한다.

준비

이 절에서는 하둡 0.20 맵리듀스 API의 기본 개념에 익숙하다고 가정한다. 이 책에서 제공하는 news_archives.zip 데이터셋이 필요하다. ZIP 파일 안에 rural.txt와 science.txt 파일이 있을 것이다. 두 파일을 하나의 HDFS 디렉토리에 복사한다. ZIP 파일 안에 news_keyword.txt 파일도 있는데, 이 파일은 HDFS 디렉토리의 절대경로인 /cache_files/news_archives.txt에 복사할 것이다. 이 파일에 새 라인마다 단어를 자유롭게 추가할 수 있다.

하둡 0.20에서 소개된 새로운 맵리듀스 API를 사용해 맵리듀스 잡을 실행하는 의사 분산 또는 완전 분산 클러스터에 접근할 것이다.

예제 구현

단어를 매칭하는 맵리듀스 잡을 구현하기 위해 다음 단계를 수행한다.

1. 적절한 소스 패키지에 LinesWithMatchingWordsJob.java 클래스를 생성한다.

2. 다음 코드는 잡 제출을 위한 Tool 구현체다.

```
import org.apache.hadoop.conf.Configuration;
import org.apache.hadoop.filecache.DistributedCache;
import org.apache.hadoop.fs.FileSystem;
import org.apache.hadoop.fs.Path;
import org.apache.hadoop.io.LongWritable;
import org.apache.hadoop.io.Text;
import org.apache.hadoop.mapreduce.Job;
import org.apache.hadoop.mapreduce.Mapper;
import org.apache.hadoop.mapreduce.lib.input.FileInputFormat;
import org.apache.hadoop.mapreduce.lib.input.TextInputFormat;
import org.apache.hadoop.mapreduce.lib.output.FileOutputFormat;
import org.apache.hadoop.mapreduce.lib.output.TextOutputFormat;
import org.apache.hadoop.util.Tool;
import org.apache.hadoop.util.ToolRunner;

import java.io.BufferedReader;
import java.io.File;
import java.io.FileReader;
import java.io.IOException;
import java.net.URI;
import java.util.HashSet;
import java.util.Set;
import java.util.regex.Pattern;

public class LinesWithMatchingWordsJob implements Tool {
  private Configuration conf;
```

```java
public static final String NAME = "linemarker";

public void setConf(Configuration conf) {
  this.conf = conf;
}

public Configuration getConf() {
  return conf;
}

public static void main(String[] args) throws Exception {
  if(args.length != 2) {
    System.err.println("Usage: linemarker <input> <output>");
    System.exit(1);
  }
  ToolRunner.run(new LinesWithMatchingWordsJob(new Configuration()),
    args);
}

public LinesWithMatchingWordsJob(Configuration conf) {
  this.conf = conf;
}
```

3. run() 메소드는 입출력 포맷과 매퍼 클래스 구성, 키/값 클래스를 구성하는 곳이다.

```java
public int run(String[] args) throws Exception {

  DistributedCache.addCacheFile(new
    Path("/cache_files/news_keywords.txt").toUri(), conf);

  Job job = new Job(conf, "Line Marker");
  job.setInputFormatClass(TextInputFormat.class);
  job.setOutputFormatClass(TextOutputFormat.class);
  job.setMapperClass(LineMarkerMapper.class);
  job.setNumReduceTasks(0);
  job.setOutputKeyClass(LongWritable.class);
  job.setOutputValueClass(Text.class);
  job.setJarByClass(LinesWithMatchingWordsJob.class);
```

```
    FileInputFormat.addInputPath(job, new Path(args[0]));
    FileOutputFormat.setOutputPath(job,new Path(args[1]));

    return job.waitForCompletion(true) ? 1 : 0;
}
```

4. map() 함수는 mapreduce.Mapper를 상속받아서 다음 코드처럼 구현된다.

```
public static class LineMarkerMapper extends Mapper<LongWritable,
    Text, LongWritable, Text> {

private Pattern space_pattern = Pattern.compile("[ ]");
private Set<String> keywords = new HashSet<String>();
```

5. setup() 루틴의 분산 캐시에서 로컬 디스크로 파일을 적재하고 단어를 추출해야 한다.

```
@Override
protected void setup(Context context) throws IOException,
    InterruptedException {
  URI[] uris =DistributedCache.getCacheFiles(
    context.getConfiguration());
  FileSystem fs =
    FileSystem.get(context.getConfiguration());
  if(uris == null || uris.length == 0) {
    throw new IOException(
       "Error reading file from distributed cache. No URIs found.");
  }
  String localPath = "./keywords.txt";
  fs.copyToLocalFile(new Path(uris[0].getPath()),
                     new Path(localPath));
  BufferedReader reader = new BufferedReader(
                           new FileReader(localPath));
  String word = null;
  while((word = reader.readLine()) != null) {
    keywords.add(word);
  }
}
```

map() 함수는 다음과 같다.

```
@Override
protected void map(LongWritable key, Text value, Context
    context) throws IOException, InterruptedException {
  String[] tokens = space_pattern.split(value.toString());
  for(String token : tokens) {
    if(keywords.contains(token)) {
      context.write(key, new Text(token));
    }
  }
}
```

예제 분석

우선, import를 구성하고 public 클래스인 LinesWithMatchingWordsJob을 생성한다. 이 클래스는 ToolRunner를 사용해 제출이 쉽도록 하둡의 Tool 인터페이스를 구현한다. 잡이 제출되기 전에 먼저 입출력 매개변수의 존재 유무를 검사한다. run() 메소드 내에서 DistributedCache 클래스의 정적 헬퍼 메소드인 addCacheFile()을 호출하고 절대경로인 /cache_files/news_keywords.txt 파일을 하드코딩해서 HDFS 캐시 파일로 참조되도록 전달한다. 이 파일은 뉴라인(\n) 문자로 분리된 키워드를 포함한다. 이 키워드는 뉴스 아카이브 자료에서 어느 위치에 있는지 알아야 하는 중요 단어다. 헬퍼 메소드인 addCacheFile()을 통해 news_keywords.txt 절대경로의 URI와 Configuration 인스턴스를 전달한다.

이제, 잡의 나머지 부분을 구성한다. 텍스트로 작업하기 때문에 문자열로 라인을 읽고 쓰기 위해 TextInputFormat과 TextOutputFormat 클래스를 사용한다. 또한 퍼블릭 정적 내부 클래스인 LineMarkerMapper를 사용해 매퍼 클래스를 구성한다. 이것은 맵 온리 잡이다. 그래서 리듀서의 수는 0으로 설정한다. 또한 출력 key 타입은 라인 번호를 위해 LongWritable로, 출력 value 타입은 단어를 위해 Text 타입으로 구성한다. setJarByClass()를 호출하는 일도 매우 중요해서 태스크 트래커는 Mapper와 Reducer 클래스를 적절히 압축 해제하고 찾을 수 있다. 잡은 각 입력과 출력 디렉토리에 해당하는 `FileInputFormat`과 `FileOutputFormat`의 정적 헬퍼 메소드를 사용한다. 이제 잡을 제출하는 데 필요한 모든 구성이 완료됐다.

`Mapper` 클래스는 두 가지 중요한 멤버 변수를 갖는다. 공백으로 각 라인을 토큰화하는 정적으로 컴파일된 정규 표현식regex 패턴과, 탐색하고자 하는 중복되지 않는 단어를 저장하고 있는 단어 리스트 `Set`이다.

매퍼의 `setup()`은 현재 분산 캐시의 파일 URI의 전체 리스트를 가져온다. 우선 URI 배열이 널 값을 포함하는지, 요소element의 수가 0인지 검사한다. URI 배열이 유효하면, HDFS 내에 위치한 키워드 파일을 작업을 위해 임시 작업 디렉토리에 복사한다. ./keywords.txt 로컬 파일에 내용이 저장된다. 이제 로컬 디스크를 읽고 쓰기 위해 표준 자바 I/O 클래스를 사용한다. 키워드가 기록된 파일의 각 라인은 `keywords`라는 `HashSet`에 저장한다. `map()` 메소드는 내부에서 우선 공백으로 라인을 토큰화하고 각 토큰이 키워드 리스트에 포함되는지를 검사한다. 토큰이 키워드에 포함되면 `key` 값으로 라인번호를, `value` 값으로 토큰화된 단어를 출력할 것이다.

부연 설명

다음은 맵리듀스의 분산 캐시를 이용할 때 알아둬야 할 팁이다.

맵/리듀스 태스크 JVM에 JAR 의존성을 전달하는 분산 캐시 사용

맵과 리듀스 태스크는 JAR 파일 형태의 제3의 라이브러리에 의존하는 경우가 매우 많다. HDFS에 이 라이브러리를 저장하면 의존성이 있는 잡을 초기화하기 위해 정적 헬퍼 메소드인 `DistributedCache.addArchiveToClassPath()`를 사용할 수 있다. 그러면 하둡은 잡 안에 각 태스크 JVM에 대한 클래스패스에 JAR 파일을 자동으로 추가한다.

분산 캐시는 하둡 클러스터의 로컬 모드로는 작동하지 않는다

구성 매개변수인 `mapred.job.tracker`가 `local`로 설정되면, `DistributedCache`는 HDFS에서 아카이브 또는 캐시 파일을 구성하는 데 사용될 수 없다.

데이터를 테이블에 적재하고 GROUP BY 절을 갖는 SELECT 문의 연산을 수행하기 위한 피그 사용

이 절에서는 `ip_to_country` 데이터셋에 포함된 IP 주소를 그룹핑하고 각 국가별 IP 주소의 수를 계산하기 위해 피그를 사용할 것이다.

준비

사용자 계정으로 클라이언트에 아파치 피그 0.9.2를 설치하고 환경 변수에 경로를 설정해서 하둡 클러스터의 의사 분산 모드 또는 완전 분산 모드에 접근 가능한지 확인한다. 이 절에서는 책에 포함된 `ip_to_country` 데이터셋이 HDFS의 절대경로인 /input/weblog_ip/ip_to_country.txt로 적재됐다고 전제한다.

예제 구현

다음은 피그를 사용해 SELECT와 GROUP BY 연산을 수행하는 단계다.

1. SQL 구문이 강조되는 텍스트 편집기를 연다.

2. 다음과 같이 인라인 생성 구문을 추가한다.

    ```
    ip_countries = LOAD '/input/weblog_ip/ip_to_country.txt' AS
    (ip:chararray, country:chararray);
    country_grpd = GROUP ip_countries BY country;
    country_counts = FOREACH country_grpd GENERATE FLATTEN(group),
    COUNT(ip_countries) as counts;
    STORE country_counts INTO '/output/geo_weblog_entries';
    ```

3. group_by_country.pig로 파일을 저장한다.

4. 위 스크립트를 포함하는 디렉토리에서 피그 클라이언트를 사용해 -f 옵션을 넣고 커맨드라인을 실행한다.

예제 분석

첫 라인은 HDFS에 저장된 탭으로 구분되는 레코드로부터 `ip_countries` 피그 릴레이션을 생성한다. 이 릴레이션은 문자 배열 형태의 `ip`와 `country`라는 두 가지 속성을 갖는다. 두 번째 라인은 `ip_countries` 릴레이션 안에 중복되지 않는 국가별 레코드를 포함하는 `country_grpd` 릴레이션을 생성한다. 세 번째 라인은 `country_grpd` 릴레이션을 반복해서 현재 국가에 일치되는 `ip_countries` 릴레이션의 레코드 수를 계산한다. 이 반복문의 결과는 `country_counts`라는 새 릴레이션에 할당된다. `country_counts`는 `group`과 `counts`라는 두 가지 속성을 갖는 튜플로 구성된다. /output/geo_weblog_entries라는 출력 디렉토리로 릴레이션 내에 포함된 튜플을 저장한다.

출력으로 `country`는 오름차순 또는 내림차순으로 정렬되진 않는다.

/output/geo_weblog_entries에 탭으로 구분된 국가 리스트와 IP 주소의 개수를 포함하는 하나 이상의 파트 파일이 생성된 모습을 볼 수 있다.

참고사항

- 3장의 '웹 서버 로그에서 봇 트래픽을 필터링하기 위한 아파치 피그 사용' 절 참조
- 3장의 '웹 서버 로그 데이터를 타임스탬프로 정렬하기 위한 아파치 피그 사용' 절 참조
- 6장의 '피그를 사용해 Audioscrobbler 데이터셋에서 가수들의 코사인 유사도 연산' 절 참조

5 고급 조인

> **5장에서 다루는 내용**
> - 매퍼에서 맵리듀스를 사용한 데이터 조인
> - 아파치 피그의 복제 조인을 사용한 데이터 조인
> - 아파치 피그의 병합 조인을 사용한 정렬 데이터 조인
> - 아파치 피그의 편향 조인을 사용한 편향 데이터 조인
> - 지리 이벤트를 분석하기 위한 아파치 하이브 맵 사이드 조인 사용
> - 지리 이벤트를 분석하기 위한 아파치 하이브 완전 외부 조인 최적화
> - 외부 키/값 저장소(레디스)를 사용한 데이터 조인

개요

대부분의 처리 환경에서는 어떤 최종 결과를 얻기 위해 여러 데이터셋을 조인join해야 할 때가 있다. 안타깝게도, 맵리듀스에서 조인은 중요하고 비싼 연산이다. 5장은 자바로 작성한 맵리듀스와 아파치 피그, 아파치 하이브 등 다양한 도구를 사용해 하둡에서의 다양한 데이터 조인 방법을 소개한다. 또한 맵리듀스를 사용해 외부 메모리 리소스를 활용하는 방법도 알아본다.

매퍼에서 맵리듀스를 사용한 데이터 조인

맵리듀스의 데이터 조인은 비싼 연산이다. 데이터셋의 크기에 따라 **맵 사이드**map-side 조인 또는 **리듀스 사이드**reduce-side 조인 수행을 선택할 수 있다. 맵 사이드 조인은 2개 이상의 데이터셋을 맵리듀스 잡의 맵 단계에서 키에 조인한다. 리듀스 사이드 조인은 매퍼가 조인 키를 출력하면 리듀스 단계는 두 데이터셋의 조인을 책임진다. 이 절에서는 피그를 사용해 맵 사이드 복제 조인을 수행하는 방법을 소개한다. 개별 IP 주소와 이와 연관된 국가 리스트를 포함하는 데이터셋을 웹로그 데이터셋과 조인한다. 데이터셋은 맵 단계에서 맵 온리로 조인된다.

준비

http://www.packtpub.com/support에서 apache_nobots_tsv.txt와 nobots_ip_country_tsv.txt를 내려받아 HDFS에 복사한다.

예제 구현

맵리듀스를 사용해 맵 단계에서 데이터를 조인하기 위해 다음 단계를 수행한다.

1. 맵 온리 맵리듀스 잡 설정은 nobots_ip_country_tsv.txt 데이터셋을 분산 캐시에 적재한다.

    ```
    public class MapSideJoin extends Configured implements Tool {

      public int run(String[] args) throws Exception {

        Path inputPath = new Path(args[0]);
        Path outputPath = new Path(args[1]);

        Configuration conf = getConf();
        DistributedCache.addCacheFile(new
          URI("/user/hadoop/nobots_ip_country_tsv.txt"), conf);
        Job weblogJob = new Job(conf);
        weblogJob.setJobName("MapSideJoin");
        weblogJob.setNumReduceTasks(0);
    ```

```
    weblogJob.setJarByClass(getClass());
    weblogJob.setMapperClass(WeblogMapper.class);
    weblogJob.setMapOutputKeyClass(Text.class);
    weblogJob.setMapOutputValueClass(Text.class);
    weblogJob.setOutputKeyClass(Text.class);
    weblogJob.setOutputValueClass(Text.class);

    weblogJob.setInputFormatClass(TextInputFormat.class);
    weblogJob.setOutputFormatClass(TextOutputFormat.class);
    FileInputFormat.setInputPaths(weblogJob, inputPath);
    FileOutputFormat.setOutputPath(weblogJob, outputPath);

    if (weblogJob.waitForCompletion(true)) {
      return 0;
    }
    return 1;
  }

  public static void main(String[] args) throws Exception {
    int returnCode = ToolRunner.run(new MapSideJoin(), args);
    System.exit(returnCode);
  }
}
```

2. 분산 캐시에서 nobots_ip_country_tsv.txt 데이터셋을 읽고 IP/국가 테이블을 HashMap으로 저장하는 매퍼를 만든다.

```
public class WeblogMapper extends Mapper<Object, Text, Text, Text> {

  public static final String IP_COUNTRY_TABLE_FILENAME =
    "nobots_ip_country_tsv.txt";
  private Map<String, String> ipCountryMap =
    new HashMap<String, String>();

  private Text outputKey = new Text();
  private Text outputValue = new Text();

  @Override
  protected void setup(Context context) throws IOException,
      InterruptedException {
```

```java
      Path[] files = DistributedCache.getLocalCacheFiles(
        context.getConfiguration());
      for (Path p : files) {
        if (p.getName().equals(IP_COUNTRY_TABLE_FILENAME)) {
          BufferedReader reader = new BufferedReader(
            new FileReader(p.toString()));
          String line = reader.readLine();
          while (line != null) {
            String[] tokens = line.split("\t");
            String ip = tokens[0];
            String country = tokens[1];
            ipCountryMap.put(ip, country);
            line = reader.readLine();
          }
        }
      }

      if (ipCountryMap.isEmpty()) {
        throw new IOException("Unable to load IP country table.");
      }
    }

    @Override
    protected void map(Object key, Text value, Context context)
        throws IOException, InterruptedException {
      String row = value.toString();
      String[] tokens = row.split("\t");
      String ip = tokens[0];
      String country = ipCountryMap.get(ip);
      outputKey.set(country);
      outputValue.set(row);
      context.write(outputKey, outputValue);
    }
}
```

3. 잡을 실행한다.

```
$ hadoop jar AdvJoinChapter5-1.0.jar com.packt.ch5.advjoin.mr.
MapSideJoin /user/hadoop/apache_nobots_tsv.txt /user/hadoop/data_jnd
```

예제 분석

1단계에서 다음과 같은 정적 메소드를 호출한다.

`DistributedCache.addCacheFile(new URI("/user/hadoop/nobots_ip_country_tsv.txt"), conf)`

이 메소드는 잡 구성에서 `mapred.cache.files` 속성을 설정한다. `mapred.cache.files` 속성은 맵리듀스 프레임워크가 클러스터의 모든 노드에 nobots_ip_country_tsv.txt 파일을 배포하려고 매퍼를(그리고 잡이 리듀서를 실행하려는 설정이라면 리듀서를) 시작한다.

2단계에서는 매퍼의 `setup()` 메소드를 오버라이드한다. `setup()` 메소드는 `map()` 메소드가 호출되기 전에 맵리듀스 프레임워크에 의해 한 번 호출된다. `setup()` 메소드는 매퍼 클래스에서 초기화를 수행하기 위한 적절한 곳이다.[1]

분산 캐시에 저장된 데이터를 조회하려고 정적 메소드 `DistributedCache.getLocalCacheFiles(context.getConfiguration())`을 사용해 모든 파일을 가져왔다. 다음으로, 한 번만 분산 캐시에서 모든 파일을 반복해 조회하고 nobots_ip_country_tsv.txt 데이터셋을 `HashMap`으로 적재했다.

마지막으로 `map()` 메소드에서는, `setup()` 메소드에서 apache_nobots_tsv.txt 파일 내의 모든 IP 주소와 연관된 국가를 출력해 nobots_ip_country_tsv.txt와 apache_nobots_tsv.txt 파일을 조인하는 방법으로 `HashMap`을 사용했다.

부연 설명

맵리듀스 프레임워크는 분산 캐시를 사용해 배포할 아카이브 파일을 지원한다. 아카이브 파일은 ZIP, GZIP, JAR 파일일 수 있다. 아카이브 파일이 태스크 노드로 분산되면 자동으로 압축된다.

맵리듀스 잡을 구성할 때, 분산 캐시에 아카이브 파일을 추가하려면 `DistributedCache` 클래스의 정적 메소드 `addCacheArchive()`를 사용한다.

---

[1] 매퍼가 분산 캐시에 불필요하게 접근하는 경우를 줄이기 위해 setup() 메소드에서만 분산 캐시를 조회한다. – 옮긴이

```
DistributedCache.addCacheArchive(new URI("/user/hadoop/nobots_ip_country_
tsv.zip"), conf);
```

참고사항

- 5장의 '아파치 피그의 복제 조인을 사용한 데이터 조인' 절 참조
- 5장의 '아파치 피그의 병합 조인을 사용한 정렬 데이터 조인' 절 참조
- 5장의 '아파치 피그의 편향 조인을 사용한 편향 데이터 조인' 절 참조

아파치 피그의 복제 조인을 사용한 데이터 조인

아파치 피그는 다음과 같은 많은 고급 조인을 지원한다.

- 리듀스 사이드 조인 reduce-side join
- 복제 조인 replicated join
- 병합 조인 merge join
- 편향 조인 skewed join

리듀스 사이드 조인은 피그의 JOIN 연산자를 사용할 때 기본 구현체다. 또한 피그는 복제를 지정하거나 키워드를 병합할 때 맵 사이드 조인을 지원한다. 이 절에서는 피그를 사용해 맵 사이드 복제 조인을 수행하는 방법을 소개한다. 개별 IP 주소와 이와 연관된 국가 리스트를 포함하는 데이터셋을 웹로그 데이터셋과 조인한다.

준비

http://www.packtpub.com/support에서 apache_nobots_tsv.txt와 nobots_ip_country_tsv.txt를 내려받아 HDFS에 배치한다. 최근 버전의 아파치 피그(0.9 이상)를 클러스터에 설치한다.

예제 구현

다음은 아파치 피그 복제 조인을 수행하는 단계다.

1. 선호하는 텍스트 편집기를 열고 replicated_join.pig라는 파일을 만든다. 2개의 데이터셋을 적재하기 위해 두 가지 피그 릴레이션을 만든다.

    ```
    nobots_weblogs = LOAD '/user/hadoop/apache_nobots_tsv.txt' AS
    (ip:chararray, timestamp:long, page:chararray, http_status:int,
    payload_size:int, useragent:chararray);
    ip_country_tbl = LOAD '/user/hadoop/nobots_ip_country_tsv.txt' AS
    (ip:chararray, country:chararray);
    ```

2. replicated 키워드를 사용해 두 데이터셋을 조인한다.

    ```
    weblog_country_jnd = JOIN nobots_weblogs BY ip, ip_country_tbl BY ip
    USING 'replicated';
    ```

3. 조인 릴레이션을 구성하고 결과를 저장한다.

    ```
    cleaned = FOREACH weblog_country_jnd GENERATE ip_country_tbl::ip,
    country, timestamp, page, http_status, payload_size, useragent;
    STORE cleaned INTO '/user/hadoop/weblog_country_jnd_replicated';
    ```

4. 잡을 실행한다.

    ```
    $ pig -f replicated_join.pig
    ```

예제 분석

1단계에서 두 입력 데이터셋을 참조하기 위해 nobots_weblogs와 ip_country_tbl이라는 두 가지 릴레이션을 정의했다. 다음으로 피그의 복제 조인을 사용해 ip 필드로 두 데이터셋을 조인했다. 피그는 조인의 최우측 릴레이션right-most relation 으로 ip_country_tbl을 메모리에 적재하면서 ip_country_tbl의 ip로 nobots_weblogs 릴레이션에서 데이터를 조인한다. 조인의 최우측 릴레이션은 매퍼의 메모리에 적재될 정도로 충분히 작아야 된다는 점이 중요하다. 데이터셋이 너무 크면 피그는 경고를 하지 않고 잡은 메모리 예외 처리가 되어 실패한다.

마지막으로, 3단계에서 cleand라는 새로운 릴레이션을 만들기 위해 이전에 조인된 릴레이션을 새로 구성했다. FOREACH 문에서 ip_country_tbl::ip라는 특이한 형태의 필드가 있다. weblog_country_jnd에는 2개의 ip 필드가 있는데 ip_country_tbl의 ip 필드를 기준으로 하기 위해 '::' 연산자를 사용해 cleaned 릴레이션에 저장했다. nobots_weblogs::ip를 대신해서 사용했지만 이 예제에서는 특별한 차이가 없다.

부연 설명

복제 조인은 하나 이상의 릴레이션에 이용될 수 있다. 예를 들어, 다음과 같이 세 가지 내부 조인을 수행하기 위해 복제 조인을 사용해 이전 단계를 변경할 수 있다.

```
weblog_country_jnd = JOIN nobots_weblogs BY ip, ip_country_tbl BY ip,
another_relation BY ip USING 'replicated';
```

다시 언급하지만, 조인의 최우측 데이터셋은 메인 메모리에 적합해야 한다. 위의 경우, ip_country_tbl과 another_relation은 매퍼의 메모리에 적합해야 한다.

참고사항

▶ 5장의 '아파치 피그의 병합 조인을 사용한 정렬 데이터 조인' 절 참조
▶ 5장의 '아파치 피그의 편향 조인을 사용한 편향 데이터 조인' 절 참조

아파치 피그의 병합 조인을 사용한 정렬 데이터 조인

이전 절에서 언급했던 복제 조인과 마찬가지로, 피그의 병합 조인은 또 다른 맵 사이드 기술이다. 그러나 주요 차이점은 병합 조인은 메인 메모리에 모든 데이터를 배치하지 않는다는 점이다. 이 절에서는 2개의 데이터셋에 피그 병합 조인을 사용하는 방법을 소개한다.

준비

http://www.packtpub.com/support에서 apache_nobots_tsv.txt와 nobots_ip_country_tsv.txt 데이터셋을 내려받아 작업 디렉토리에 배치한다. 또한 최근 버전의 아파치 피그(0.9 이상)를 클러스터에 설치한다.

피그의 병합 조인 기능을 사용하기 위해 두 데이터셋은 조인 키로 정렬해야 한다. 두 데이터셋을 정렬하려면 다음과 같이 유닉스의 sort 명령어를 사용한다.

```
$ sort -k1 apache_nobots_tsv.txt > sorted_apache_nobots_tsv.txt
$ sort -k1 nobots_ip_country_tsv.txt > sorted_nobots_ip_country_tsv.txt
```

HDFS에 2개의 새로 정렬된 파일을 배치한다.

```
$ hadoop fs -put sorted_apache_nobots_tsv.txt /user/hadoop
$ hadoop fs -put sorted_nobots_ip_country_tsv.txt /user/hadoop
```

예제 구현

다음은 피그로 병합 조인을 수행하는 단계다.

1. 텍스트 편집기를 열고 merge_join.pig라는 파일을 만든다. 2개의 데이터셋을 적재하기 위해 두 가지 피그 릴레이션을 만든다.

    ```
    nobots_weblogs = LOAD '/user/hadoop/sorted_apache_nobots_tsv.txt' AS
    (ip:chararray, timestamp:long, page:chararray, http_status:int,
    payload_size:int, useragent:chararray);
    ip_country_tbl = LOAD '/user/hadoop/sorted_nobots_ip_country_tsv.txt'
    AS (ip:chararray, country:chararray);
    ```

2. merge 키워드를 사용해 두 데이터셋을 조인한다.

    ```
    weblog_country_jnd = JOIN nobots_weblogs BY ip, ip_country_tbl BY ip
    USING 'merge';
    ```

3. 조인 릴레이션을 구성하고 결과를 저장한다.

    ```
    cleaned = FOREACH weblog_country_jnd GENERATE ip_country_tbl::ip,
    country, timestamp, page, http_status, payload_size, useragent;
    STORE cleaned INTO '/user/jowens/weblog_country_jnd_merge';
    ```

4. 잡을 실행한다.

```
$ pig -f merge_join.pig
```

예제 분석

1단계에서 두 입력 데이터셋을 참조하기 위해 nobots_weblogs와 ip_country_tbl이라는 두 가지 릴레이션을 정의했다.

2단계에서는 피그의 병합 조인을 사용해 ip 필드로 두 가지 데이터셋을 조인했다. 피그는 병합 조인을 수행하기 위해 2개의 맵리듀스 잡을 시작한다. 먼저 피그는 매퍼의 모든 nobots_weblogs 릴레이션에 관련된 데이터를 전송하고 인덱스를 만들기 위해 ip_country_tbl 데이터를 샘플링한다. nobots_weblogs 릴레이션처럼 JOIN 문에 좌측 입력은 릴레이션 중 더 큰 크기를 배치하는 것이 중요하다. 피그는 인덱스를 구축했다면 좌측의 릴레이션을 읽고 두 가지 릴레이션을 조인하는 첫 번째 맵리듀스 잡에서 생성된 인덱스를 시작한다.

부연 설명

피그의 병합 조인은 모든 입력 파일에서 오름차순으로 정렬된 입력 데이터를 필요로 한다. 또한 모든 데이터는 파일 이름에 따라 오름차순으로 정렬돼야 한다. 예를 들어 nobots_weblogs 릴레이션이 2개의 입력 파일에서 3개의 개별 IP 주소를 포함한다면, IP는 다음과 같은 방식으로 분산될 수 있다.

- part-00000이라는 파일에 IP 111.0.0.0을 포함하는 로우여야 한다.
- IP 112.0.0.0을 포함하는 로우는 part-00000이라는 파일에서 111.0.0.0 다음에 발생해야 한다.
- IP 222.0.0.0을 포함하는 로우는 part-00001이라는 파일에 배치된다.

이 예제에서는 이름에 따라 정렬된 파일의 수로 IP의 전체 정렬이 가능한지를 보여준다. 피그가 정렬된 데이터에 접근하기 위해 각 파일을 읽으려고 하기 때문에 파일 이름은 오름차순 정렬을 지원해야 한다.

> **참고사항**
>
> ▶ 5장의 '아파치 피그의 편향 조인을 사용한 편향 데이터 조인' 절 참조

아파치 피그의 편향 조인을 사용한 편향 데이터 조인

데이터 편향은 분산 처리 환경에서 중요한 문제이고, 데이터가 맵 단계에서 출력되는 키 튜플이 균등하게 분할되지 않을 경우 발생한다. 이것은 일관성 없는 처리 시간으로 이어질 수 있다. 맵리듀스 프레임워크에서 데이터의 편향은 일부 매퍼/리듀서 잡이 여타 매퍼/리듀서에 비해 잡을 수행하는 데 꽤 많은 시간이 걸리는 원인이 될 수 있다.

아파치 피그의 편향 조인은 조인에서 데이터 편향 문제를 완화한다. 이 절에서는 작은 테이블과 편향된 데이터셋을 조인하는 방법을 설명한다.

준비

http://www.packtpub.com/support에서 apache_nobots_tsv.txt와 nobots_ip_country_tsv.txt 데이터셋을 내려받아 현재 작업 중인 디렉토리에 저장한다. 또한 최근 버전의 아파치 피그(0.9 이상)를 클러스터에 설치한다.

apache_nobots_tsv.txt 파일이 편향되도록, skewed_apache_nobots_tsv.txt라는 새 파일에 수천 번 같은 로우를 추가하는 다음과 같은 셸 스크립트를 만든다.

```
#!/bin/bash

cat apache_nobots_tsv.txt > skewed_apache_nobots_tsv.txt
for i in {1..5000}
do
  head -n1 apache_nobots_tsv.txt >> skewed_apache_nobots_tsv.txt
done
```

IP 주소 221.220.8.0은 여타 IP보다 skewed_apache_nobots_tsv.txt 파일에 상당히 높은 숫자가 나타난다.

HDFS에 skewed_apache_nobots_tsv.txt와 nobots_ip_country_tsv.txt 파일을 배치한다.

```
$ hadoop fs -put skewed_apache_nobots_tsv.txt /user/hadoop/
$ hadoop fs -put nobots_ip_country_tsv.txt /user/hadoop/
```

예제 구현

다음은 아파치 피그로 편향 조인을 수행하기 위한 단계다.

1. 텍스트 편집기를 열고 skewed_join.pig라는 파일을 만든다. 2개의 데이터셋을 적재하기 위해 두 가지 릴레이션을 만든다.

   ```
   nobots_weblogs = LOAD '/user/hadoop/skewed_apache_nobots_tsv.txt' AS
   (ip:chararray, timestamp:long, page:chararray, http_status:int,
   payload_size:int, useragent:chararray);
   ip_country_tbl = LOAD '/user/hadoop/nobots_ip_country_tsv.txt' AS
   (ip:chararray, country:chararray);
   ```

2. skewed 키워드를 사용해 두 데이터셋을 조인한다.

   ```
   weblog_country_jnd = JOIN nobots_weblogs BY ip, ip_country_tbl BY ip
   USING 'skewed';
   ```

3. 조인 릴레이션을 구성하고 결과를 저장한다.

   ```
   cleaned = FOREACH weblog_country_jnd GENERATE ip_country_tbl::ip,
   country, timestamp, page, http_status, payload_size, useragent;
   STORE cleaned INTO '/user/hadoop/weblog_country_jnd_skewed';
   ```

4. 잡을 실행한다.

   ```
   $ pig -f skewed_join.pig
   ```

예제 분석

1단계에서 두 입력 데이터셋을 참조하기 위해 nobots_weblogs와 ip_country_tbl이라는 두 가지 릴레이션을 정의했다.

2단계에서는 피그의 편향 조인을 사용해 ip 필드에 2개의 데이터셋을 조인했다. 피그의 편향 조인을 수행하기 위해 2개의 맵리듀스 잡을 시작한다. 첫 번째 맵리듀스 잡은 nobots_weblogs.txt(편향 데이터) 데이터셋을 샘플링한다. 두 번째 맵리듀스 잡은 리듀스 사이드 조인을 실행한다. 피그는 첫 번째 맵리듀스 잡의 샘플링을 기반으로 리듀서로 데이터를 분산시키는 방법을 결정한다. 데이터셋에 편향이 존재하면, 피그는 리듀서로 데이터 전달을 최적화하려고 한다.

지리 이벤트를 분석하기 위한 아파치 하이브 맵 사이드 조인 사용

아파치 하이브에서 두 테이블을 조인하는 경우, 한 테이블이 나머지 테이블보다 훨씬 작을 수 있다. 이런 경우 하이브는 분산 캐시를 통해 더 작은 테이블을 나타내는 해시 테이블을 각 매퍼에 밀어 넣어 더 나은 병렬 처리가 가능하도록 완전히 맵 사이드에서 테이블을 조인한다. 이 절에서는 특정 지리 이벤트의 발생 가능성이 있는 중요한 휴일 정보를 붙일 수 있는 맵 사이드 조인을 설명한다.

준비

아파치 하이브 0.7.1이 클라이언트 시스템과 사용자 계정의 환경 변수 경로에 설치되어 있는지 확인한다.

이 절에서는 Nigera_ACLED_cleaned.tsv 데이터셋을 해당 데이터 타입에 매핑되는 acled_nigeria_cleaned라는 하이브 테이블에 적재해서 사용한다. Nigera_ACLED_cleaned.tsv 데이터셋은 http://www.packtpub.com/support에서 내려받는다.

하이브 클라이언트에 다음 명령어를 실행한다.

```
describe acled_nigeria_cleaned
```

실행 결과는 다음과 같다.

```
OK
loc     string
event_date    string
event_type    string
actor   string
latitude    double
longitude   double
source   string
fatalities    int
```

이 절에서는 또한 각 필드에 데이터 타입이 매핑된 nigeria_holidays라는 테이블에 nigeria-holidays.tsv 파일이 적재되어 있어야 한다.

하이브 클라이언트에 다음 명령어를 실행한다.

```
describe nigeria_holidays
```

실행 결과는 다음과 같다.

```
OK
yearly_date    string
description    string
```

예제 구현

다음은 아파치 하이브에서 맵 사이드 조인을 수행하기 위한 단계다.

1. 텍스트 편집기를 열고 map-join-acled-holidays.sql이라는 파일을 만든다.

2. 인라인 생성과 변환 구문을 추가한다.

    ```
    SELECT /*+ MAPJOIN(nh)*/ acled.event_date, acled.event_type,
    nh.description
      FROM acled_nigeria_cleaned acled
      JOIN nigeria_holidays nh
        ON (substr(acled.event_date, 6) = nh.yearly_date);
    ```

3. 하이브 클라이언트에 -f 옵션을 지정해 운영체제 셸에서 map-join-acled-holidays.sql 스크립트를 실행한다. 출력의 추적 메시지를 보려면 맵 사이드 조인을 실행한다.

    ```
    Mapred Local Task Succeeded. Convert the Join into MapJoin
    ```

생성된 맵리듀스 잡은 리듀스 태스크가 필요 없다.

4. 다음과 같이 5개의 로우가 출력 콘솔에 먼저 나타나야 한다.

```
2002-01-01   Riots/Protests   New Years Day
2001-06-12   Battle-No change of territory   Lagos State only; in memory of failed 1993 election
2002-05-29   Violence against civilians   Democracy Day
2010-10-01   Riots/Protests   Independence Day
2010-10-01   Violence against civilians   Independence Day
```

예제 분석

내부 스크립트는 `nigeria_holidays`의 `yearly_date` 컬럼에 `acled_nigeria_cleaned`의 `event_date` 컬럼 각 레코드의 월-날 부분을 조인한다. `substr(event_date, 6)`은 6번째 문자 위치에서 시작해 `event_date` 컬럼의 각 레코드에서 연도 부분을 생략한다. 인라인 힌트 `/*+ MAPJOIN(nh) */`는 각 매퍼에 작은 테이블로 적재하는 테이블의 별칭을 수동으로 정의할 수 있다. `nigeria_holidays` 테이블은 매우 작아서 해시 테이블로 사용하기 가장 좋다. 해당 조인의 각 맵 프로세스는 `nigeria_holidays` 해시 테이블의 자체 복사본과 함께 `acled_nigeria_cleaned`에서 로우를 연산할 수 있다. MAPJOIN 연산은 해시 테이블을 만들고 각 맵 태스크에 이를 배포하는 일을 다룬다.

이벤트가 발생하면, `event_date`와 `event_type` 컬럼 값, 휴일의 설명을 볼 수 있다.

부연 설명

맵 사이드 조인은 적절하게 구성하고 사용하기가 어려울 수 있다. 여기에 몇 가지 팁이 있다.

가능한 한 맵 사이드 조인으로 자동 변환

하이브 구성 파일에서 `hive.auto.convert.join` 속성을 true로 설정하면, 하이브는 테이블이 특정 임계 크기 값을 벗어나지 않는 한 자동으로 조인을 맵 사이드 조인으로 변환하려고 한다. `hive.smalltable.filesize` 속성으로 최대 파일 크기를 구성할 수 있다. 이것은 파일 크기가 작은 테이블임을 하이브에게 알린다. 길게 (예: 25000000L = 25M) 바이트 단위로 표현되게 작성됐다.

또한 구성된 메모리의 비율보다 더 필요한 경우 맵 태스크가 종료되는 것으로 `hive.hashtable.max.memory.usage`를 설정하는 것을 고려한다.

맵 조인 동작

`/*+ MAPJOIN() */`을 생략하고 자동 변환에 의존하면, 하이브가 조인을 최적화하기가 어려울 수 있다. 다음과 같은 팁이 있다.

- `TableFoo LEFT OUTER JOIN TableBar`: TableBar를 해시 테이블로 변환하려고 시도한다.
- `TableFoo RIGHT OUTER JOIN TABLE B`: TableFoo를 해시 테이블로 변환하려고 시도한다.
- `TableFoo FULL OUTER JOIN TableBar`: 프레임워크는 완전 외부 조인을 매핑할 수 없다.

참고사항

- 5장의 '지리 이벤트를 분석하기 위한 아파치 하이브 완전 외부 조인 최적화' 절 참조

지리 이벤트를 분석하기 위한 아파치 하이브 완전 외부 조인 최적화

이 절에서는 Nigerian VIP 리스트를 가지고 어떤 VIP의 생일에 발생한 Nigerian ACLED 이벤트를 조인한다. 잘 알려진 사람(VIP)의 생일이 발생한 이벤트 혹은 발생하지 않은 이벤트뿐만 아니라 어떤 이벤트에도 연결되지 않은 사람들도 관심이 있다. 단일 쿼리로 이 분석을 달성하려면 완전 외부 조인full outer join을 명확하게 이해해야 한다. 그리고 테이블의 결과를 저장한다.

준비

아파치 하이브 0.7.1이 클라이언트 시스템과 사용자 계정의 환경 변수 경로에 설치되어 있는지 확인한다.

이 절에서는 Nigera_ACLED_cleaned.tsv 데이터셋을 해당 데이터 타입에 매핑되는 acled_nigeria_cleaned라는 하이브 테이블에 적재해서 사용한다. Nigera_ACLED_cleaned.tsv 데이터셋은 http://www.packtpub.com/support에서 내려받는다.

하이브 클라이언트에 다음 명령어를 실행한다.

```
describe acled_nigeria_cleaned
```

실행 결과는 다음과 같다.

```
OK
loc           string
event_date    string
event_type    string
actor         string
latitude      double
longitude     double
source        string
fatalities    int
```

이 절에서는 또한 각 필드에 데이터 타입이 매핑된 nigeria_vips라는 하이브 테이블에 nigeria-vip-birthdays.tsv 파일이 적재되어 있어야 한다. nigeria-vip-birthdays.tsv 데이터셋은 http://www.packtpub.com/support에서 내려받는다.

하이브 클라이언트에 다음 명령어를 실행한다.

```
describe nigeria_vips
```

실행 결과는 다음과 같다.

```
OK
name         string
birthday     string
description  string
```

예제 구현

다음은 하이브의 완전 외부 조인을 수행하기 위한 단계다.

1. 텍스트 편집기를 열고 full_outer_join_acled_vips.sql이라는 파일을 만든다.

2. 인라인 생성과 변환 구문을 추가한다.

   ```
   DROP TABLE IF EXISTS acled_nigeria_event_people_links;
   CREATE TABLE acled_nigeria_event_people_links AS
   SELECT acled.event_date, acled.event_type, vips.name,
   vips.description as pers_desc, vips.birthday
     FROM nigeria_vips vips
     FULL OUTER JOIN acled_nigeria_cleaned acled
       ON (substr(acled.event_date,6) = substr(vips.birthday,6));
   ```

3. 하이브 클라이언트에 -f 옵션을 지정해 운영체제 셸에서 full_outer_join_acled_vips.sql 스크립트를 실행한다.

4. 스크립트가 성공적으로 완료되면, 2931개의 레코드가 `acled_nigeria_event_people_links` 테이블에 적재됐음을 알린다.

5. 하이브 셸에 다음과 같은 쿼리를 실행한다.

   ```
   SELECT * FROM acled_nigeria_event_people_links WHERE event_date IS NOT
   NULL AND birthday IS NOT NULL limit 2";
   ```

6. 실행 결과는 다음과 같다.

   ```
   OK
   2008-01-01  Battle-No change of territory  Jaja  Wachuku "First
   speaker of the Nigerian House of Representatives" 1918-01-01

   2002-01-01  Riots/Protests  Jaja Wachuku "First speaker of the
   Nigerian House of Representatives"  1918-01-01
   ```

예제 분석

먼저, 이전에 만들었던 `acled_nigeria_event_people_links` 테이블을 삭제한다. 인라인 CREATE TABLE AS 문을 사용한다.

완전 외부 조인은 `event_date` 컬럼의 6번째 문자 위치에서 시작한 문자열이 VIP의 생일과 같은 `acled_nigeria_cleaned`의 로우와 `nigeria_vips` 로우를 매칭할 것이다. 비교 요소로 `event_date` 컬럼의 레코드 연도 부분을 제거하려고 `substr(event_date, 6)` 메소드를 사용한다.

SELECT 문은 `acled.event_date`, `acled.event_type`, `vips.name`, `vips.description as pers_desc`, `vips.birthday`를 포함한 컬럼이 `acled_nigeria_event_people_links` 테이블의 컬럼이 된다. `vips.description` 컬럼은 컬럼의 레이블로 좀 더 의미를 두기 위해 `pers_desc`라는 별칭을 한다. birthday와 일치하지 않는 이벤트 레코드의 경우, 컬럼 `vips.name`, `vips.description`, `pers_desc`가 NULL이 된다. 이벤트와 일치하지 않는 사람의 경우, 컬럼 `acled.event_date`, `acled.event_type`은 NULL이 된다.

`acled_nigeria_cleaned`의 FROM과 JOIN 절 내의 `nigeria_vips`를 포함하기로 한 이유는 리듀서 처리량을 최적화하기 위해서다. 하이브에서 일반적인 조인은 맵 사이드 조인이 아닌 실제 테이블의 조인으로 리듀스 사이드에서 일어난다. 하이브는 왼쪽 테이블에서 로우를 버퍼링한 후 맨 오른쪽 테이블에서 로우를 스트리밍한다. 테이블 `nigeria_vips`는 `acled_nigeria_cleaned`보다 훨씬 작기 때문에 `nigeria_vips`에서 버퍼와 `acled_nigeria_cleaned` 로우의 스트리밍 처리를 하기 위한 쿼리 구문을 설계함으로써 리듀서의 메모리 공간을 줄일 수 있다.

특정 VIP 리스트는 `acled_nigeria_cleaned`에서 나열된 이벤트와 일치하는 생일이 없었기 때문에 외부 조인은 생일이 일치하지 않은 이벤트에 대한 로우를 만들지 못한다. 또한 리스트에는 생일이 같은 사람이 존재하지 않기 때문에 외부 조인은 조인된 각 VIP의 생일에 대해 여러 로우에 같은 이벤트가 중복되지 않는다. 결과 테이블은 `acled_nigeria_cleaned`의 로우 수와 정확히 동일한 2931로우다.

> **부연 설명**

하이브에서 조인 연산의 성능을 향상시킬 수 있는 팁을 알아보자.

일반적인 조인과 맵 사이드 조인

하이브 문서는 하나 이상의 리듀서가 물리적으로 테이블 로우를 조인하는 데 필요한 조인 연산을 일컫는 '일반적인 조인common join'이라는 용어를 사용한다. 맵 사이드 조인은 그 이름이 시사하듯이, 병렬 맵 태스크의 조인을 수행하고 리듀스 단계는 필요하지 않다.

STREAMTABLE 힌트

/*+ STREAMTABLE(tablename) */을 사용해 리듀스 단계 동안 스트리밍하기 위한 테이블을 지정할 수 있다.

쿼리를 통한 테이블 정렬

쿼리, 특히 멀티 테이블 조인에서 조인 테이블 선언의 좌/우 순서는 매우 중요하다. 하이브는 좌측 테이블에서 로우를 버퍼링하고, 우측 테이블 결과를 스트리밍한다. 멀티 테이블 조인에서는 여러 맵/리듀스 잡이 발생하겠지만 동일한 의미로 적용한다. 그 첫 번째 조인의 결과는 다음 최적 테이블의 로우가 스트리밍되는 동안 버퍼링될 것이다. 테이블 조인 정렬은 심사숙고해야 한다.

외부 키/값 저장소(레디스)를 사용한 데이터 조인

키/값 저장소는 대규모 데이터셋을 저장하기 위한 효율적인 도구다. 맵리듀스에서는 키/값 저장소를 사용할 수 있다. 맵리듀스에서는 매퍼 또는 매퍼들(여러 매퍼가 같은 슬레이브 노드에서 실행할 수 있음을 기억해야 한다)의 메모리에 맞지 않을지도 모르지만 서버의 메인 메모리에 들어갈 수 있는 대규모 데이터셋을 수용하기 위해 키/값 저장소를 사용할 수 있다.

이 절에서는 맵리듀스를 사용해 맵 사이드 조인을 수행하기 위한 **레디스**Redis 사용법을 보여준다.

준비

첫째, 레디스를 내려받아 설치한다. 이 책은 레디스 버전 2.4.15를 사용했다. 퀵 스타트 가이드는 레디스 웹사이트(http://redis.io/topics/quickstart)[2]에서 볼 수 있다. 일단 레디스 서버를 컴파일하고 설치한 다음, 다음 명령어를 실행해 서버를 시작한다.

```
$ redis-server
```

`redis-cli`를 사용함으로써 레디스 서버가 제대로 작동하고 있는지 확인한다.

```
$ redis-cli ping
```

레디스는 모든 것이 제대로 설정되어 있는 경우 "PONG"이라는 메시지로 응답한다.

다음으로, https://github.com/xetorthio/jedis에서 제디스Jedis를 내려받아 컴파일해야 한다. 제디스는 레디스와 통신하기 위해 맵리듀스 애플리케이션에서 사용하는 레디스의 자바 클라이언트다. 이 책에서 사용하는 제디스 버전은 2.1.0이다.

마지막으로, http://www.packtpub.com/support에서 apache_nobots_tsv.txt와 nobots_ip_country_tsv.txt 데이터셋을 내려받는다. apache_nobots_tsv.txt 파일은 HDFS로 복사하고 nobots_ip_country_tsv.txt 파일을 작업 디렉토리에 남긴다.

예제 구현

레디스를 사용해 맵리듀스에서 데이터를 조인하기 위해 다음 단계를 수행한다.

1. 작업 디렉토리에서 nobots_ip_country_tsv.txt 파일을 읽기 위한 자바 메소드를 만들고, 제디스 클라이언트를 사용해 레디스에 컨텐츠를 적재한다.

---

[2] 레디스 클라이언트 언어별로 존재한다. 여기서는 자바 클라이언트가 필요하다. – 옮긴이

```
private void loadRedis(String ipCountryTable) throws IOException {
  FileReader freader = new FileReader(ipCountryTable);
  BufferedReader breader = new BufferedReader(freader);
  jedis = new Jedis("localhost");
  jedis.select(0);
  jedis.flushDB();
  String line = breader.readLine();
  while(line != null) {
    String[] tokens = line.split("\t");
    String ip = tokens[0];
    String country = tokens[1];
    jedis.set(ip, country);
    line = breader.readLine();
  }
  System.err.println("db size = " + jedis.dbSize());
}
```

2. 그런 다음 맵 온리 맵리듀스 잡을 설정한다. 다음 코드 조각은 맵 온리 맵리듀스 잡을 만들기 위한 클래스의 최종 버전으로, 1단계에서 만든 loadRedis() 메소드를 포함한다.

```
public class MapSideJoinRedis extends Configured implements Tool {

  private Jedis jedis = null;

  private void loadRedis(String ipCountryTable) throws IOException {

    FileReader freader = new FileReader(ipCountryTable);
    BufferedReader breader = new BufferedReader(freader);
    jedis = new Jedis("localhost");
    jedis.select(0);
    jedis.flushDB();
    String line = breader.readLine();
    while(line != null) {
      String[] tokens = line.split("\t");
      String ip = tokens[0];
      String country = tokens[1];
      jedis.set(ip, country);
      line = breader.readLine();
```

```java
      }
      System.err.println("db size = " + jedis.dbSize());
   }

   public int run(String[] args) throws Exception {

      Path inputPath = new Path(args[0]);
      String ipCountryTable = args[1];
      Path outputPath = new Path(args[2]);

      loadRedis(ipCountryTable);

      Configuration conf = getConf();
      Job weblogJob = new Job(conf);
      weblogJob.setJobName("MapSideJoinRedis");
      weblogJob.setNumReduceTasks(0);
      weblogJob.setJarByClass(getClass());
      weblogJob.setMapperClass(WeblogMapper.class);
      weblogJob.setMapOutputKeyClass(Text.class);
      weblogJob.setMapOutputValueClass(Text.class);
      weblogJob.setOutputKeyClass(Text.class);
      weblogJob.setOutputValueClass(Text.class);
      weblogJob.setInputFormatClass(TextInputFormat.class);
      weblogJob.setOutputFormatClass(TextOutputFormat.class);
      FileInputFormat.setInputPaths(weblogJob, inputPath);
      FileOutputFormat.setOutputPath(weblogJob, outputPath);

      if (weblogJob.waitForCompletion(true)) {
         return 0;
      }
      return 1;
   }

   public static void main(String[] args) throws Exception {
      int returnCode = ToolRunner.run(new MapSideJoinRedis(), args);
      System.exit(returnCode);
   }
}
```

3. 레디스에 적재된 nobots_ip_country_tsv.txt 데이터셋과 apache_nobots_tsv.txt 데이터셋을 조인하는 매퍼를 만든다.

```java
public class WeblogMapper extends Mapper<Object, Text, Text, Text> {

  private Map<String, String> ipCountryMap = new HashMap<String,
    String>();
  private Jedis jedis = null;
  private Text outputKey = new Text();
  private Text outputValue = new Text();

  private String getCountry(String ip) {
    String country = ipCountryMap.get(ip);
    if (country == null) {
      if (jedis == null) {
        jedis = new Jedis("localhost");
        jedis.select(0);
      }
      country = jedis.get(ip);
      ipCountryMap.put(ip, country);
    }

    return country;
  }

  @Override
  protected void map(Object key, Text value, Context context) throws
      IOException, InterruptedException {
    String row = value.toString();
    String[] tokens = row.split("\t");
    String ip = tokens[0];
    String country = getCountry(ip);
    outputKey.set(country);
    outputValue.set(row);
    context.write(outputKey, outputValue);
  }
}
```

4. 마지막으로, 맵리듀스 잡을 시작한다.

   ```
   $ hadoop jar AdvJoinChapter5-1.0-SNAPSHOT.jar com.packt.ch5.advjoin.
   redis.MapSideJoinRedis /user/hadoop/apache_nobots_tsv.txt
   ./nobots_ip_country_tsv.txt /user/hadoop/data_jnd
   ```

예제 분석

1단계와 2단계에서 맵 온리 잡을 설정하는 클래스를 만들었다. 이 클래스는 loadRedis() 메소드를 제외하고 이전 절들에서 만든 맵 온리 잡과 비슷하다.

loadRedis() 메소드는 처음으로 제디스 생성자를 사용해 로컬 레디스 인스턴스에 연결한다. 그런 다음 레디스 데이터베이스를 선택하려고 select()를 사용했다. 단일 레디스 인스턴스는 뉴메릭numeric 인덱스를 사용해 식별되는 다수의 데이터베이스를 포함할 수 있다. 일단 데이터베이스에 연결했다면, 현재 데이터베이스에 저장된 모든 것을 삭제하는 flushDB() 메소드를 호출한다. 마지막으로, 현재 작업 중인 디렉토리에서 nobots_ip_country_tsv.txt 파일을 읽고 set() 메소드를 사용해 키/값 쌍 ip/country의 레디스 인스턴스를 적재한다.

부연 설명

이 절에서는 ip/country 키/값 쌍을 저장하려고 매우 간단한 문자열 데이터 구조를 사용했다. 레디스는 해시, 리스트, 정렬셋을 포함한 많은 데이터 구조를 지원한다. 또한 레디스는 트랜잭션을 지원하고 PUB/SUBpublish/subscribe 메커니즘을 지원한다. 모든 레디스 기능에 대한 상세한 내용은 레디스 웹사이트(http://redis.io/)를 참조한다.

6
빅데이터 분석

> **6장에서 다루는 내용**
> - 맵리듀스와 컴바이너를 사용해 웹로그 데이터에서 개별 IP 주소 카운트
> - 지리 이벤트 데이터에서 이벤트 날짜를 변환하고 정렬하기 위한 하이브 날짜 UDF 사용
> - 지리 이벤트 데이터를 통해 월별 사망 보고서를 작성하기 위한 하이브 사용
> - 지리 이벤트 데이터의 소스 신뢰성을 검증하기 위한 하이브의 사용자 정의 UDF 구현
> - 하이브의 맵/리듀스 연산과 파이썬을 사용해 비폭력의 최장 기간 표시
> - 피그를 사용해 Audioscrobbler 데이터셋에서 가수들의 코사인 유사도 연산
> - 피그와 datafu 라이브러리를 사용해 Audioscrobbler 데이터셋에서 아웃라이어 제거

개요

특정 문제를 풀기 위해 아파치 하이브와 피그, 맵리듀스를 학습하다 보면 어려움에 직면할 수 있다. 6장에서는 빅데이터 문제를 보여주고 이를 해결하는 방법을 제공한다. 문제는 데이터가 엄청나게 복잡하다는 것이 아니라, 대용량 데이터를 다루는 데 다른 접근 방식이 필요하다는 것이다. 이 절의 샘플 데이터셋은 작지만, 여기서 만든 코드는 큰 하둡 분산 클러스터에서 더 큰 공간 문제에도 적용할 수 있다.

6장의 분석 과제는 다양한 도구의 강력한 기능을 보여주고자 구성됐다. 문제를 푸는 데 유용하게 쓸 수 있는 기능과 연산을 배우게 될 것이다.

맵리듀스와 컴바이너를 사용해 웹로그 데이터에서 개별 IP 주소 카운트

이 절에서는 웹로그 데이터로 개별 IP를 카운트하기 위해 맵리듀스 프로그램을 만든다. 맵과 리듀스 사이의 데이터 전송 오버헤드를 최적화하기 위해 컴바이너를 사용한다. 코드는 일반적인 방식으로 구현되며, 탭으로 구분된 데이터셋 안에 개별 IP 값을 카운트한다.

준비

이 절에서는 하둡 0.20 맵리듀스 API의 기본 개념에 익숙하다고 가정한다. 이 책이 제공하는 `weblog_entries` 데이터셋을 HDFS의 /input/weblog 폴더에 저장한다.

하둡 0.20에서 소개한 새로운 맵리듀스 API를 사용해 맵리듀스 잡을 실행하는 의사 분산 또는 완전 분산 클러스터에 접근할 것이다.

또한 셸에서 실행될 하둡 JAR 내에 코드를 패키징한다. core 하둡 라이브러리만 컴파일해서 이 예제를 실행한다.

예제 구현

맵리듀스를 사용해 개별 IP를 카운트하기 위해 다음 단계를 수행한다.

1. 자바 구문이 강조되는, 선호하는 텍스트 편집기 또는 IDE를 연다.

2. 적절한 소스 패키지에 DistinctCounterJob.java 클래스를 생성한다.

3. 다음 코드는 잡 제출을 위한 `Tool` 구현체다.

    ```java
    import org.apache.hadoop.conf.Configuration;
    import org.apache.hadoop.fs.Path;
    import org.apache.hadoop.io.IntWritable;
    import org.apache.hadoop.io.LongWritable;
    import org.apache.hadoop.io.Text;
    import org.apache.hadoop.mapreduce.Job;
    ```

```java
import org.apache.hadoop.mapreduce.Mapper;
import org.apache.hadoop.mapreduce.Reducer;
import org.apache.hadoop.mapreduce.lib.input.FileInputFormat;
import org.apache.hadoop.mapreduce.lib.input.TextInputFormat;
import org.apache.hadoop.mapreduce.lib.output.FileOutputFormat;
import org.apache.hadoop.mapreduce.lib.output.TextOutputFormat;
import org.apache.hadoop.util.Tool;
import org.apache.hadoop.util.ToolRunner;

import java.io.IOException;
import java.util.regex.Pattern;

public class DistinctCounterJob implements Tool {

  private Configuration conf;
  public static final String NAME = "distinct_counter";
  public static final String COL_POS = "col_pos";

  public static void main(String[] args) throws Exception {
    ToolRunner.run(new Configuration(),
      new DistinctCounterJob(), args);
  }
```

4. run() 메소드에서 입출력 포맷과 매퍼 클래스, 컴바이너 클래스, 키/값 클래스를 구성한다.

```java
  public int run(String[] args) throws Exception {
    if(args.length != 3) {
      System.err.println("Usage: distinct_counter <input> <output>
        <element_position>");
      System.exit(1);
    }
    conf.setInt(COL_POS, Integer.parseInt(args[2]));

    Job job = new Job(conf, "Count distinct elements at position");
    job.setInputFormatClass(TextInputFormat.class);
    job.setOutputFormatClass(TextOutputFormat.class);

    job.setMapperClass(DistinctMapper.class);
    job.setReducerClass(DistinctReducer.class);
```

```
    job.setCombinerClass(DistinctReducer.class);

    job.setMapOutputKeyClass(Text.class);
    job.setMapOutputValueClass(IntWritable.class);
    job.setJarByClass(DistinctCounterJob.class);

    FileInputFormat.addInputPath(job, new Path(args[0]));
    FileOutputFormat.setOutputPath(job, new Path(args[1]));

    return job.waitForCompletion(true) ? 1 : 0;
  }

  public void setConf(Configuration conf) {
    this.conf = conf;
  }

  public Configuration getConf() {
    return conf;
  }
}
```

5. map() 메소드는 mapreduce.Mapper를 상속받은 다음 코드 내에 구현된다.

```
public static class DistinctMapper extends Mapper<LongWritable, Text,
    Text, IntWritable> {

  private static int col_pos;
  private static final Pattern pattern = Pattern.compile("\\t");
  private Text outKey = new Text();
  private static final IntWritable outValue = new IntWritable(1);

  @Override
  protected void setup(Context context
  ) throws IOException, InterruptedException {
    col_pos = context.getConfiguration().getInt(
      DistinctCounterJob.COL_POS,0);
  }

  @Override
  protected void map(LongWritable key, Text value, Context context)
      throws IOException, InterruptedException {
```

```
      String field = pattern.split(value.toString())[col_ pos];
      outKey.set(field);
      context.write(outKey, outValue);
    }
  }
```

6. reduce() 메소드는 mapreduce.Reducer를 상속받은 다음 코드에서 구현된다.

```
public static class DistinctReducer extends Reducer<Text, IntWritable,
    Text, IntWritable> {

  private IntWritable count = new IntWritable();

  @Override
  protected void reduce(Text key, Iterable<IntWritable> values,
      Context context) throws IOException, InterruptedException {
    int total = 0;
    for(IntWritable value: values) {
      total += value.get();
    }
    count.set(total);
    context.write(key, count);
  }
}
```

7. 다음 명령어는 네 번째 컬럼이 IP인 웹로그 데이터에 대한 간단한 실행 방법을 보여준다.

```
hadoop jar myJobs.jar distinct_counter /input/weblog/ /output/weblog_
distinct_counter 4
```

예제 분석

먼저 원격 제출을 위해 Tool 인터페이스를 상속받는 DistinctCounterJob을 구현한다. 정적 상수_{constant}인 NAME은 하나의 JAR 파일 내에 여러 잡을 실행할 수 있는 하둡 Driver 클래스 내에서 잠재적으로 사용된다. 정적 상수 COL_POS는 커맨드라인의 세 번째 인자 <element_position>으로 초기화된다. 이 값은 잡 구성 파일에 설정되고, 각 개별 레코드를 카운트하는 데 사용할 컬럼 위치와 매치된다. 인자 값 4는 웹로그 데이터의 IP 컬럼에 해당된다.

텍스트를 읽고 쓰기 위해 `TextInputFormat`과 `TextOutputFormat` 클래스를 사용할 것이다. `DistinctMapper`와 `DistinctReducer` 클래스는 각각 `Mapper`와 `Reduce` 클래스를 상속받는다. 또한 컴바이너 클래스로서 `DistinctReducer`를 구현한다. 좀 더 자세한 설명은 다음과 같다.

`setJarByClass()`를 호출하는 일도 매우 중요해서 태스크 트래커는 `Mapper`와 `Reducer` 클래스를 적절히 압축 해제하고 찾을 수 있다.[1] 잡은 입력과 출력 디렉토리를 각기 설정하기 위해 `FileInputFormat`과 `FileOutputFormat`이라는 정적 헬퍼 메소드를 사용한다.

`Mapper` 클래스는 다음 멤버 변수들을 설정해야 한다.

- `col_pos`: 이 변수는 구성 파일에 설정된 값으로 초기화된다. 이 값은 사용자가 개별 카운트 연산을 수행할 컬럼을 변경하는 데 사용된다.
- `pattern`: 이 변수는 각 로우의 컬럼을 탭으로 구분하기 위해 정의된다.
- `outKey`: 이 변수는 출력 값을 제공하기 위한 멤버 클래스다. 이 변수는 각 출력 값을 작성하는 데 새로운 인스턴스 생성을 피한다.
- `outValue`: 이 변수는 주어진 키와 일치하는 정수 값이다. WordCount 예제와 비슷하다.

`map()` 메소드는 입력 값을 각 라인별로 분할하고 각 라인의 `col_pos`에 위치한 문자열을 추출한다. 각 라인에서 찾은 문자열을 `outKey`에 재설정한다. 위 예제에서는 각 로우의 IP 값이 대상이 된다. 새로 재설정된 `outKey` 값과 IP 주소가 한 번 발생한 것으로 `outValue` 값이 1로 할당돼서 출력된다.

컴바이너의 지원 없이 리듀서는 1의 컬렉션을 반복문으로 카운트하는 모습을 보여줄 것이다.

---

[1] 자바의 클래스 로드 과정으로 하둡 내부에서 리플렉션(reflection)을 사용한다. – 옮긴이

다음은 컴바이너가 없는 리듀서 {key, value:[]}의 예제다.

{10.10.1.1, [1,1,1,1,1,1]} = IP '10.10.1.1' 6건 발생

reduce() 메소드는 정수 값을 합해서 total 값을 얻지만 각 정수 값이 1로 제한되진 않는다. 각 매퍼에서 출력되는 키/값 쌍을 중간에서 처리하거나 셔플 단계에서의 데이터 처리 성능을 향상시키기 위해 컴바이너를 사용할 수 있다. 컴바이너가 로컬 맵 출력에 대해 적용되기 때문에 리듀서로 보내지는 키/값의 데이터 전송량이 상당히 감소해서 성능이 향상되는 모습을 볼 수 있다.

매퍼의 출력인 {10.10.1.1, [1,1,1,1,1,1]} 대신, 컴바이너는 {10.10.1.1, [6]}으로 중간에 출력 값을 대체한다. 그 다음, 리듀서는 중간 key에 대한 컴바인된 다양한 값들을 합해서 같은 total 변수에 할당한다. 이 덧셈은 교환 법칙과 결합 법칙이 적용되기 때문에 가능하다.

- **교환 법칙**: 덧셈 연산에서 각 수의 계산 순서를 바꾸어 계산해도 결과 값에 영향을 미치지 않는다. 예: 1 + 2 + 3 = 3 + 1 + 2
- **결합 법칙**: 덧셈 연산에서 임의로 괄호를 묶은 순서대로 계산해도 결과 값에 영향을 미치지 않는다. 예: (1 + 2) + 3 = 1 + (2 + 3)

개별 IP의 발생을 카운트하기 위해 맵 단계의 컴바이너에 앞의 리듀서와 같은 코드를 사용한다.

2개의 독립된 맵 태스크로부터 컴바이너 없는 출력은 다음과 같이 중간 키/값 컬렉션 {key: value[]}와 동일하다.

- 맵 태스크 A = {10.10.1.1, [1,1,1]} = 3건 발생
- 맵 태스크 B = {10.10.1.1, [1,1,1,1,1,1]} = 6건 발생

이것은 컴바이너 없이 셔플 단계에서 병합되고 다음의 키/값 컬렉션이 단일 리듀서로 보내진다.

- {10.10.1.1, [1,1,1,1,1,1,1,1,1]} = 총 9건 발생

이제, 같은 샘플 출력에 컴바이너를 사용했을 때 무슨 일이 일어나는지 보자.

맵 태스크 A = {10.10.1.1, [1,1,1]} = 3건 발생

- 컴바이너 = {10.10,1,1, [3]} = 여전히 3건 발생. 그러나 중간 출력 크기는 감소했다.

맵 태스크 B = {10.10.1.1, [1,1,1,1,1,1]} = 6건 발생

- 컴바이너 = {10.10.1.1, [6]} = 여전히 6건 발생

이제 리듀서는 다음과 같은 키/값 컬렉션을 받을 것이다.

- {10.10.1.1, [3,6]} = 총 9건 발생

IP 주소에 대해 동일한 총 카운트를 얻었지만 컴바이너를 사용하면 각 매퍼의 키/값 중간 출력을 미리 감소시켜서 맵리듀스 셔플 단계의 네트워크 I/O 양을 줄일 수 있다.

부연 설명

컴바이너는 초보자에게 혼란스러울 수 있다. 여기 유용한 팁이 있다.

컴바이너는 위 리듀서처럼 항상 같은 클래스가 될 수는 없다

이전 절과 기본 WordCount 예제는 `Reducer` 클래스와 동일한 구현 코드로 `Combiner` 클래스를 초기화했다. 이것은 API를 사용하지 않고 `sum()`, `min()`, `max()` 같은 다양한 분산 집계 연산을 사용한 공통점이 있다. 한 가지 간단한 예를 들면, 가독성을 위해 출력 포맷이 특별한 `Reducer` 클래스의 `min()` 연산을 들 수 있다. 이것은 `Combiner` 클래스의 `min()` 연산과 형태가 약간 다른데, `Combiner` 클래스는 특정 출력 포맷을 고려하지 않는다.

컴바이너는 실행이 보장되지 않는다

맵리듀스 프레임워크가 실행 중에 컴바이너를 호출할지 여부는 각 맵 출력의 중간 파일 크기에 따라 달라지며, 모든 중간 키에 대해 실행을 보장하진 않는다. 잡은

올바른 결과를 내기 위해 컴바이너를 사용하는 게 아니라 오직 최적화를 위해 사용해야 한다.

맵리듀스가 중간 값을 컴바인하려고 시도할 때 구성 파일 속성 `min.num.spills.for.combine`을 사용해 맵 출력 중간 파일의 임계 값을 제어할 수 있다.

지리 이벤트 데이터에서 이벤트 날짜를 변환하고 정렬하기 위한 하이브 날짜 UDF 사용

이 절에서는 최근 20개의 이벤트 리스트와, 해당 이벤트 날짜와 현재 시스템 날짜 사이의 날수를 추출하는 데 효과적인 하이브의 날짜 UDF 사용법을 설명한다.

준비

사용자 계정으로 클라이언트에 아파치 하이브 0.7.1을 설치하고 환경 변수에 경로를 설정해서 하둡 클러스터의 의사 분산 모드 또는 완전 분산 모드에 접근 가능한지 확인한다.

이 절에서는 Nigera_ACLED_cleaned.tsv 데이터셋을 해당 데이터 타입에 매핑되는 acled_nigeria_cleaned라는 하이브 테이블에 적재해서 사용한다.

각 필드를 보기 위해 하이브 클라이언트에 다음 명령어를 실행한다.

```
describe acled_nigeria_cleaned;
```

실행 결과는 다음과 같다.

```
OK
loc         string
event_date  string
event_type  string
actor       string
latitude    double
longitude   double
source      string
fatalities  int
```

예제 구현

정렬과 변환에 하이브 UDF를 활용하기 위해 다음 단계를 수행한다.

1. SQL 구문이 강조되는 텍스트 편집기를 연다.

2. 인라인 생성과 변환 구문을 추가한다.

   ```
   SELECT event_type,event_date,days_since FROM (
     SELECT event_type,event_date,
       datediff(to_date(from_unixtime(unix_timestamp())),
         to_date(from_unixtime(
             unix_timestamp(event_date,
             'yyyy-MM-dd')))) AS days_since
   FROM acled_nigeria_cleaned) date_differences
   ORDER BY event_date DESC LIMIT 20;
   ```

3. 실행 폴더에 top_20_recent_events.sql 파일로 저장한다.

4. 하이브 클라이언트에 -f 옵션을 추가해 OS 셸에서 스크립트를 실행한다. 출력 콘솔에서 다음과 같은 5개의 로우를 볼 수 있다.

   ```
   OK
   Battle-No change of territory   2011-12-31    190
   Violence against civilians      2011-12-27    194
   Violence against civilians      2011-12-25    196
   Violence against civilians      2011-12-25    196
   Violence against civilians      2011-12-25    196
   ```

예제 분석

내부 SELECT 서브쿼리부터 보자. acled_nigeria_cleaned 하이브 테이블에서 3개의 필드(event_type과 event_date, 그리고 yyyy-MM-dd 형태의 시작 날짜와 종료 날짜를 인자로 하는 UDF datediff()를 호출한 결과)를 선택한다. datediff()의 첫 번째 인자는 현재 시스템 날짜인 종료 날짜다. 인자 없는 unix_timestamp() 호출은 1/1000초 단위(밀리초)의 현재 시스템 날짜를 반환한다. 현재 시스템 날짜를 자바 1.6 포맷(yyyy-MM-dd HH:mm:ss)으로 변환하기 위해 unix_timestamp()의 반환 값을 from_unixtimestamp()로 보낸다. 날짜 부분만 다루기 위해 from_unixtimestamp()의 출력에서 HH:mm:ss를 제거하는 `to_date()`를 호출한다.

`datediff()`의 두 번째 인자는 `event_date`로 나타낸 시작 날짜다. 이 두 번째 인자 내 함수들의 호출 순서는 `unix_timestamp()` 호출만 제외하고 `datediff()`의 첫 번째 인자의 함수 호출 순서와 동일하다. `unix_timestamp()`는 `event_date`를 `SimpeDateFormat` 포맷의 yyyy-MM-dd로 식별해준다. 그 다음, 각 로우에 대해 yyyy-MM-dd 포맷의 시작 날짜와 종료 날짜 인자를 통해 `datediff()` 연산을 수행한다. `datediff()`의 출력 컬럼 별칭으로 `days_since`를 사용한다.

외부 `SELECT` 문은 각 로우당 3개의 컬럼 값을 얻고 `event_date`에 따라 내림차순으로 정렬한다. 그리고 처음 20개의 로우만 출력한다.

결과는 가장 최근 발생한 20개의 이벤트다.

부연 설명

날짜 UDF는 문자열 날짜를 비교하는 데 많은 도움이 된다. 다음은 추가 설명이다.

Date 포맷 문자열은 자바의 SimpleDateFormat 가이드라인을 따른다

날짜 변환 UDF에서 사용할 사용자 정의 `Date` 문자열을 만들기 위해 `SimpleDateFormat`의 자바독Javadoc을 확인하자.

기본 날짜와 시간 포맷

- ▶ 많은 UDF가 기본 포맷을 가정한다.
- ▶ 날짜만 사용하는 UDF는 컬럼 값 형태가 yyyy-MM-dd이다.
- ▶ 날짜와 시간을 사용하는 UDF는 컬럼 값 형태가 yyyy-MM-dd HH:mm:ss 이다.

참고사항

- ▶ 6장의 '지리 이벤트 데이터를 통해 월별 사망 보고서를 작성하기 위한 하이브 사용' 절 참조

지리 이벤트 데이터를 통해 월별 사망 보고서를 작성하기 위한 하이브 사용

이 절에서는 데이터셋에서 매달 사망자의 수를 카운트하고 콘솔에 결과를 출력하기 위해 하이브를 사용하는 간단한 분석을 보여준다.

준비

사용자 계정으로 클라이언트에 아파치 하이브 0.7.1을 설치하고 환경 변수에 경로를 설정해서 하둡 클러스터의 의사 분산 모드 또는 완전 분산 모드에 접근 가능한지 확인한다.

이 절에서는 Nigera_ACLED_cleaned.tsv 데이터셋을 해당 데이터 타입에 매핑되는 acled_nigeria_cleaned 하이브 테이블에 적재해서 사용한다.

하이브 클라이언트에 다음 명령어를 실행한다.

```
describe acled_nigeria_cleaned;
```

실행 결과는 다음과 같다.

```
OK
loc        string
event_date string
event_type string
actor      string
latitude   double
longitude  double
source     string
fatalities int
```

예제 구현

보고서를 생성하기 위해 다음과 같이 하이브를 사용한다.

1. SQL 구문이 강조되는 텍스트 편집기를 연다.

2. 인라인 생성과 변환 구문을 추가한다.

   ```
   SELECT from_unixtime(unix_timestamp(event_date, 'yyyy-MM-dd'),
   'yyyy-MMM'),
       COALESCE(CAST(sum(fatalities) AS STRING), 'Unknown')
       FROM acled_nigeria_cleaned
       GROUP BY from_unixtime(unix_timestamp(event_date, 'yyyy-MM-dd'),
   'yyyy-MMM');
   ```

3. 실행 디렉토리에 monthly_violence_totals.sql 파일로 저장한다.

4. 하이브 클라이언트에 -f 옵션을 추가해 OS 셸에서 스크립트를 실행한다. 출력 콘솔에서 다음과 같은 3개의 로우를 볼 수 있다. 출력은 날짜순이 아닌 사전순이다.

   ```
   OK
   1997-Apr   115
   1997-Aug   4
   1997-Dec   26
   ```

예제 분석

SELECT 문은 각 로우의 event_date를 연-월 필드로 변환하기 위해 unix_timestamp()와 from_unixtime()을 사용한다.

coalesce() 메소드는 널이 아닌 첫 번째 인자를 반환한다. 첫 번째 인자는 해당 연-월 동안의 사망자 수를 합산한 값을 문자열로 형변환한다. 값이 NULL이면 Unknown을 반환하고, 그렇지 않으면 해당 연-월 동안 합산된 사망자 수를 문자열로 반환한다. 표준 출력(stdout)을 통해 콘솔에 출력한다.

부연 설명

다음은 이 절에서 사용된 코드와 관련된 유용한 정보다.

coalesce() 메소드는 가변 길이 인자를 가질 수 있다

하이브 문서에 따르면, coalesce()는 하나 이상의 인자를 지원한다. 널이 아닌 첫 번째 인자를 반환한다. 오른쪽의 인자를 선택하기 전에 특정 컬럼에 대해 여러 가지 수식을 평가하는 데 유용하게 쓸 수 있다.

coalesce()는 인자가 없으면, NULL을 반환한다. 다른 모든 인자가 NULL이면, 문자열로 반환하는 경우가 일반적이다.

Date 포맷 코드 템플릿

원천 데이터에 저장된 날짜 포맷을 변경하는 일은 매우 일반적이다. from_unixtime()과 unix_timestamp()를 적절히 사용하면 훨씬 쉬워진다.

하이브에서 정확하게 날짜 포맷을 변환하기 위해 다음의 코드 템플릿을 기억해 두자.

from_unixtime(unix_timestamp(<col>,<in-format>),<out-format>);

참고사항

- 6장의 '지리 이벤트 데이터에서 이벤트 날짜를 변환하고 정렬하기 위한 하이브 날짜 UDF 사용' 절 참조

지리 이벤트 데이터의 소스 신뢰성을 검증하기 위한 하이브의 사용자 정의 UDF 구현

다양한 데이터 소스와 하이브 테이블에 반복하고 싶은 연산이 많은 경우, 사용자 정의 함수UDF를 작성하는 편이 좋다. Writable 입력 필드에 사용하기 위해 자바의 서브루틴을 작성하고 하이브 스크립트에서 필요할 때마다 사용자 정의 함수를 호출한다. 이 절에서는 데이터 소스의 신뢰성 여부를 yes 또는 no로 반환하는 매우 간단한 UDF를 만드는 과정을 살펴본다.

준비

사용자 계정으로 클라이언트에 아파치 하이브 0.7.1을 설치하고 환경 변수에 경로를 설정해서 하둡 클러스터의 의사 분산 모드 또는 완전 분산 모드에 접근 가능한지 확인한다.

이 절에서는 Nigera_ACLED_cleaned.tsv 데이터셋을 해당 데이터 타입에 매핑되는 acled_nigeria_cleaned라는 하이브 테이블에 적재해서 사용한다.

하이브 클라이언트에 다음 명령어를 실행한다.

```
describe acled_nigeria_cleaned;
```

실행 결과는 다음과 같다.

```
OK
loc    string
event_date    string
event_type    string
actor    string
latitude    double
longitude    double
source    string
fatalities    int
```

추가로, 소스 패키지가 있는 JAR 파일 내에 이 절의 코드를 넣어야 한다. 이 절은 사용자 정의 JAR 파일로 <myUDFs.jar>와 클래스가 포함된 자바 패키지로 <TrustSourceUDF의 패키지 절대경로>를 사용한다. 패턴에 대한 패키지 절대경로의 예는 java.util.regex.Pattern이다.

하둡 core 라이브러리 외에, 해당 자바 프로젝트의 클래스패스에 hive-exec와 hive-common JAR를 추가해야 한다.

예제 분석

사용자 정의 하이브 UDF를 구현하기 위해 다음 단계를 수행한다.

1. 자바 구문이 강조되는 텍스트 편집기를 연다.

2. 소스 패키지에 TrustSourceUDF.java를 생성한다. 이 클래스는 〈패키지 절대경로〉.TrustSourceUDF.class 형태의 패키지에 존재해야 한다.

3. TrustSourceUDF 클래스의 구현체로 다음 코드를 입력한다.

```java
import org.apache.hadoop.hive.ql.exec.UDF;
import org.apache.hadoop.io.Text;
import java.lang.String;import java.util.HashSet;
import java.util.Set;

public class TrustSourceUDF extends UDF {

  private static Set<String> untrustworthySources =
    new HashSet<String>();
  private Text result = new Text();

  static {
    untrustworthySources.add("");
    untrustworthySources.add("\"\"\"
    http://www.afriquenligne.fr/3-soldiers\"");
    untrustworthySources.add("Africa News Service");
    untrustworthySources.add("Asharq Alawsat");
    untrustworthySources.add("News Agency of Nigeria (NAN)");
    untrustworthySources.add("This Day (Nigeria)");
  }

  @Override
  public Text evaluate(Text source) {

    if(untrustworthySources.contains(source.toString())) {
      result.set("no");
    } else {
      result.set("yes");
```

```
        }
        return result;
    }
}
```

4. JAR <myUDFs.jar>를 빌드하고 하이브 클라이언트를 통해 UDF를 테스트한다. 명령 셸을 통해 하이브 클라이언트 세션을 연다. 하이브는 로컬 사용자 환경 변수에 이미 설정되어 있어야 한다. 다음 명령어를 이용해 하이브 셸을 호출한다.

   ```
   hive
   ```

5. 하이브 세션의 클래스패스에 위의 JAR 파일을 추가한다.

   ```
   add jar /path/to/<myUDFs.jar>;
   ```

   JAR 파일이 클래스패스에 추가되고 분산 캐시됐음을 나타내는 다음 메시지가 나오면, 이전 작업이 성공했음을 알 수 있다.

   ```
   Added /path/to/<myUDFs.jar> to class path
   Added resource: /path/to/<myUDFs.jar>
   ```

6. JAR에 지정된 소스 패키지에서 TrustSourceUDF를 별칭으로 trust_source라는 함수 정의를 생성한다.

   ```
   create temporary function trust_source as '<fully_qualified_path_to_
   TrustSourceUDF>';
   ```

   실행된 명령이 성공했다는 셸 프롬프트를 볼 수 있다. 다음과 같은 에러가 나온다면, 보통 해당 클래스를 클래스패스에서 찾을 수 없음을 나타낸다.

   ```
   FAILED: Execution Error, return code 1 from org.apache.hadoop.hive.
   ql.exec.FunctionTask
   ```

7. 다음 쿼리를 이용해 함수를 테스트한다. 대부분 콘솔의 각 라인에 yes가 출력되고, 가끔 no가 출력된다.

   ```
   select trust_source(source) from acled_nigeria_cleaned;
   ```

예제 분석

TrustSourceUDF 클래스는 UDF를 상속받지만 필수로 구현해야 할 메소드는 없다. 그러나 하이브 런타임에 UDF로 사용되기 위해 서브클래스는 `evaluate()`를 오버라이드해야 한다. 또한 다양한 인자를 갖는 `evaluate()` 메소드를 하나 이상 오버로드할 수도 있다. 여기서는 오직 하나의 소스 값만 검사한다.

클래스를 초기화하는 동안, untrustworthySources라는 `java.util.Set` 클래스의 정적 인스턴스를 설정한다. 정적 초기화 블록 내에 신뢰성 없는 소스를 지정한다.

 이 소스 리스트는 이 절에서 순전히 임의로 지정했기 때문에 외부에서 신뢰성의 기준이 되어서는 안 된다.

비어 있는 소스도 신뢰할 수 없는 것으로 간주한다.

`evaluate()` 함수가 호출될 때 신뢰성 없는 소스인지 검사할 단일 Text 인스턴스가 입력된다. 주어진 신뢰성 없는 소스 리스트와 비교해 yes 또는 no를 반환한다. 함수가 호출될 때마다 result 인스턴스를 재사용하기 위해 private Text 인스턴스로 설정한다.

일단 UDF 클래스가 포함된 JAR 파일이 클래스패스에 추가되고 `temporary function`을 정의하면 다양한 많은 질의를 통해 UDF가 사용된다.

부연 설명

사용자 정의 함수는 하이브의 매우 강력한 특징이다. 다음은 사용자 정의 함수에 대한 추가 정보다.

기존 UDF 확인

하이브 문서를 보면 이미 만들어진 UDF에 대한 설명이 매우 잘 나와 있다(https://cwiki.apache.org/confluence/display/Hive/LanguageManual+UDF#LanguageManualUDFBuiltinAggregateFunctions%28UDAF%29).

하이브의 특정 버전에서 이용 가능한 함수를 보기 위해 하이브 셸에서 다음 명령어를 실행한다.

```
show functions;
```

관심 있는 함수를 파악했다면 하이브 위키에서 더 많은 정보를 얻거나 하이브 셸에서 다음 명령어를 직접 실행해본다.

```
describe function <func>;
```

사용자 정의 테이블과 집계 함수

하이브 UDF는 입력과 출력이 일대일이 될 필요가 없다. UDF API는 하나의 입력으로 많은 출력을 생산(GenericUDTF)할 뿐만 아니라 2개 이상의 입력 로우로 단일 값을 출력(UDAF)하는 사용자 정의 집계 함수도 있다.

환경 설정에서 HIVE_AUX_JARS_PATH 내보내기

클래스패스에 동적으로 JAR 파일을 추가하면 테스트와 디버깅에 유용하지만 반복적으로 사용하는 라이브러리가 많으면 부담이 될 수 있다. 하이브 커맨드라인 해석기는 사용자의 환경 설정에서 자동으로 HIVE_AUX_JARS_PATH가 있는지 찾는다. 클라이언트에서 새로운 하이브 세션이 열릴 때마다 추가 JAR 경로를 설정하기 위해 이 환경 변수를 사용하자.

> **참고사항**
>
> - 6장의 '지리 이벤트 데이터에서 이벤트 날짜를 변환하고 정렬하기 위한 하이브 날짜 UDF 사용' 절 참조
> - 6장의 '지리 이벤트 데이터를 통해 월별 사망 보고서를 작성하기 위한 하이브 사용' 절 참조

하이브의 맵/리듀스 연산과 파이썬을 사용해 비폭력의 최장 기간 표시

하이브 쿼리 언어는 맵리듀스의 데이터 흐름을 제어하고, 사용자 정의 맵을 주입하고, 각 단계에서 스크립트를 리듀스하는 기능을 제공한다. 적절히 사용하면, 최소한의 구문으로 간결한 맵리듀스 프로그램을 작성하는 매우 강력한 기술이다.

준비

사용자 계정으로 클라이언트에 아파치 하이브 0.7.1을 설치하고 환경 변수에 경로를 설정해서 하둡 클러스터의 의사 분산 모드 또는 완전 분산 모드에 접근 가능한지 확인한다.

클러스터의 각 노드에 파이썬 버전 2.7 이상이 설치되고 하둡 사용자를 위해 환경 변수에 이용 가능해야 한다. 이 절에서 사용하는 스크립트는 /usr/bin/env에 파이썬이 설치되어 있다고 가정한다. 설치 경로가 일치하지 않으면 그에 따라 스크립트를 변경한다.

이 절에서는 Nigeria_ACLED_cleaned.tsv 데이터셋을 해당 데이터 타입에 매핑되는 acled_nigeria_cleaned 하이브 테이블에 적재해서 사용한다.

하이브 클라이언트에 다음 명령어를 실행한다.

```
describe acled_nigeria_cleaned;
```

실행 결과는 다음과 같다.

```
OK
loc        string
event_date string
event_type string
actor      string
latitude   double
longitude  double
source     string
fatalities int
```

예제 구현

하이브를 사용해 비폭력 최장 기간을 표시하기 위해 다음 단계를 수행한다.

1. SQL과 파이썬 구문이 강조되는 텍스트 편집기를 연다.

2. 인라인 생성과 변환 구문을 추가한다.

   ```
   SET mapred.child.java.opts=-Xmx512M;

   DROP TABLE IF EXISTS longest_event_delta_per_loc;
   CREATE TABLE longest_event_delta_per_loc (
     loc STRING,
     start_date STRING,
     end_date STRING,
     days INT
   );

   ADD FILE calc_longest_nonviolent_period.py;
   FROM (
           SELECT loc, event_date, event_type
           FROM acled_nigeria_cleaned
           DISTRIBUTE BY loc SORT BY loc, event_date
       ) mapout
   INSERT OVERWRITE TABLE longest_event_delta_per_loc
   REDUCE mapout.loc, mapout.event_date, mapout.event_type
   USING 'python calc_longest_nonviolent_period.py'
   AS loc, start_date, end_date, days;
   ```

3. longest_nonviolent_periods_per_location.sql 파일을 로컬 작업 디렉토리에 저장한다.

4. calc_longest_nonviolent_period.py 파일을 새로 생성해서 longest_nonviolent_periods_per_location.sql이 저장된 같은 작업 디렉토리에 저장한다.

5. 파이썬 구문을 추가한다. 파이썬은 들여쓰기에 유의해야 한다. 이 코드를 복사해서 붙여넣을 때 주의하자.

```python
#!/usr/bin/python
import sys
from datetime import datetime, timedelta

current_loc = "START_OF_APP"
(prev_date, start_date, end_date, start_time_obj, end_time_obj,
current_diff)=('', '', '', None, None, timedelta.min)
for line in sys.stdin:
  (loc,event_date,event_type) = line.strip('\n').split('\t')
  if loc != current_loc and current_loc != "START_OF_APP":
    if end_date != '':
      print '\t'.join([current_loc,start_date,event_date,
str(current_diff.days)])
        (prev_date, start_date, end_date, start_time_obj, end_
time_obj, current_diff)=('', '', '', None, None, timedelta.min)
    end_time_obj = datetime.strptime(event_date,'%Y-%m-%d')
  current_loc = loc
  if start_time_obj is not None: # implies > 2 events
    diff = end_time_obj - start_time_obj
    if diff > current_diff:
      current_diff = diff # set the current max time delta
      start_date = prev_date
      end_date = event_date
  prev_date = event_date
  start_time_obj = end_time_obj
```

6. 하이브 클라이언트에 -f 옵션을 추가해 OS 셸에서 스크립트를 실행한다.

   ```
   hive -f longest_nonviolent_periods_per_location.sql
   ```

7. 하이브 셸에서 다음 쿼리를 직접 실행한다. 콘솔에 정렬되지 않은 로우가 출력되는 모습을 볼 수 있다.

   ```
   hive -e "select * from longest_event_delta_per_loc;"
   ```

예제 분석

우선 하이브 스크립트를 생성했다. 첫 라인은 간단히 JVM의 최대 힙 크기를 설정하는데, 클러스터에 적합하게 설정하면 된다. ACLED Nigeria 데이터셋은 512MB면 충분하다.

그 다음, longest_event_delta_per_loc라는 테이블이 이미 존재하면 삭제drop하고 맵리듀스의 출력을 받을 새 테이블을 생성한다. 이 테이블은 레코드당 다음과 같은 4개의 필드가 필요하다. loc(위치), start_date(event_date 필드의 가장 낮은 값), end_date(event_date 필드의 가장 높은 값), days(이벤트 사이의 경과된 총 날수)

그리고 나서 여러 리듀서 JVM이 사용하기 위해 분산 캐시에 calc_longest_nonviolent_period.py 파일을 추가한다. 이것은 리듀서 스크립트로 먼저 맵 출력을 구성해야 한다. 내부 SELECT 문은 하이브의 acled_nigeria_cleaned 테이블에서 loc와 event_date, event_type을 구한다. 하이브에서 DISTRIBUTE BY loc 문은 loc 값이 동일한 모든 로우가 같은 리듀서로 전달되게 한다. SORT BY loc, event_date는 loc와 event_date로 정렬된 데이터가 각 리듀서로 전달되게 한다. 이제 각 리듀서는 지역적으로 각 loc에 대응되며 event_date로 정렬된 모든 로우를 처리할 수 있다.

이 SELECT 문의 출력에 대응되는 mapout 별칭을 만들고 mapout의 각 로우를 처리하기 위해 REDUCE 연산자를 사용한다. USING 절에는 표준 입력(stdin)으로부터 각 레코드를 읽는 사용자 정의 파이썬을 정의한다. AS 연산자는 파이썬 스크립트에서 출력되는 필드를 longest_event_delta_per_loc 테이블의 필드와 매핑한다.

파이썬 스크립트 calc_longest_nonviolent_period.py는 각 위치(loc)에서 이벤트 간의 가장 긴 시간을 계산하는 리듀스 단계에서 사용된다. loc 값이 같은 모든 레코드가 날짜로 정렬되어 같은 리듀서에서 처리되기 때문에 이제 파이썬 스크립트가 어떻게 작동되는지를 알아보자.

파이썬 스크립트 calc_longest_nonviolent_period.py는 셸에 스크립트 실행 방법에 관한 힌트를 주기 위해 #!/usr/bin/python으로 시작한다. 그리고 stdin과 stout 연산을 사용하기 위해 sys를 임포트한다. 또한 datetime 패키지의 datetime과 timedelta 클래스가 필요하다.

이 스크립트는 매우 절차적이며 따라 하기가 약간 어려울 수 있다. 먼저 current_loc를 선언하고 조건문에서 사용할 START_OF_APP으로 값을 초기화한다. 그 다음, for 문에서 위치별로 사용되는 여러 임시 값을 할당하기 위한 변수들을 설정한다.

- prev_date: 해당 loc의 마지막 event_date이다. 애플리케이션의 시작점이거나 새로운 위치 값이 오면 공백으로 처리한다.
- start_date: 해당 loc의 이벤트 간 현재까지 가장 긴 시간을 갖는 시작 시간이다.
- end_date: 해당 loc의 이벤트 간 현재까지 가장 긴 시간을 갖는 종료 시간이다.
- start_time_obj: 가장 최근에 반복된 datetime 객체다. 애플리케이션의 시작점이거나 새로운 위치 값이 오면 None이다.
- end_time_obj: 현재 event_date의 datetime 객체다. 애플리케이션의 시작점이거나 새로운 위치 값이 오면 None이다.
- current_diff: current_loc의 이벤트 간 경과된 현재 가장 긴 시간이다. 애플리케이션의 시작점이거나 새로운 위치 값이 오면, 가능한 가장 작은 경과 시간이다.

for 문은 표준 입력(stdin)으로 입력되는 로우를 읽는다. 이 로우는 이미 loc와 event_date로 정렬되어 있다. 각 라인에서 우선 뉴라인 문자('\n')를 지우고 탭 문자('\t')로 분리한 컬럼을 각 변수에 할당한다.

첫 조건문은 current_loc가 START OF APP과 같으면 건너뛴다. 해당 리듀서의 각 위치의 첫 로우를 처리하기 시작하고 아직 출력되진 않는다. current_loc가 loc와 다르고 애플리케이션의 시작이 아니면, current_loc에 대한 로우들을 처리 완료하라는 신호다. 이때 해당 위치의 이벤트 간 가장 긴 시간 변화량delta을 안전하게 출력할 수 있다. end_date가 빈 문자열('')이면, 해당 위치에 대한 첫 이벤트만 처리한 것이다. 이 경우, 해당 위치에 대한 어떤 것도 출력하지 않는다. 마지막으로, 다음 위치의 레코드들을 정확하게 처리하기 위해 이전에 설명한 6개의 임시 변수를 초기화한다.

앞의 조건문 이후, current_loc에 loc를 즉시 할당한다. 다음 반복에서 loc가 바뀌지 않아서 불필요하게 조건문에 진입하는 경우를 피하기 위해서다. 그 다음, 현재 로우에 대한 end_time_obj에 event_date를 할당했다. start_time_obj가

None이면 해당 위치의 첫 로우를 의미하기 때문에 아직 시간 변화량을 비교할 수 없다. start_time_obj가 None인지의 여부는 for 문의 끝에서 prev_date에 event_date를 할당하고 start_time_obj에 현재 end_time_obj를 할당하는 데 달려 있다. 이렇게 하면, 다음 반복에 start_time_obj는 이전 레코드의 event_date가 되고 end_time_obj는 현재 레코드의 event_date가 된다.

해당 위치의 첫 반복 후에 start_time_obj는 더 이상 None이 아니어서 위 두 datetime 객체 사이의 diff 비교를 시작할 수 있다. end_time_obj에서 start_time_obj를 빼서 시간 변화량 객체를 산출한다. current_diff 값보다 크면, current_diff에 diff 값을 할당한다. 그러면 해당 위치 내 이벤트 간의 가장 오랜 경과 시간을 구할 수 있다. 또한 나중에 해당 위치에 대한 처리가 완료됐을 때 쉽게 출력하기 위해 start_date와 end_date에 값을 할당하고 유지한다. 앞에서 언급한 바와 같이, current_diff의 재설정 여부도 prev_date가 event_date가 되고 start_time_obj가 현재 end_time_obj로 변경되는 데 달려 있다.

다음번 반복에서 loc가 current_loc와 같지 않으면 다음 이벤트를 받기 전에 현재까지 이벤트 간 가장 긴 시간을 출력한다. current_loc(위치), start_date(이벤트 날짜 중 가장 낮은 값), end_date(이벤트 날짜 중 높은 값), current_diff.days(두 날짜 간 경과된 날수) 형태의 각 로우가 하이브 테이블로 표준 출력(stdout)된다.

부연 설명

다음은 이 절에서 사용할 수 있는 연산에 대한 추가 정보다.

SORT BY, DISTRIBUTE BY, CLUSTER BY, ORDER BY

다음 네 가지 연산자는 하이브 초보자에게 혼란스러울 수 있다. 사용 사례별로 적절히 사용할 수 있게 간단히 설명한다.

- DISTRIBUTE BY: 컬럼 값이 일치하는 로우는 같은 리듀서로 분할된다. 단독으로 사용되면, 리듀서로 입력이 정렬됨을 보장하지 않는다.
- SORT BY: 리듀서로 입력 레코드를 정렬하고자 할 때 사용된다.

- CLUSTER BY: 컬럼 그룹을 이용해 SORT BY와 DISTRIBUTE BY를 실행하는 단축 연산자다.
- ORDER BY: 일반 SQL 연산자와 유사하다. 모든 리듀서의 모든 출력에 정렬이 적용된다. 리듀서의 모든 출력 레코드에 정렬이 수행되므로 주의하자. LIMIT 절과 함께 사용하기를 추천한다.[2]

MAP과 REDUCE 키워드는 SELECT TRANSFORM의 단축키다

하이브 키워드인 MAP과 REDUCE는 SELECT TRANSFORM의 단축 표기다. 쿼리를 실행해도 단계를 건너뛰진 않는다. 셋 중 어느 것을 사용해도 결과는 같은데, 단순히 쿼리의 가독성을 위한 것이다.

> **참고사항**
>
> - 3장의 '지리 이벤트 데이터를 정리하고 변환하기 위한 하이브와 파이썬 사용' 절 참조

피그를 사용해 Audioscrobbler 데이터셋에서 가수들의 코사인 유사도 연산

코사인 유사도는 두 벡터의 유사성을 측정하는 데 사용된다. 이 절에서는 Audioscrobbler 사용자가 재생 리스트에 각 가수를 추가한 횟수를 기반으로 가수 간의 유사도를 찾는다. 아이디어는 사용자가 가수 1과 가수 2의 재생 횟수를 표시하는 것이다.

준비

Audioscrobbler 데이터셋을 내려받는다(http://www.packtpub.com/support).

---

[2] ORDER BY 절을 통해 LIMIT 연산자를 사용하면 레코드의 수를 제어할 수 있다. 또 다른 이유로는 많은 데이터를 출력하려면 맵리듀스가 실행되는 시간도 많이 걸리기 때문이다. – 옮긴이

예제 구현

피그를 사용해 코사인 유사도를 계산하는 다음 단계를 수행한다.

1. HDFS로 artist_data.txt와 user_artist_data.txt 파일을 복사한다.

   ```
   hadoop fs -put artist_data.txt user_artist_data.txt /data/audioscrobbler/
   ```

2. 앞의 데이터를 피그로 적재한다.

   ```
   plays = load '/data/audioscrobbler/user_artist_data.txt'
           using PigStorage(' ') as (user_id:long, artist_id:long, playcount:long);

   artist = load '/data/audioscrobbler/artist_data.txt' as (artist_id:long, artist_name:chararray);
   ```

3. user_artist_data.txt 파일의 샘플을 만든다.

   ```
   plays = sample plays .01;
   ```

4. 재생 횟수를 100으로 표준화한다.

   ```
   user_total_grp = group plays by user_id;

   user_total = foreach user_total_grp generate group as user_id,
   SUM(plays.playcount) as totalplays;

   plays_user_total = join plays by user_id, user_total by user_id
   using 'replicated';

   norm_plays = foreach plays_user_total generate user_total::user_id
   as user_id, artist_id, ((double)playcount/(double)totalplays) *
   100.0 as norm_play_cnt;
   ```

5. 사용자와 가수 간의 쌍을 얻는다.

   ```
   norm_plays2 = foreach norm_plays generate *;

   play_pairs = join norm_plays by user_id, norm_plays2 by user_id
   using 'replicated';
   ```

```
play_pairs = filter play_pairs by norm_plays::plays::artist_id !=
norm_plays2::plays::artist_id;
```

6. 코사인 유사도를 계산한다.

```
cos_sim_step1 = foreach play_pairs generate ((double)norm_
plays::norm_play_cnt) * (double)norm_plays2::norm_play_cnt) as
dot_product_step1, ((double)norm_plays::norm_play_cnt *(double)
norm_plays::norm_play_cnt) as play1_sq;
((double)norm_plays2::norm_play_cnt *(double) norm_plays2::norm_
play_cnt) as play2_sq;

cos_sim_grp = group cos_sim_step1 by (norm_plays::plays::artist_
id, norm_plays2::plays::artist_id);

cos_sim_step2 = foreach cos_sim_grp generate flatten(group),
COUNT(cos_sim_step1.dot_prodct_step1) as cnt, SUM(cos_sim_step1.
dot_product_step1) as dot_product, SUM(cos_sim_step1.norm_
plays::norm_play_cnt) as tot_play_sq, SUM(cos_sim_step1.norm_
plays2::norm_play_cnt) as tot_play_sq2;

cos_sim = foreach cos_sim_step2 generate group::norm_
plays::plays::artist_id as artist_id1, group::norm_plays2::plays_
artist_id as artist_id2, dot_product / (tot_play_sq1 * tot_play_
sq2) as cosine_similarity;
```

7. 가수의 이름을 얻는다.

```
art1 = join cos_sim by artist_id1, artist by artist_id using
'replicated';
art2 = join art1 by artist_id2, artist by artist_id using
'replicated';
art3 = foreach art2 generate artist_id1, art1::artist::artist_name
as artist_name1, artist_id2, artist::artist_name as artist_name2,
cosin_similarity;
```

8. 상위 25개의 레코드를 출력한다.

```
top = order art3 by cosine_similarity DESC;
top_25 = limit top 25;
dump top25;
```

다음과 같이 출력된다.

```
(1000157,AC/DC,3418,Hole,0.9115799166673817)
(829,Nas,1002216,The Darkness,0.9110152004952198)
(1022845,Jessica Simpson,1002325,Mandy Moore,0.9097097460071537)
(53,Wu-Tang Clan,78,Sublime,0.9096468367168238)
(1001180,Godsmack,1234871,Devildriver,0.9093019011575069)
(1001594,Adema,1007903,Maroon 5,0.909297052154195)
(689,Bette Midler,1003904,Better Than Ezra,0.9089467492461345)
(949,Ben Folds Five,2745,Ladytron,0.908736095810886)
(1000388,Ben Folds,930,Eminem,0.9085664586931873)
(1013654,Who Da Funk,5672,Nancy Sinatra,0.9084521262343653)
(1005386,Stabbing Westward,30,Jane's Addiction,0.9075360259222892)
(1252,Travis,1275996,R.E.M.,0.9071980963712077)
(100,Phoenix,1278,Ryan Adams,0.9071754511713067)
(2247,Four Tet,1009898,A Silver Mt. Zion,0.9069623744896833)
(1037970,Kanye West,1000991,Alison Krauss,0.9058717234023009)
(352,Beck,5672,Nancy Sinatra,0.9056851798338253)
(831,Nine Inch Nails,1251,Morcheeba,0.9051453756031981)
(1007004,Journey,1005479,Mr. Mister,0.9041311825160151)
(1002470,Elton John,1000416,Ramones,0.9040551837635081)
(1200,Faith No More,1007903,Maroon 5,0.9038274644717641)
(1002850,Glassjaw,1016435,Senses Fail,0.9034604126636377)
(1004294,Thursday,2439,HiM,0.902728300518356)
(1003259,ABBA,1057704,Readymade,0.9026955950032872)
(1001590,Hybrid,791,Beenie Man,0.9020872203833108)
(1501,Wolfgang Amadeus Mozart,4569,Simon & Garfunkel,0.9018860912385024)
```

예제 분석

피그의 load 문은 적재되는 데이터의 타입과 포맷을 식별한다. 피그는 늦게 데이터를 적재한다. 이 스크립트의 시작 위치에 있는 load 문은 여타 구문에서 출력 요청이 있을 때까지 어떤 작업도 하지 않는다.

user_artist_data.txt 파일은 복제 조인 replicated join이 사용될 수 있게 샘플링된다. 이것은 정확도의 비용 처리 시간을 상당히 줄여준다. 샘플 값 .01은 데이터의 수백 개 로우 중 하나가 적재됨을 의미한다.

사용자가 가수를 재생할 경우 해당 가수에게 투표하는 것처럼 처리된다. 재생 횟수는 100으로 표준화한다. 이는 각 사용자에게 같은 투표 수를 보장해준다.

`user_id`로 user_artist_data.txt 파일을 셀프 조인self join하면 사용자가 재생 리스트에 추가한 가수 간의 모든 쌍을 생산한다. 필터는 셀프 조인에서 발생하는 중복을 제거한다.

다음 구문들은 코사인 유사도를 계산한다. 사용자가 재생 리스트에 추가한 가수들의 쌍에 대해 가수 1과 가수 2의 재생 횟수를 곱한다. 그 다음, 가수 1과 가수 2의 재생 횟수를 출력한다. 각 가수 쌍에 의한 이전 결과를 그룹화한다. `dot_product`처럼 이전에 생성한 각 사용자의 가수 1과 가수 2의 곱들을 합한다. 모든 사용자의 가수 1에 대한 재생 횟수를 합한다. 모든 사용자의 가수 2에 대한 재생 횟수를 합한다. 코사인 유사도는 `dot_product`를 두 가수의 총 재생 횟수를 곱한 값으로 나눈 값이다. 아이디어는 두 가수의 재생 빈도수를 보여주는 것이다.

피그와 datafu 라이브러리를 사용해 Audioscrobbler 데이터셋에서 아웃라이어 제거

`datafu`는 링크드인LinkedIn의 SNA 팀에서 오픈소스로 만든 피그 UDF 라이브러리로, 유용한 함수를 많이 포함하고 있다. 이 절은 `Audioscrobbler` 데이터셋의 재생 횟수와 datafu의 **Quantile** UDF를 사용해 아웃라이어를 찾아서 제거한다.

준비

- datafu 버전 0.0.4를 내려받는다(https://github.com/linkedin/datafu/downloads).
- 위 파일을 압축 해제하고, 피그가 접근 가능한 위치에 datafu-0.0.4/dist/datafu-0.0.4.jar 파일을 추가한다.
- `Audioscrobbler` 데이터셋을 내려받는다(http://www.packtpub.com/support).

예제 분석

1. datafu JAR 파일을 등록하고 Quantile UDF를 생성한다.

   ```
   register /path/to/datafu-0.0.4.jar;
   define Quantile datafu.pig.stats.Quantile('.90');
   ```

2. user_artist_data.txt 파일을 적재한다.

   ```
   plays = load '/data/audioscrobbler.txt'using PigStorage(' ') as
   (user_id:long, artist_id:long, playcount:long);
   ```

3. 모든 데이터를 그룹화한다.

   ```
   plays_grp = group plays ALL;
   ```

4. 아웃라이어의 최대값으로 사용하기 위해 ninetieth 백분위수$_{percentile}$를 생성한다.

   ```
   out_max = foreach plays_grp {
           ord = order plays by playcount;
           generate Quantile(ord.playcount) as ninetieth;
   }
   ```

5. ninetieth 백분위수로 아웃라이어를 제거한다.

   ```
   trim_outliers = foreach plays generate user_id, artist_id,
   (playcount>out_max.ninetieth ? out_max.ninetieth : playcount);
   ```

6. 아웃라이어가 제거된 user_artist_data.txt 파일을 저장한다.

   ```
   store trim_outliers into '/data/audioscrobble/outliers_trimmed.bcp';
   ```

예제 분석

이 절은 링크드인에서 오픈소스로 만든 datafu 라이브러리의 장점을 살렸다. 일단 JAR 파일이 등록되면 모든 UDF를 피그 스크립트에서 사용할 수 있다. 앞의 define 명령어는 .90이란 값을 매개변수로 전달하는 datafu.pig.stats.Quantile UDF의 생성자를 호출한다. Quantile UDF의 생성자는 전달되는 입력 벡터의 90퍼센트의 수를 만드는 인스턴스를 생성한다. 또한 이 define 명령어는 UDF에 대한

Quantile이라는 별칭을 만든다.

user_artist_data.txt 파일은 plays라는 릴레이션에 적재된다. 이 데이터는 ALL로 그룹핑된다. ALL 그룹은 모든 입력을 포함하는 하나의 튜플들의 집합(또는 레코드들의 집합)을 생성하는 특별한 종류의 그룹이다.

Quantile UDF는 우선 데이터가 정렬돼서 입력되어야 한다. 데이터는 재생 횟수로 정렬되고 정렬된 재생 횟수의 벡터가 Quantile UDF로 전달된다. 정렬된 재생 횟수는 Quantile UDF의 잡을 단순하게 해준다. 재생 횟수의 90퍼센트의 값을 얻어서 반환한다.

이 값은 user_artist_data.txt 파일 안의 각 재생 횟수와 비교된다. 재생 횟수가 더 크면, Quantile UDF에서 만들어진 값으로 대체된다. 그렇지 않으면, 그 값은 그대로 남는다.

아웃라이어가 제거된 데이터셋은 향후 다시 사용될 수 있게 HDFS에 저장된다.

부연 설명

datafu 라이브러리에는 StreamingQuantile UDF도 있다. 이 UDF는 Quantile UDF와 비슷하지만 입력 데이터가 미리 정렬되어 있을 필요는 없다. 이 UDF는 연산할 때 성능이 매우 향상될 수 있지만 비용이 발생한다. StreamingQuantile UDF는 오직 값을 예측할 때만 사용한다.

```
define Quantile datafu.pig.stats.StreamingQuantile('.90');
```

7
고급 빅데이터 분석

> **7장에서 다루는 내용**
> - 아파치 지라프를 이용한 페이지랭크
> - 아파치 지라프를 이용한 단일 소스 최단 경로 구하기
> - 분산된 너비 우선 탐색을 수행하기 위한 아파치 지라프 사용
> - 아파치 머하웃을 이용한 협업 필터링
> - 아파치 머하웃을 이용한 클러스터링
> - 아파치 머하웃을 이용한 감성 분류

개요

그래프와 기계 학습의 문제는 맵리듀스 프레임워크를 사용해 해결하기가 어렵다. 이러한 문제의 대부분은 맵리듀스로 구현하기 복잡한 알고리즘 지식과 반복적인 단계를 요구한다. 다행히 하둡 환경에서 그래프와 기계 학습 문제를 돕기 위해 사용할 수 있는 두 가지 프레임워크가 있다. 아파치 **지라프**[1]Giraph는 대규모 알고리즘을 수행하도록 설계된 그래프 처리 프레임워크다. 아파치 **머하웃**Mahout은 분산 환경에서 기계 학습 알고리즘의 구현을 제공하는 프레임워크다.

7장에서는 맵리듀스의 분산 환경 활용이 가능한 두 가지 프레임워크를 소개한다.

---

[1] 맵리듀스에서 셔플링/소팅/리듀싱 단계는 오버헤드가 꽤 크며, 반복적으로 하는 작업에는 하둡이 매우 부적합하다. 가령, 재귀적 성격을 띠는 그래프 알고리즘을 생각해보라. 그렇기 때문에 하둡을 활용한 대용량 그래프 처리를 위한 프레임워크(시스템)가 필요해진 것이다. - 옮긴이

아파치 지라프를 이용한 페이지랭크

이 절은 구글 프레겔Pregel의 구현체인 아파치 지라프의 기본 알고리즘인 페이지랭크PageRank를 빌드하고 테스트하는 것을 기본 목적으로 한다. 다음은 의사 분산 하둡 클러스터에 지라프 잡을 제출하고 실행하는 데 필요한 절차를 보여준다.

준비

지라프를 처음 쓰는 사용자의 경우 의사 분산 하둡 클러스터를 사용해 이 절을 실행하는 편이 좋다.

클라이언트 머신의 경우, 서브버전Subversion과 메이븐Maven이 설치되고 사용자 환경 변수에 설정돼야 한다.

이 절은 지라프 API의 완전한 이해를 필요로 하진 않지만, 대량 동기화 병렬 처리BSP, Bulk Synchronous Parallel에 익숙하고 아파치 지라프와 구글 프레겔을 포함한 버텍스vertex 중심 API의 설계 목적을 어느 정도 알고 있다고 전제한다.

예제 구현

기본 지라프 페이지랭크 예를 구축하고 테스트하기 위해 다음 단계를 수행한다.

1. 기본 디렉토리로 이동해 공식 아파치 사이트에서 최신 지라프 소스를 SVN 체크아웃한다.[2]

    ```
    $ svn co https://svn.apache.org/repos/asf/giraph/trunk
    ```

2. 트렁크trunk 디렉토리로 이동해 빌드한다.

    ```
    $ mvn compile
    ```

3. 빌드가 완료되고 트렁크에 생성된 타깃target 디렉토리로 이동하면 JAR 파일 giraph-0.2-SNAPSHOT-JAR-with-dependencies.jar를 볼 수 있다.

---

2 번역하는 시점에 이미 릴리스 1.0.0이 됐다. http://mirror.apache-kr.org/giraph/에서 내려받아 설치해도 된다. – 옮긴이

4. 다음 명령어를 실행한다.

   ```
   hadoop jar giraph-0.2-SNAPSHOT-jar-with-dependencies.jar org.apache.
   giraph.benchmark.PageRankBenchmark -V 1000 -e 1 -s 5 -w 1 -v
   ```

5. 잡이 실행되고 맵리듀스 커맨드라인의 출력에 성공success을 보여준다.

6. 출력으로 지라프 stats 카운터 그룹은 다음 통계를 보여준다.

   ```
   INFO mapred.JobClient:     Giraph Stats
   INFO mapred.JobClient:     Aggregate edges=1000
   mapred.JobClient:     Superstep=6
   mapred.JobClient:     Last checkpointed superstep=0
   mapred.JobClient:     Current workers=1
   mapred.JobClient:     Current master task partition=0
   mapred.JobClient:     Sent messages=0
   mapred.JobClient:     Aggregate finished vertices=1000
   mapred.JobClient:     Aggregate vertices=1000
   ```

예제 분석

우선, 공식 아파치 사이트에서 최신 소스를 체크아웃하기 위해 서브버전을 사용한다. 일단 JAR 파일을 빌드하면 PageRankBenchmark 예제의 잡 제출이 가능하다. 지라프를 테스트하기 전에 다음 커맨드라인 옵션을 설정해야 한다.

- -V: 이 옵션은 페이지랭크를 통해 실행하는 총 버텍스 수를 보여준다. 테스트를 위해 1,000을 입력 값으로 선택했다. 완전 분산 클러스터에서 버텍스를 수백만으로 하면 좀 더 정확한 테스트를 할 수 있다.

- -e: 이 옵션은 각 버텍스에서 정의된 출력 에지outgoing edge 개수를 보여준다. 이것은 하나의 버텍스에 연결되어 있는 하나 이상의 또 다른 버텍스, 즉 이웃하는 버텍스들로 보낼 슈퍼스텝superstep 중에 출력되는 메시지의 수를 제어한다.

- -s: 이 옵션은 페이지랭크를 종료하기 전에 실행하려고 하는 슈퍼스텝의 총 수를 보여준다.

- -w: 이 옵션은 개별 그래프 파티션을 다루는 데 이용할 수 있는 워커worker의 총 개수를 보여준다. 의사 분산 클러스터에서 실행하면 워커의 수가 하나로 제한되므로 안전하다. 완전 분산 클러스터에서는 다른 물리적 호스트 간에 연결되는 여러 워커를 가질 수 있다.
- -v: 이 옵션은 콘솔에서 잡 진행 상황을 추적하는 상세verbose 모드를 활성화한다.

잡은 필수적인 하둡과 주키퍼ZooKeeper 외의 의존적인 클래스패스는 필요하지 않다. 이것은 커맨드라인에서 hadoop jar 명령어를 통해 클러스터에 직접 보낼 수 있다.

PageRankBenchmark 예제는 HDFS에 결과를 출력하지 않는다. 다른 동작 중인 지라프 잡을 방해할 수 있는 특정 클러스터의 병목 현상을 테스트하고 공개하려는 목적으로 구현했는데, 에지와 버텍스 수가 많으면 워커 간의 네트워크 IO 문제나 메모리 문제 등이 발생할 수 있기 때문이다.

부연 설명

아파치 지라프는 비교적 새로운 오픈소스로 배치 연산 프레임워크다. 다음 팁은 이해를 넓히는 데 도움이 된다.

아파치 지라프 커뮤니티와의 지속적인 연락

아파치 지라프는 매우 활발한 개발자 커뮤니티를 보유하고 있다. API는 항상 새로운 기능과 버그 수정, 리팩토링을 강화하고 있다. 지라프는 적어도 일주일에 한 번 트렁크에서 소스를 업데이트하는 게 좋다. 이 글을 쓰는 시점에는 지라프가 퍼블릭 메이븐 아티팩트public Maven artifact를 갖고 있지 않다. 아주 가까운 미래에 변경되겠지만, 지금은 SVN에서 소스를 업데이트해야 한다.

구글 프레겔 논문을 읽고 이해하기

2009년 즈음, 구글은 대량 동기화 병렬 처리BSP 모델을 기반으로 대용량 그래프 중심 처리를 위해 만들어진 높은 기술 수준의 소프트웨어를 다룬 연구 논문을 발표했다.

아파치 지라프는 연구 논문에서 발견된 많은 개념을 구현한 오픈소스다. 프레겔 설계와 유사한 지라프 코드는 많은 구성요소를 설명하는 데 도움이 된다.

BSP의 기본적인 소개는 http://en.wikipedia.org/wiki/Bulk_Synchronous_Parallel 위키에 나와 있다.

참고사항

- 7장의 '아파치 지라프를 이용한 단일 소스 최단 경로 구하기' 절 참조
- 7장의 '분산된 너비 우선 탐색을 수행하기 위한 아파치 지라프 사용' 절 참조

아파치 지라프를 이용한 단일 소스 최단 경로 구하기

이 절에서는 구글 프레겔의 최단 거리 알고리즘을 변형해 직원 간의 비순환 방향 관계 그래프에서 최단 거리를 찾는 알고리즘을 구현한다. 코드는 그래프의 모든 버텍스에 대해 단일 소스 ID를 검색하고 소스 ID 버텍스로부터 각 버텍스에 도달하는 데 필요한 최소 홉 수를 표시한다. 직원 네트워크는 RDF Resource Description Framework 트리플의 라인으로 구분된 리스트로 HDFS에 저장되어 있다. 자원 설명 프레임워크 RDF는 엔티티와 엔티티 사이의 관계를 표현하는 데 매우 효과적인 데이터 포맷이다.

준비

구글 프레겔/BSP와 지라프 API에 대한 기본적인 지식이 필요하다.

의사 분산 하둡 클러스터에 접근해야 한다. 이 절에 나와 있는 코드는 완전 분산 환경에서 운영하기에 적합하지 않은 비분할 마스터 워커 non-split master-worker 구성이다. 또한 배시 bash 셸 스크립트에 익숙하다고 가정한다.

/input/gooftech에 위치한 HDFS 디렉토리에 예제 데이터셋인 gooftech.tsv를 적재한다.

또한 셸에서 hadoop jar를 실행하기 위해 JAR 파일로 패키징한다. 이 절에서 나오는 셸 스크립트는 잡을 실행하기 위해 올바른 클래스패스를 정의한 템플릿 코드다.

예제 구현

지라프에서 최단 경로를 구현하기 위해 다음 단계를 수행한다.

1. 먼저 텍스트에서 직원 RDF 트리플을 읽기 위해 `TextInputFormat`을 확장해 사용자 지정 `InputFormat`을 정의한다. EmployeeRDFTextInputFormat. java로 클래스를 저장해 패키지로 만든다.

   ```java
   import com.google.common.collect.Maps;
   import org.apache.giraph.graph.BspUtils;
   import org.apache.giraph.graph.Vertex;
   import org.apache.giraph.graph.VertexReader;
   import org.apache.giraph.lib.TextVertexInputFormat;
   import org.apache.hadoop.io.*;
   import org.apache.hadoop.mapreduce.InputSplit;
   import org.apache.hadoop.mapreduce.RecordReader;
   import org.apache.hadoop.mapreduce.TaskAttemptContext;

   import java.io.IOException;
   import java.util.Map;
   import java.util.regex.Pattern;

   public class EmployeeRDFTextInputFormat extends TextVertexInputFormat
       <Text, IntWritable, NullWritable, IntWritable> {

     @Override
     public VertexReader<Text, IntWritable, NullWritable, IntWritable>
        createVertexReader(InputSplit split,
        TaskAttemptContext context) throws IOException {
       return new EmployeeRDFVertexReader(
         textInputFormat.createRecordReader(split, context));
     }
   ```

2. 입력 포맷 형태로 사용될 정적 내부 클래스인 사용자 정의 Reader 객체를 작성한다.

```java
public static class EmployeeRDFVertexReader extends
    TextVertexInputFormat.TextVertexReader
    <Text, IntWritable, NullWritable, IntWritable> {

  private static final Pattern TAB = Pattern.compile("[\\t]");
  private static final Pattern COLON = Pattern.compile("[:]");
  private static final Pattern COMMA = Pattern.compile("[,]");

  public EmployeeRDFVertexReader(RecordReader
    <LongWritable, Text> lineReader) {
    super(lineReader);
  }
```

3. getCurrentVertex() 메소드를 오버라이드한다. 이 메소드는 사용자 정의 버텍스 객체를 파싱하기 위한 라인 리더line reader로 사용하는 메소드다.

```java
@Override
public Vertex<Text, IntWritable, NullWritable, IntWritable>
    getCurrentVertex() throws IOException, InterruptedException {
  Vertex<Text, IntWritable, NullWritable, IntWritable>
  vertex = BspUtils.<Text, IntWritable, NullWritable, IntWritable>
  createVertex(getContext().getConfiguration());

  String[] tokens = TAB.split(
    getRecordReader().getCurrentValue().toString());
  Text vertexId = new Text(tokens[0]);

  IntWritable value = new IntWritable(0);
  String subtoken = COLON.split(tokens[2])[1];
  String[] subs = COMMA.split(subtoken);
  Map<Text, NullWritable> edges =
    Maps.newHashMapWithExpectedSize(subs.length);
  for (String sub : subs) {
    if (!sub.equals("none"))
      edges.put(new Text(sub), NullWritable.get());
  }
```

```
        vertex.initialize(vertexId, value, edges, null);

        return vertex;
    }

    @Override
    public boolean nextVertex() throws IOException,
        InterruptedException {
      return getRecordReader().nextKeyValue();
    }
  }
}
```

4. 잡 설정 코드와 Vertex 클래스, 사용자 정의 출력 포맷은 모두 하나의 클래스에 포함되어 있다. 다음과 같은 코드를 작성해 EmployeeShortestPath.java라는 이름으로 패키징한다.

```
import org.apache.giraph.graph.*;
import org.apache.giraph.lib.TextVertexOutputFormat;
import org.apache.hadoop.conf.Configuration;
import org.apache.hadoop.fs.FileSystem;
import org.apache.hadoop.fs.Path;
import org.apache.hadoop.io.*;
import org.apache.hadoop.mapreduce.RecordWriter;
import org.apache.hadoop.mapreduce.TaskAttemptContext;
import org.apache.hadoop.mapreduce.lib.input.FileInputFormat;
import org.apache.hadoop.mapreduce.lib.output.FileOutputFormat;
import org.apache.hadoop.util.Tool;
import org.apache.hadoop.util.ToolRunner;

import java.io.IOException;

/**
 * 홉 수를 근간으로 하는 값; 유입되는 메시지를 수신하는 버텍스는 메시지를 증가시킨다.
 */
public class EmployeeShortestPath implements Tool {

  public static final String NAME = "emp_shortest_path";
```

```
    private Configuration conf;
    private static final String SOURCE_ID = "emp_source_id";

    public EmployeeShortestPath(Configuration configuration) {
      conf = configuration;
    }
```

5. 지라프 잡 구성을 설정하는 run() 메소드의 코드는 다음과 같다.

```
    @Override
    public int run(String[] args) throws Exception {
      if (args.length < 4) {
        System.err.println(printUsage());
        System.exit(1);
      }
      if (args.length > 4) {
        System.err.println("too many arguments. " +
  "Did you forget to quote the source ID name ('firstname lastname')");
        System.exit(1);
      }
      String input = args[0];
      String output = args[1];
      String source_id = args[2];
      String zooQuorum = args[3];

      conf.set(SOURCE_ID, source_id);
      conf.setBoolean(GiraphJob.SPLIT_MASTER_WORKER, false);
      conf.setBoolean(GiraphJob.USE_SUPERSTEP_COUNTERS, false);
      conf.setInt(GiraphJob.CHECKPOINT_FREQUENCY, 0);
      GiraphJob job = new GiraphJob(conf,
        "single-source shortest path for employee: " + source_id);
      job.setVertexClass(EmployeeShortestPathVertex.class);
      job.setVertexInputFormatClass(EmployeeRDFTextInputFormat.class);
      job.setVertexOutputFormatClass(
        EmployeeShortestPathOutputFormat.class);
      job.setZooKeeperConfiguration(zooQuorum);

      FileInputFormat.addInputPath(job.getInternalJob(),
        new Path(input));
      FileOutputFormat.setOutputPath(job.getInternalJob(),
```

```
        removeAndSetOutput(output));

    job.setWorkerConfiguration(1, 1, 100.0f);
    return job.run(true) ? 0 : 1;
}
```

6. 다음은 HDFS에서 출력 디렉토리로 사용했던 디렉토리를 강제로 지우는 메소드다. 사용에 신중을 기한다. 그 밖의 메소드들은 Tool 인터페이스에 구현해야 하는 필수 메소드다.

```
private Path removeAndSetOutput(String outputDir)
    throws IOException {
  FileSystem fs = FileSystem.get(conf);
  Path path = new Path(outputDir);
  fs.delete(path, true);
  return path;
}

private String printUsage() {
    return "usage: <input> <output> <single quoted source_id> <zookeeper_quorum>";
}

@Override
public void setConf(Configuration conf) {
    this.conf = conf;
}

@Override
public Configuration getConf() {
    return conf;
}
```

7. main() 메소드는 TooRunner를 사용해 인스턴스화하고 잡을 실행한다.

```
public static void main(String[] args) throws Exception {
    System.exit(ToolRunner.run(new EmployeeShortestPath(
      new Configuration()), args));
}
```

8. 정적 내부 클래스 EmployeeShortestPathVertex는 각 슈퍼스텝 동안 사용될 사용자 지정 compute 메소드를 정의한다.

```java
public static class EmployeeShortestPathVertex<I extends
    WritableComparable, V extends Writable, E extends Writable,
    M extends Writable> extends EdgeListVertex <Text, IntWritable,
    NullWritable, IntWritable> {

  private IntWritable max = new IntWritable(Integer.MAX_VALUE);

  private IntWritable msg = new IntWritable(1);

  private boolean isSource() {
    return getId().toString().equals(
      getConf().get(SOURCE_ID));
  }

  @Override
  public void compute(Iterable<IntWritable> messages)
      throws IOException {
    if (getSuperstep() == 0) {
      setValue(max);
      if (isSource()) {
        for(Edge<Text, NullWritable> e : getEdges()) {
          sendMessage(e.getTargetVertexId(), msg);
        }
      }
    }
    int min = getValue().get();
    for (IntWritable msg : messages) {
      min = Math.min(msg.get(), min);
    }
    if (min < getValue().get()) {
      setValue(new IntWritable(min));
      msg.set(min + 1);
      sendMessageToAllEdges(msg);
    }
    voteToHalt();
  }
}
```

9. 정적 내부 클래스인 EmployeeShortestPathOutputFormat은 사용자 지정 OutputFormat을 정의한다. EmployeeRDFVertexWriter 클래스는 HDFS에 다시 텍스트 키/값 쌍으로 버텍스 정보를 출력한다.

```
public static class EmployeeShortestPathOutputFormat extends
    TextVertexOutputFormat <Text, IntWritable, NullWritable> {

  private static class EmployeeRDFVertexWriter extends
    TextVertexWriter <Text, IntWritable, NullWritable> {

    private Text valOut = new Text();

    public EmployeeRDFVertexWriter(
        RecordWriter<Text, Text> lineRecordWriter) {
      super(lineRecordWriter);
    }

    @Override
    public void writeVertex(Vertex<Text, IntWritable, NullWritable,
        ?> vertex) throws IOException, InterruptedException {

      valOut.set(vertex.getValue().toString());
      if (vertex.getValue().get() == Integer.MAX_VALUE)
        valOut.set("no path");
      getRecordWriter().write(vertex.getId(), valOut);
    }
  }

  @Override
  public VertexWriter<Text, IntWritable, NullWritable>
      createVertexWriter(TaskAttemptContext context)
      throws IOException, InterruptedException {
    RecordWriter<Text, Text> recordWriter =
      textOutputFormat.getRecordWriter(context);
    return new EmployeeRDFVertexWriter(recordWriter);
  }
 }
}
```

10. 다음 코드에 나와 있는 명령어를 사용해 셸 스크립트 run_employee_shortest_path.sh를 만든다. 지라프 JAR 파일에 로컬 경로와 일치하도록 하고 이전 코드를 컴파일된 사용자 정의 JAR 파일에 로컬 경로를 일치시키도록 `JAR_PATH`를 변경한다.

 사용자 정의 JAR 파일의 emp_shortest_path 별칭을 사용하려면 main 클래스가 포함되는 하둡 Driver 클래스를 사용해야 한다.

```
GIRAPH_PATH=lib/giraph/giraph-0.2-SNAPSHOT-jar-with-dependencies.jar
HADOOP_CLASSPATH=$HADOOP_CLASSPATH:$GIRAPH_PATH
JAR_PATH=dist/employee_examples.jar
export HADOOP_CLASSPATH
hadoop jar $JAR_PATH emp_shortest_path -libjars $GIRAPH_PATH,$JAR_PATH
/input/gooftech /output/gooftech 'Shanae Dailey' localhost:2181
```

11. run_employee_shortest_path.sh를 실행한다. 잡은 하둡 클러스터에 보내져야 한다. /output/gooftech의 아래에는 소스 ID로부터 각 노드까지 도달하는 데 필요한 최소 홉을 나열한 단일 파트 파일이 있거나 노드까지 도달하는 경로가 없다면 파일이 존재하지 않는다.

예제 분석

사용자 정의 입력 포맷으로 시작한다. 지라프 API는 텍스트 파일에 한 줄에 하나씩 저장된 버텍스를 읽으려고 `TextInputFormat`과 `LineReader`를 감싸는 `TextVertexInputFormat`을 제공한다. 현재 지라프 API는 레코드가 버텍스 ID 순으로 정렬되어 있어야 한다. 당사의 직원 데이터셋은 firstname/lastname으로 정렬되어 있기 때문에 이 요구사항을 만족시키고 진행할 수 있다. RDF 데이터에서 의미 있는 버텍스를 만들려면, `TextVertexInputFormat` 서브클래스를 만들고 `EmployeeRDFTextInputFormat`을 만들어야 한다. 버텍스가 어떻게 나타나는지 정확하게 제어하기 위해 `TextVertexReader` 서브클래스를 만들고 `EmployeeRDFVertexReader` 클래스를 만든다. 리더reader 서브클래스의 인스턴스를 반환하기 위해 사용자 정의 입력 포맷으로 `getRecordReader()` 메소드를 오버라이드할 수 있다. 레코드 리더record reader는 하둡의 `LineReader` 인턴스에 위임하고 각 입력 스플릿에 보이는 텍스트 라인에서 버텍스를 만드는 일을 책임진다. 여기서 `getCurrentVertex()`를 오버라이드할 수 있고, 각 라인 리더에 의해 보이게 되는 들어오는 RDF 트리플에서 개별 버텍스를 생성할 수 있다. `TextVertexReader`를 확장함으로써, 각 라인의 `getCurrentVertex()` 호출을 수동으로 제어하는 일을 걱정할 필요는 없다. 프레임워크는 이러한 작업을 처리할 수 있어야 한다. 즉 하나 이상의 에지와 함께 텍스트의 각 라인을 버텍스로 변환하는 방법을 지원하는 프레임워크가 필요하다.

`EmployeeRDFTextInputFormat`의 정의에 선언된 제네릭generic 타입 매개변수는 코드에서 반복적으로 나타난다. 왼쪽에서 오른쪽으로, 그들은 버텍스 ID 클래스와 버텍스 값 클래스와 에지 값 클래스, 메시지 클래스의 구체적인 타입 정보를 제공한다. 부모 클래스에서 쉽게 볼 수 있는 제네릭 헤더는 다음과 같다.

```
public abstract class TextVertexInputFormat<I extends WritableComparable,
V extends Writable, E extends Writable, M extends Writable> extends
VertexInputFormat<I, V, E, M>
```

네 가지 제네릭 타입은 모두 `Writable` 타입이어야 하고, 버텍스 ID 클래스는 `WritableComparable`이어야 한다. 현재 지라프는 그 밖의 직렬화 프레임워크를 지원하지 않는다.

`getCurrentVertex()` 메소드의 구현은 매우 기본적이다. 적절히 RDF 트리플을 분할하기 위해 몇 가지 정적 최종 정규식 패턴을 설정한다. firstname/lastname 조합은 `Text` 인스턴스로 저장된 버텍스 ID이다. 각 버텍스는 `IntWritable`로서 저장되는 0의 버텍스 값으로 초기화된다. 콤마로 구분된 리스트에 나열된 각 하위는 에지 ID로 참조된다. 그러나 각 에지에 대한 직접적인 가치 정보를 필요로 하지 않기 때문에, `NullWritable`은 에지 값이면 충분하다.[3] 이 특정 잡을 위해, 메시지 타입이 `IntWritable`이 된다. 이 클래스는 다음 절 '분산된 너비 우선 탐색을 수행하기 위한 아파치 지라프 사용'에서 재사용된다. 간단히 하기 위해 이 입력 포맷은 여기에 한 번만 설명했다.

---

3 방향성이 있어야 가중치의 의미가 있는데, 방향성이 없는 그래프이므로 에지의 값은 필요 없다. – 옮긴이

다음으로, 잡 클래스를 설정한다. 잡 클래스는 하둡의 맵리듀스 자바 API로 설정한다. Tool 인터페이스를 구현하고, 커맨드라인에서 읽기 위해 4개의 매개변수를 정의한다. 이 잡은 HDFS의 입력 디렉토리, 결과를 다시 HDFS에 출력할 디렉토리, 단일 소스 최단 경로를 수행하기 위한 소스 ID, 잡의 상태를 관리하기 위한 주키퍼ZooKeeper 정족수가 필요하다. 그런 다음 한정된 리소스로 의사 분산 클러스터에서 테스트한 것처럼 그 밖의 몇몇 매개변수를 정의해야 한다.

```
conf.setBoolean(GiraphJob.SPLIT_MASTER_WORKER, false);
conf.setBoolean(GiraphJob.USE_SUPERSTEP_COUNTERS, false);
conf.setInt(GiraphJob.CHECKPOINT_FREQUENCY, 0);
```

SPLIT_MASKTER_WORKER 매개변수는 마스터 프로세스가 다른 호스트의 워커에서 실행할 것인지의 여부를 지라프에게 알려준다. 기본적으로 이것은 true로 설정되어 있지만, 의사 분산 단일 노드의 설정에 있기 때문에 이것이 false여야 한다. 슈퍼스텝 카운터를 해제하면 잡을 위해 맵리듀스 WebUI의 자세한 내용을 보여주는 게 제한된다. 이것은 수백 혹은 잠재적 수천의 슈퍼스텝을 포함하는 잡을 테스트할 때 유용하다. 마지막으로, 어떤 슈퍼스텝에서도 그래프 상태를 백업하지 않는다는 사실을 지라프가 알도록 체크포인트를 해제한다. 이는 오로지 테스트와 빠른 잡 실행 시간에만 관심을 갖기 위해서다. 생성 잡에서는 느려지는 전체적인 잡 런타임을 감수하더라도 정기적으로 그래프 상태를 체크하길 권장한다. 그런 다음 GiraphJob을 인스턴스화하고, 잡을 위해 다소 서술적인 명칭과 함께 GiraphJob에 구성 인스턴스를 전달한다.

지라프 잡을 클러스터에서 제대로 실행하는 데 필요한 세 가지 핵심 코드는 다음과 같다.

```
job.setVertexClass(EmployeeShortestPathVertex.class);
job.setVertexInputFormatClass(EmployeeRDFTextInputFormat.class);
job.setVertexOutputFormatClass(EmployeeShortestPathOutputFormat.class);
```

첫 번째 라인은 그래프의 각 버텍스를 캡슐화하는 사용자 정의 버텍스 구현을 지라프에게 알려준다. 이것은 각 슈퍼스텝에서 호출되는 애플리케이션 고유의 compute() 메소드를 수용한다. 메시지 처리와 에지 이터레이션interation, 멤버 직렬화를 위해 일부 기존 코드에 기반해 EdgeListVertex 기본 클래스를 확장한다.

그런 다음 주키퍼 정족수를 설정하고 그래프의 파티션을 유지하기 위해 단일 워커를 정의한다. 의사 분산 클러스터가 여러 워커(다중 동시성 맵 JVM)를 지원한다면, 제한을 증가시킨다. 단, 마스터 프로세스에 잉여 맵 슬롯을 하나 남겨두는 것을 기억하자. 마지막으로, 클러스터에 잡을 제출할 준비를 한다.

`InputFormat`은 다른 입력 스플릿에서 버텍스를 만들고 처리한 후, 각 버텍스의 `compute()` 메소드를 호출한다. `compute()` 메소드를 오버라이드하기 위해 정적 내부 클래스 `EmployeeShortestPathVertex`를 정의하고, 최단 경로를 계산하는 데 필요한 비즈니스 로직을 구현한다. 구체적으로, 대상 소스 버텍스에서 다른 버텍스로 도달할 수 없거나 그래프의 소스 버텍스에서 하나 이상의 경로로 연결된 다른 모든 버텍스를 탐색하는 데 필요한 최소 홉 수에 관심이 있다.[4]

첫 번째 슈퍼스텝(S0)

S0에서 메소드는 즉시 첫 번째 조건문에 들어가 가능한 최대 정수 값으로 모든 버텍스의 값을 초기화한다. 각 버텍스는 메시지를 입력받으면 현재 최소값을 유지하기 위해 더 낮은 `Integer` 값이 있는지 비교한다. 그러므로 비즈니스 로직은 초기 최소값을 해당 데이터 타입이 허용하는 최대값으로 설정하는 편이 더 낫다.[5] 첫 번째 슈퍼스텝 동안 소스 버텍스는 자신의 에지를 통해 에지와 연결된 버텍스에게 메시지를 보내는데, 이 메시지를 받은 버텍스는 자신이 소스로부터 1홉 떨어져 있다는 걸 알게 된다. 이렇게 하려면, 메시지에 대한 멤버 인스턴스 `msg`를 정의한다. 이것은 버텍스가 메시지를 보낼 때마다 재설정 및 재사용되고, 불필요한 인스턴스를 생성하는 데 도움이 된다.

모든 수신 메시지와 현재 버텍스가 가진 최소 홉 값을 비교해서 값을 업데이트하고 이 사실을 다른 버텍스에게 알려야 할지를 결정한다. S0에서 메시지를 받지 못했으면 값은 `Integer.MAX`로 남아 있을 것이다. 최소값이 업데이트되지 않았으면 마지막 조건 분기를 피한다.

---

4 소스에서 타깃으로 가는 여러 가지 경로 중 가장 짧은 경로에만 관심이 있다는 뜻이다. 도달하는 방법이 없을 땐 경로가 없다. – 옮긴이

5 입력된 메시지가 100개이면 100개 중 제일 작은 값을 찾는다는 의미로, 최소값을 초기에 큰 값으로 정해놓으면 계속 비교하면서 더 작은 값이 나타날 경우 최소값을 업데이트해나가기가 쉽다는 뜻이다. – 옮긴이

잡을 위해 각 슈퍼스텝의 종료 시에 항상 voteToHalt()를 호출한다. 지라프 프레임워크가 자동으로 다음 슈퍼스텝에서 수신 메시지가 있는 반응형 버텍스를 갖는다. 그러나 버텍스는 일시적으로 송/수신 메시지가 비활성화되기를 원한다. 일단 그래프에서 어떤 버텍스에서든 처리하려는 메시지가 더 이상 없다면, 잡은 재개하는 버텍스를 중지하고 종료를 검토한다.[6]

두 번째 슈퍼스텝(S1)

이전 슈퍼스텝 후, 그래프의 모든 버텍스는 실행을 중지할 것인지 보팅voting한다. 하나의 버텍스라도 소스 버텍스에 연결된 에지로부터 받은 메시지가 있으면 프레임워크는 소스 버텍스에 에지로 연결되어 있는 버텍스들을 재개한다. 소스 버텍스는 각 에지를 통해 다른 버텍스[7]에게 소스에서 한 홉 떨어져 있다고 알려줬다(0 슈퍼스텝에서). 그럼 소스의 이웃 버텍스는 1을 메시지로 받고 Integer.Max보다 작으므로 버텍스 자신의 현재 값을 업데이트한다. 메시지를 받는 각 버텍스는 계속되는 순환cycle으로 상황을 바꾸고 소스로부터 min+1의 값으로 홉을 연결된 각 에지에게 알린다.

버텍스가 연결된 에지 소스 ID로부터 현재 버텍스의 값보다 더 적은 홉을 포함한 메시지를 받으면, 그 버텍스는 현재 값보다 더 적은 홉으로 소스까지 도달하는 경로가 있다는 뜻이므로 버텍스는 또다시 자신에 연결된 버텍스들에게 새로운 값을 알려야 한다.

결국, 모든 버텍스는 소스에서 자신까지의 최소 거리를 알게 되고 현재 슈퍼스텝 N에서 더 이상 보낼 메시지가 없어진다. 슈퍼스텝 $N+1$이 시작할 때, 입력 메시지를 처리하기 위해 재활성화될 버텍스가 더 이상 존재하지 않으므로 잡 전체는 종료된다. 각 버텍스의 현재 값은 소스 버텍스로부터 각 버텍스까지의 최소 거리를 의미하는데, 이제 이 값을 출력해야 한다.

버텍스의 값 정보를 HDFS에 텍스트로 쓰기 위해 TextVertexOutputFormat의 정

---

6 경험에 의하면 모든 버텍스가 동시에 슈퍼스텝을 시작하고 동시에 끝내야 하므로 각 슈퍼스텝마다 메시지를 받고, 계산하고, 보내고, halt 해서 싱크를 맞춘다. 모든 노드가 연산을 끝내면 다음 슈퍼스텝이 계속되는데 더 이상 오고가는 메시지가 없으면 잡을 종료하게 된다. – 옮긴이
7 소스랑 에지로 연결된 버텍스, 이웃 버텍스 – 옮긴이

적 내부 서브클래스인 `EmployeeShortestPathOutputFormat`을 구현한다. 이는 사용자 정의 `RecordReader` 대신 `RecordWriter`를 사용한다는 점을 제외하면 앞에서 정의한 사용자 정의 `InputFormat`의 상속/위임 패턴과 유사하다. 문자열로 정수를 출력하면서 재사용할 `Text` 멤버 변수 `valOut`을 설정한다. 프레임워크는 자동으로 데이터셋에 포함된 각 버텍스에 대해 `writeVertex()`를 호출해 처리한다.

현재 버텍스의 값이 아직도 `Integer.MAX`이면 그래프에서 해당 버텍스는 어떤 메시지도 받을 수 없다는 사실을 알 수 있다. 즉 소스 버텍스에서 해당 버텍스까지 도달할 경로는 없다는 뜻이다. 그렇지 않으면, 소스 ID에서 현재의 버텍스 ID를 통과하는 데 필요한 홉의 최소 수를 출력한다.

참고사항

▶ 7장의 '분산된 너비 우선 탐색을 수행하기 위한 아파치 지라프 사용' 절 참조

분산된 너비 우선 탐색을 수행하기 위한 아파치 지라프 사용

이 절에서는 두 명의 직원employee이 하나 이상의 경로를 통해 회사 네트워크에 연결되어 있는지 여부를 확인하기 위해 분산 너비 우선 탐색을 구현하고자 아파치 지라프 API를 사용한다. 코드는 버텍스에 도달할 수 있는지 여부를 판단하기 위해 직원의 버텍스 간 메시지 전달에 역점을 둔다.

준비

기본적으로 구글 프레겔/BSP와 지라프 API에 익숙해야 한다.

의사 분산 하둡 클러스터에 접근할 수 있어야 한다. 이 절에 나와 있는 코드는 완전 분산 환경에서 이상적이지 않은 분할 마스터 워커 구성을 사용한다. 또한 배시bash 셸 스크립트에 익숙하다고 가정한다.

HDFS의 /input/gooftech 디렉토리에 예제 데이터셋 gooftech.tsv를 적재한다.

그리고 셸에서 실행될 하둡 JAR 내에 코드를 패키징한다. 이 절에 나와 있는 셸 스크립트는 정확한 클래스패스 의존성과 함께 잡 제출을 위한 템플릿을 보여준다.

예제 구현

다음은 지라프에서 너비 우선 탐색을 수행하기 위한 단계다.

1. EmployeeRDFTextInputFormat.java를 구현한다. 7장의 '아파치 지라프를 이용한 단일 소스 최단 경로 구하기' 절의 '예제 구현' 1~3단계를 참고한다.
2. 잡 설정 코드와 버텍스 클래스, 사용자 정의 출력 포맷은 모두 하나의 클래스에 포함된다. 다음 코드를 EmployeeBreadthFirstSearch.java라는 이름의 클래스로 저장한다.

```java
import org.apache.giraph.graph.*;
import org.apache.giraph.lib.TextVertexOutputFormat;
import org.apache.hadoop.conf.Configuration;
import org.apache.hadoop.fs.FileSystem;
import org.apache.hadoop.fs.Path;
import org.apache.hadoop.io.*;
import org.apache.hadoop.mapreduce.RecordWriter;
import org.apache.hadoop.mapreduce.TaskAttemptContext;
import org.apache.hadoop.mapreduce.lib.input.FileInputFormat;
import org.apache.hadoop.mapreduce.lib.output.FileOutputFormat;
import org.apache.hadoop.util.Tool;
import org.apache.hadoop.util.ToolRunner;

import java.io.IOException;

/**
 * 직원(employee)에서 시작, 메시지가 수신되면 대상을 마크
 */
public class EmployeeBreadthFirstSearch implements Tool {

    public static final String NAME = "emp_breadth_search";

    private Configuration conf;
    private static final String SOURCE_ID = "emp_src_id";
    private static final String DEST_ID = "emp_dest_id";
```

```java
public EmployeeBreadthFirstSearch(Configuration configuration) {
  conf = configuration;
}
```

3. 다음 코드의 run() 메소드는 지라프 잡 구성을 설정한다.

```java
@Override
public int run(String[] args) throws Exception {
  if (args.length < 5) {
    System.err.println(printUsage());
    System.exit(1);
  }
  if (args.length > 5) {
    System.err.println("too many arguments. " + "Did you forget to
quote the source or destination ID name ('firstname lastname')");
    System.exit(1);
  }
  String input = args[0];
  String output = args[1];
  String source_id = args[2];
  String dest_id = args[3];
  String zooQuorum = args[4];

  conf.set(SOURCE_ID, source_id);
  conf.set(DEST_ID, dest_id);
  conf.setBoolean(GiraphJob.SPLIT_MASTER_WORKER, false);
  conf.setBoolean(GiraphJob.USE_SUPERSTEP_COUNTERS, false);
  conf.setInt(GiraphJob.CHECKPOINT_FREQUENCY, 0);
  GiraphJob job = new GiraphJob(conf,
    "determine connectivity between " + source_id +
    " and " + dest_id);
  job.setVertexClass(EmployeeSearchVertex.class);
  job.setVertexInputFormatClass(EmployeeRDFTextInputFormat.class);
  job.setVertexOutputFormatClass(BreadthFirstTextOutputFormat.class);
  job.setZooKeeperConfiguration(zooQuorum);

  FileInputFormat.addInputPath(job.getInternalJob(),
      new Path(input));
  FileOutputFormat.setOutputPath(job.getInternalJob(),
      removeAndSetOutput(output));
```

```
    job.setWorkerConfiguration(1, 1, 100.0f);

    if (job.run(true)) {
      long srcCounter = job.getInternalJob().getCounters().getGroup(
        "Search").findCounter("SourceId found").getValue();
      long dstCounter = job.getInternalJob().getCounters().getGroup(
        "Search").findCounter("Dest Id found").getValue();

      if (srcCounter == 0 || dstCounter == 0) {
        System.out.println("Source and/or Dest Id not found in
          dataset. Check your arguments.");
      }
      return 0;
    } else {
      return 1;
    }
  }
```

4. 다음은 HDFS에서 기존 디렉토리를 삭제하는 메소드로, 신중하게 사용한다. 그 밖의 메소드는 Tool 인터페이스를 구현한다.

```
  private Path removeAndSetOutput(String outputDir)
      throws IOException {
    FileSystem fs = FileSystem.get(conf);
    Path path = new Path(outputDir);
    fs.delete(path, true);
    return path;
  }

  private String printUsage() {
    return "usage: <input> <output> <single quoted source_id> <single
  quoted dest_id> <zookeeper_quorum>";
  }

  @Override
  public void setConf(Configuration conf) {
    this.conf = conf;
  }

  @Override
```

```
public Configuration getConf() {
  return conf;
}
```

5. main() 메소드는 ToolRunner를 사용해 잡을 인스턴스화하고 하둡에게 전송한다.

```
public static void main(String[] args) throws Exception {
  System.exit(ToolRunner.run(new EmployeeBreadthFirstSearch(
    new Configuration()), args));
}
```

6. 정적 내부 클래스 EmployeeSearchVertex는 각 슈퍼스텝 동안 사용되는 사용자 정의 compute 메소드를 정의한다.

```
public static class EmployeeSearchVertex<I extends
    WritableComparable, V extends Writable, E extends Writable,
    M extends Writable> extends EdgeListVertex<Text, IntWritable,
    NullWritable, IntWritable> {

  private IntWritable msg = new IntWritable(1);

  private boolean isSource() {
    return getId().toString().equals(getConf().get(SOURCE_ID));
  }

  private boolean isDest() {
    return getId().toString().equals(getConf().get(DEST_ID));
  }

  @Override
  public void compute(Iterable<IntWritable> messages)
      throws IOException {
    if (getSuperstep() == 0) {
      if (isSource()) {
        getContext().getCounter("Search",
          "Source Id found").increment(1);
        sendMessageToAllEdges(msg);
      } else if (isDest()) {
        getContext().getCounter("Search",
```

```
            "Dest Id found").increment(1l);
        }
      }
      boolean connectedToSourceId = false;
      for (IntWritable msg : messages) {
        if (isDest()) {
          setValue(msg);
        }
        connectedToSourceId = true;
      }
      if (connectedToSourceId)
        sendMessageToAllEdges(msg);
      voteToHalt();
    }
  }
```

7. 정적 내부 클래스 BreadthFirstTextOutputFormat은 사용자 정의 OutputFormat을 정의한다. BreadtFirstTextOutputFormat 클래스는 HDFS에 다시 텍스트 키/값 쌍으로 버텍스 정보를 출력한다.

```
public static class BreadthFirstTextOutputFormat extends
    TextVertexOutputFormat <Text, IntWritable, NullWritable> {

  private static class EmployeeRDFVertexWriter extends
      TextVertexWriter <Text, IntWritable, NullWritable> {

    private Text valOut = new Text();
    private String sourceId = null;
    private String destId = null;

    public EmployeeRDFVertexWriter(String sourceId,
        String destId, RecordWriter<Text, Text>lineRecordWriter) {
      super(lineRecordWriter);
      this.sourceId = sourceId;
      this.destId = destId;
    }

    @Override
    public void writeVertex(Vertex<Text, IntWritable,
```

```
        NullWritable, ?> vertex) throws
          IOException, InterruptedException {
      if (vertex.getId().toString().equals(destId)) {
        if (vertex.getValue().get() > 0) {
          getRecordWriter().write(new Text(sourceId
            + " is connected to " + destId), new Text(""));
        } else {
          getRecordWriter().write(new Text(sourceId +
            " is not connected to " + destId), new Text(""));
        }
      }
    }
  }

  @Override
  public VertexWriter<Text, IntWritable, NullWritable>
      createVertexWriter(TaskAttemptContext context) throws
      IOException, InterruptedException {
    RecordWriter<Text, Text> recordWriter =
      textOutputFormat.getRecordWriter(context);
    String sourceId = context.getConfiguration().get(SOURCE_ID);
    String destId = context.getConfiguration().get(DEST_ID);
    return new EmployeeRDFVertexWriter(sourceId, destId,
      recordWriter);
  }
 }
}
```

8. 다음 코드에 나와 있는 명령어를 사용해 셸 스크립트 run_employee_connectivity_search.sh를 만든다. 지라프 JAR 파일의 로컬 경로를 일치시키기 위해 `GIRAPH_PATH`를 변경하고, 위의 코드를 사용해 컴파일된 사용자 정의 JAR 파일의 로컬 경로를 일치시키기 위해 `JAR_PATH`를 변경한다.

 사용자 정의 JAR 파일의 emp_breadth_first 별칭을 사용하려면 main 클래스가 포함되는 하둡 드라이버 클래스를 사용해야 한다.

```
GIRAPH_PATH=lib/giraph/giraph-0.2-SNAPSHOT-jar-with-dependencies.jar
HADOOP_CLASSPATH=$HADOOP_CLASSPATH:$GIRAPH_PATH
JAR_PATH=dist/employee_examples.jar
export HADOOP_CLASSPATH
hadoop jar $JAR_PATH emp_breadth_search -libjars $GIRAPH_PATH,
$JAR_PATH /input/gooftech /output/gooftech 'Valery Dorado'
'Gertha Linda' localhost:2181
```

9. run_employee_connectivity_search.sh를 실행한다. 하둡 클러스터에 전송한 잡을 볼 수 있다. 성공적으로 완료되면, /output/gooftech에 "Valery Dorado is not connected to Gertha Linda."를 포함한 단일 파트 파일을 볼 수 있다.

10. run_employee_connectivity_search.sh를 열고 소스 ID를 Shoshana Gatton으로 변경하고 스크립트를 저장하고 닫는다.

11. run_employee_connectivity_search.sh를 실행한다. 현재 Shoshana Gatton은 Gertha Linda에 연결된 것으로 출력한다.

예제 분석

사용자 정의 InputFormat과 잡 설정 방법을 이해하려면 7장의 '아파치 지라프를 이용한 단일 소스 최단 경로 구하기' 절의 '예제 분석'을 참고한다. 이 절에서는 다음과 같은 차이점을 제외하고는, 동일한 입력 포맷과 동일한 잡 설정을 사용한다.

- 잡은 커맨드라인에서 제공하는 추가적인 DEST_ID 인자가 필요하다.
- 버텍스의 구현은 EmployeeSearchVertex이다.
- OutputFormat의 서브클래스는 정적 내부 클래스인 BreadthFirstText OutputFormat으로 설정한다. 이는 다음 문단에서 자세히 설명한다.
- 소스/목적지 ID가 데이터셋에 있는지 여부를 확인하기 위해 잡을 실행하는 동안 카운터를 사용한다.

EmployeeSearchVertex 클래스의 compute() 메소드는 지라프의 메시지 전달 특징을 사용해 버텍스가 도달 가능한지 결정한다. 첫 번째 슈퍼스텝이 시작하면 소스 ID에서 모든 에지를 통해 메시지를 보낸다. 버텍스 데이터셋에서 제공하는 소스 ID와 목적지 ID를 찾으면 사용자가 알 수 있게 카운터를 증가시킨다. 이것은 커맨드라인에서 소스/목적지 ID가 잘못 입력된 것을 빨리 확인하는 데 도움이 된다. 첫 번째 슈퍼스텝 후에 이 카운터들은 1로 설정돼야 한다. private 상수 멤버 변수로 msg를 1로 정의한다. 실제 숫자 형태의 메시지 내용은 사용하지는 않는다. 그러나 IntWritable로 버텍스 값을 유지함으로써 이미 구현된 사용자 정의 InputFormat으로 EmployeeRDFTextInputFormat을 사용할 수 있다. 슈퍼스텝 동안 메시지를 받은 버텍스는 자신의 에지를 통해 메시지를 전달한다. 목적지 버텍스가 메시지를 받으면 버텍스는 자신의 값을 1로 설정한다. 잡이 끝나고 목적지 버텍스가 값으로 1을 갖고 있으면 목적지 버텍스가 소스 버텍스로부터 1개 이상의 에지로 연결되어 있다는 뜻이고, 값이 0이면 버텍스는 어떠한 메시지도 받지 못했고 소스 버텍스에 연결되어 있지 않다는 뜻이다.

출력 포맷을 다루기 위해 정적 내부 클래스 BreadthFirstTextOutputFormat을 정의한다. 이는 RecordReader 대신 RecordWriter를 사용한다는 점을 제외하면 앞에서 정의한 사용자 정의 InputFormat의 상속/위임 패턴과 유사하다. TextVertexWriter 서브클래스인 EmployeeRDFVertexWriter를 초기화할 때, EmployeeRDFVertexWriter 레퍼런스 값을 구성된 소스와 목적지 버텍스 ID에 전달한다. 프레임워크는 데이터셋에서 각 버텍스에 대해 writeVertex() 메소드를 호출함으로써 자동으로 처리한다. 이 잡은 소스 버텍스가 목적지 버텍스에 하나 이상의 경로로 연결됐는지 아닌지를 출력하는 데 중점을 둔다. 처리하고 있는 현재 버텍스가 목적지 버텍스이면 2개의 문자열 중 하나를 출력한다. 버텍스 값이 0보다 크면, 목적지는 하나 이상의 메시지를 받게 된다. 이 목적지는 소스와 목적지 사이에서 에지와 소통이 가능한 최소한 하나의 경로가 있을 가능성이 있다. 그렇지 않고 목적지 버텍스의 값이 0이면, 소스의 의해 접근하지 않을 것으로 가정한다. 이 절에 나와 있는 것처럼 소스/목적지 노드 한 쌍을 위해, 잡 클래스에서 이 비즈니스 로직을 바로 배치하고 실행이 끝난 후 카운터를 사용했다. 그러나 여러 목적지/소스 버텍스 쌍을 조회하기 위해 이 코드를 사용할 필요가 있고 이 디자인은 더 확장 가능하다.

> **부연 설명**

일반적으로 하둡 맵리듀스 API를 사용해 디자인된 프로그램을 대용량 데이터에 적용할 때는 추가적인 튜닝이 필요하다. 그러나 쉽게 확장할 수 없는 디자인 패턴을 선택했다면 완전히 재평가하기는 어렵다. 지라프 API 작업은 부단한 노력과 인내가 필요하다.

아파치 지라프 잡은 가끔 확장성에 대한 튜닝이 필요하다

이것은 초기에 발견하기가 쉽진 않다. 주어진 BSP의 설계 접근 내에 아주 잘 작동하는 비교적 작은 그래프가 있을 수 있다. 갑자기 확장 문제에 부딪히고 계획하지 않은 모든 문제에 주목해야 한다. 복잡한 문제를 피하고 트러블슈팅이 용이하도록 `compute()` 메소드를 작게 유지한다. 글을 쓰는 시점에 지라프 워커는 할당된 그래프의 파티션을 메모리에 직접 올려놓고 프로세싱한다. 버텍스 메모리 사용량footprint을 최소화하는 일은 매우 중요하다. 또한 많은 사람들이 GiraphJob상의 매개변수를 사용해 이러한 메시지 전달 설정을 튜닝해야 한다. `MSG_NUM_FLUSH_THREADS`를 설정해 여타 워커와 통신하기 위해 각 워커가 사용하는 메시지 스레드 수를 제어할 수 있다. 기본적으로 지라프는 각 워커가 잡에서 다른 모든 워커의 통신 스레드를 오픈한다. 많은 하둡 클러스터의 경우, 한 워커가 다른 모든 워커의 통신에 대해 지속 가능하지 않다. 또한 `MAX_MESSAGES_PER_FLUSH_PUT`을 사용해 대량으로 내보낼flushing 수 있도록 최대 메시지 수 조정을 고려해야 한다. 기본 값 2000은 잡 처리에 충분하지 않을 수 있다.

아파치 머하웃을 이용한 협업 필터링

협업 필터링은 사용자와 항목(예: 서적과 음악) 간의 관계를 발견하는 데 사용할 수 있는 기술이다. 협업 필터링을 통해 사용자들이 구입한 항목 등 일련의 사용자 취향을 조사함으로써 사용자들의 취향이 유사한지를 결정한다. 협업 필터링은 추천 시스템을 구축하는 데 사용할 수 있다. 추천 시스템은 아마존과 링크드인, 페이스북 등 많은 기업에서 사용된다.

이 절에서는 사람들이 선호하는 책을 포함하는 데이터셋을 기반으로 책 추천사항을 생성하도록 아파치 머하웃을 사용한다.

준비

다음 항목들을 내려받아 컴파일하고 설치한다.

- 메이븐 2.2 이상(http://maven.apache.org/)
- 아파치 머하웃 버전 0.6(http://mahout.apache.org/)
- Book-Crossing의 CSV Dump 데이터셋(http://www.informatik.uni-freiburg.de/~cziegler/BX/)
- 7장의 스크립트(http://packtpub.com/support)

먼저 머하웃을 컴파일하고 머하웃 바이너리를 시스템 경로에 추가한다. 또한 하둡이 설치된 루트 디렉토리를 가리키도록 HADOOP_HOME 환경 변수를 설정해야 한다. 배시 셸에서 다음과 같이 한다.

```
$ export PATH=$PATH:/path/to/mahout/bin
$ export HADOOP_HOME=/opt/mapr/hadoop/hadoop-0.20.2
```

그 다음, 현재 작업 디렉토리에 Book-Crossing 데이터셋의 압축을 해제한다. BX-Books.csv, BX-Book-Ratings.csv, BX-Users.csv라는 3개의 파일을 볼 수 있다.

예제 구현

다음은 머하웃 협업 필터링을 수행하기 위한 단계다.

1. BX-Book-Ratings.csv 파일을 마하웃 추천에서 사용할 수 있는 포맷으로 바꾸기 위해 clean_book_ratings.py 스크립트를 실행한다.

    ```
    $ ./clean_book_ratings.py BX-Book-Ratings.csv cleaned_book_ratings.txt
    ```

2. BX-Users.csv 파일을 머하웃 추천에서 사용할 수 있는 포맷으로 바꾸기 위해 clean_book_users.py 스크립트를 실행한다. BX-Users.csv 파일은 현재 작업 중인 디렉토리 내에 있어야 한다.

   ```
   $ ./clean_book_users.sh
   ```

3. cleaned_book_ratings.txt와 cleaned_book_users.txt 파일 모두 HDFS에 복사한다.

   ```
   $ hadoop fs -mkdir /user/hadoop/books
   $ hadoop fs -put cleaned_book_ratings.txt /user/hadoop/books
   $ hadoop fs -put cleaned_book_users.txt /user/hadoop/books
   ```

4. HDFS에 복사한 평가 등급rating과 사용자 정보를 사용해 머하웃의 추천을 실행한다. 머하웃은 책의 추천사항을 생성하기 위해 여러 맵리듀스 잡을 시작한다.

   ```
   $ mahout recommenditembased --input /user/hadoop/books/ cleaned_
   book_ratings.txt --output /user/hadoop/books/recommended
   --usersFile /user/hadoop/books/cleaned_book_users.txt -s
   SIMILARITY_LOGLIKELIHOOD
   ```

5. `USERID [RECOMMENDED BOOK ISBN:SCORE,...]` 포맷의 결과를 확인한다. 출력은 다음과 같다.

   ```
   $ hadoop fs -cat /user/hadoop/books/recommended/part* | head -n1
   17      [849911788:4.497727,807503193:4.497536,881030392:4.497536,
   761528547:4.497536,380724723:4.497536,807533424:4.497536,310203414
   :4.497536,590344153:4.497536,761536744:4.497536,531000265:4.497536
   ]
   ```

6. print_user_summaries.py를 사용해 좀 더 인간 친화적인 방법의 결과를 확인한다. 처음 10명의 사용자를 위한 추천사항을 출력하려면, print_user_summaries.py의 마지막 인자로 10을 사용한다.

   ```
   hadoop fs -cat /user/hadoop/books/recommended/part-r-00000 | ./
   print_user_summaries.py BX-Books.csv BX-Users.csv BX-Book-Ratings.csv
   10
   ==========
   user id =  114073
   ```

```
rated:
Digital Fortress : A Thriller  with:  9

Angels &amp Demons with:   10

recommended:
Morality for Beautiful Girls (No.1 Ladies Detective Agency)
Q Is for Quarry
The Last Juror
The Da Vinci Code
Deception Point

A Walk in the Woods: Rediscovering America on the Appalachian
Trail (Official Guides to the Appalachian Trail)
Tears of the Giraffe (No.1 Ladies Detective Agency)
The No. 1 Ladies' Detective Agency (Today Show Book Club #8)
```

print_user_summaries.py의 출력은 사용자 평가 등급을 보여주고, 그런 다음 머하웃이 생성한 추천 항목을 보여준다.

예제 분석

이 절의 첫 단계로 Book-Crossing 데이터셋을 정리했다. BX-Book-Ratings.csv 파일에서는 다음 컬럼을 세미콜론(;)으로 구분했다.

- USER_ID: 사람에게 할당한 사용자 ID
- ISBN: 사람이 리뷰했던 책의 ISBN
- BOOK-RATING: 사용자가 책에 부여한 평가 등급

머하웃의 추천 엔진은 다음과 같은 입력 데이터셋이 콤마로 구분된 포맷으로 한다.

- USER_ID: USER_ID는 정수여야 함
- ITEM_ID: ITEM_ID는 정수여야 함
- RATING: 평가 등급은 선호도에 따라 증가하는 정수여야 함. 예를 들어, 1은 사용자가 책을 매우 싫어하고 10은 사용자가 매우 즐겼음을 의미한다.

BX-Book-Ratings.csv 파일에서 변환이 완료된 뒤, BX-Users.csv 파일에 대해 유사한 변환을 실시했다. USER_ID를 제외하고 BX-Users.csv 파일의 정보 대부분을 나눈다.

마지막으로, 머하웃의 추천 엔진을 시작한다. 머하웃은 -usersFile 플래그로 지정한 주어진 사용자들에 대해 책의 추천 항목을 결정하려고 맵리듀스 잡의 시리즈를 시작한다. 이 예제에서는 머하웃이 데이터셋의 모든 사용자에 대해 책의 추천 항목을 생성한다. 그래서 완전한 USER_ID 리스트를 머하웃에 제공했다. 추가로 머하웃의 커맨드라인으로 입력 경로, 출력 경로, 사용자 리스트를 커맨드라인 매개변수로 줄 뿐만 아니라, -s SIMILARITY_LOGLIKELIHOOD를 네 번째 매개변수로 지정해준다. -s 플래그는 모든 사용자 간에 유사한 책 선호도를 비교하기 위해 머하웃이 사용하는 유사도 측정을 지정하는 데 사용된다. 이 절에서는 로그 라이클리후드 log likelihood가 간단하고 효과적이기 때문에 이를 사용했지만, 머하웃은 그 밖의 유사도 기능도 제공한다. 자세한 내용은 다음 명령어를 실행해 -s 플래그 옵션을 확인한다.

`$mahout recommenditembased`

참고사항

- 7장의 '아파치 머하웃을 이용한 클러스터링' 절 참조
- 7장의 '아파치 머하웃을 이용한 감성 분류' 절 참조

아파치 머하웃을 이용한 클러스터링

클러스터링은 파티션과 관련해 데이터셋을 분할하는 데 사용할 수 있는 기술이다. 이 절은 **k-평균** k-means이라는 특정 클러스터 메소드를 사용할 것이다. k-평균은 클러스터의 중심점 주위에 있는 점 사이의 거리를 최소화해 k개의 클러스터로 데이터셋을 분할한다.

이 절에서는 셰익스피어의 비극에서 찾은 단어를 클러스터링하기 위해 아파치 머하웃 k-평균 구현체를 사용한다.

준비

다음 항목들을 내려받아 컴파일하고 설치한다.

- 메이븐 2.2 이상(http://maven.apache.org)
- 아파치 머하웃 버전 0.6(http://mahout.apache.org/)
- shakespeare.zip(http://packtpub.com/support)

shakespeare_text라는 디렉토리에 shakespeare.zip을 압축 해제한다. shakespeare.zip 아카이브에는 셰익스피어의 작품 6개가 포함되어 있다. HDFS에 shakespeare_text 디렉토리와 파일을 복사한다.

```
$ mkdir shakespeare_text
$ cd shakespeare_text
$ unzip shakespeare.zip
$ cd ..
$ hadoop fs -put shakespeare_text /user/hadoop
```

예제 구현

다음은 머하웃의 클러스터링을 수행하기 위한 단계다.

1. 하둡의 시퀀스파일 포맷으로 셰익스피어의 텍스트 문서를 변환한다.

   ```
   mahout seqdirectory --input /user/hadoop/shakespeare_text --output /user/hadoop/shakespeare-seqdir --charset utf-8
   ```

2. 시퀀스파일의 텍스트 내용을 벡터로 변환한다.

   ```
   mahout seq2sparse --input /user/hadoop/shakespeare-seqdir
   --output /user/hadoop/shakespeare-sparse --namedVector -ml 80
   -ng 2 -x 70 -md 1 -s 5 -wt tfidf -a org.apache.lucene.analysis.
   WhitespaceAnalyzer
   ```

3. 문서 벡터에서 k-평균 클러스터링 알고리즘을 실행한다. 이 명령은 10개의 맵리듀스 잡을 시작한다. 또한 k-평균 클러스터링을 사용하기 때문에 원하는 클러스터의 수를 지정해야 한다.

```
mahout kmeans --input /user/hadoop/shakespeare-sparse/tfidf-
vectors --output /user/hadoop/shakespeare-kmeans/clusters
--clusters /user/hadoop/shakespeare-kmeans/initialclusters
--maxIter 10 --numClusters 6 --clustering -overwrite
```

4. 머하웃으로 식별되는 클러스터를 확인하려면 다음 명령어를 사용한다.

```
mahout clusterdump --seqFileDir /user/hadoop/shakespeare-kmeans/
clusters/clusters-1-final --numWords 5 --dictionary /user/hadoop/
shakespeare-sparse/dictionary.file-0 --dictionaryType sequencefile
```

clusterdump 도구는 대단한 결과를 낼 수 있다. 출력에서 Top Term 부분을 찾는다. 예를 들어 다음 예제는 k-평균 알고리즘으로 식별된 '로미오와 줄리엣' 클러스터의 Top Term이다.

```
r=/romeoandjuliet.txt =]}
        Top Terms:
                ROMEO                   =>   29.15485382080078
                JULIET                  =>   25.78818130493164
                CAPULET                 =>   21.401729583740234
                the                     =>   20.942245483398438
                Nurse                   =>   20.129182815551758
```

예제 분석

초기 단계에서는 머하웃의 k-평균 알고리즘을 실행하기 전에 원시 텍스트 데이터에 몇 가지 전처리를 했다. seqdirectory 도구는 단순히 HDFS 디렉토리의 내용을 시퀀스파일로 변환한다. 다음으로 seq2sparse 도구는 새로 만든 (텍스트가 포함한) 시퀀스파일을 문서 벡터로 변환한다. seq2sparse의 인자는 다음과 같다.

- --input: 머하웃에서 사용할 시퀀스파일을 포함한 HDFS 디렉토리 위치
- --output: 문서 벡터가 포함될 HDFS 출력 디렉토리

- ▶ `--namedVector`: 이름 벡터를 사용하는 플래그
- ▶ `-ml`: 최소 로그 임계 값. 중요한 단어들만 남기려면 높은 값으로 설정한다.
- ▶ `-ng`: n-그램 크기
- ▶ `-x`: 소멸되기 전에 나타날 수 있는 용어/조건 최대 문서 빈도를 정의한 임계 값. 이 절에서는 70을 선택했다. 이는 문서에서 70% 이상 나타난 단어는 버린다는 뜻이다. 무의미한 단어를 삭제하려면 이 설정을 사용한다(예를 들어, '~에서' 같은 조사나 관사 같은 단어[8]).
- ▶ `-md`: 어떤 단어가 나타나야 하는 최소 문서의 개수. 이 절에서 `-md`를 1로 설정한 것은 어떤 단어가 적어도 1개의 문서에 나타나야 함을 의미한다.
- ▶ `-s`: 어떤 단어가 한 문서 내에 나타나야 하는 최소 횟수
- ▶ `-wt`: 사용돼야 하는 가중치 알고리즘. 여기서는 `TF-IDF`를 사용했다. 그 밖의 옵션은 `TF`로, 키 n-그램으로 식별하는 데 도움이 되지 않는다.
- ▶ `-a`: 사용돼야 하는 분석기의 타입. 분석기는 텍스트 문서를 변환하는 데 사용된다. `WhitespaceAnalyzer`는 토큰을 공백으로 하여 문서를 나눈다. 토큰은 `seq2sparse` 애플리케이션에 제공되는 그 밖의 플래그에 따라 저장하고 조합되고 삭제된다.

마지막으로, 셰익스피어의 데이터셋에 k-평균 클러스터링 알고리즘을 실행했다. 머하웃은 설정되어 있는 맵리듀스 잡 시리즈를 시작한다. k-평균 잡은 어느 k-평균 클러스터에 수렴하거나 맵리듀스 잡의 최대 허용 개수에 도달할 때 완료된다. 다음은 k-평균 머하웃 잡을 설정하는 데 필요한 매개변수를 정의한다.

- ▶ `--input`: 문서 벡터를 포함한 HDFS 디렉토리
- ▶ `--output`: k-평균 잡의 HDFS 출력 디렉토리
- ▶ `--maxIter`: 시작하는 맵리듀스 잡의 최대 수
- ▶ `--numClusters`: 식별하려는 클러스터의 수. 6개의 셰익스피어 문서 때문에 6을 선택했으며, 그 문서들의 중요한 2그램을 식별한다.

---

[8] 불용어라고 부르며, 보통 영문 텍스트에서 20~30% 정도 발생한다(http://images.webofknowledge.com/WOKRS59B4/help/ko_KR/Dll/hs_stopwords.html). – 옮긴이

- --clusters: 초기 설정 클러스터 포인트
- --clustering: 클러스터링 전에 데이터를 반복하기 위해 머하웃에 전달하는 플래그
- --overwrite: 출력 디렉토리를 덮어쓰기 위해 머하웃에 전달하는 플래그

참고사항

- 7장의 '아파치 머하웃을 이용한 감성 분류' 절 참조

아파치 머하웃을 이용한 감성 분류

감성 분류는 특정 항목을 좋아하거나 싫어하는 사람의 성향을 결정하는 분류 처리 기술이다. 이 절에서는 영화 리뷰에서 발견된 용어의 집합이 영화가 부정적 혹은 긍정적 신호라는 의미를 결정하기 위해 아파치 머하웃의 나이브 베이즈naive Bayes 분류기를 사용한다.

준비

다음 항목들을 내려받아 컴파일하고 설치한다.

- 메이븐 2.2 이상(http://maven.apache.org/)
- 아파치 머하웃 버전 0.6(http://mahout.apache.org/)
- Polarity_dataset_v2.0(http://www.cs.cornell.edu/people/pabo/movie-review-data/)
- 7장의 스크립트(http://packtpub.com/support)

현재 작업 중인 디렉토리에 영화 리뷰 데이터셋 review_polarity.tar.gz의 압축을 해제한다. txt_sentoken이라는 새로 만든 디렉토리가 나타난다. 해당 디렉토리에 pos와 neg라는 2개의 디렉토리가 있어야 한다. pos와 neg 디렉토리에는 영화의 서면 평가를 포함하는 텍스트 파일이 있다. 물론 pos 디렉토리에는 긍정적인 영화 리뷰가 있고, neg 디렉토리에는 부정적인 리뷰가 있다.

예제 구현

1. 머하웃 분류기를 위해 데이터를 학습training하고 테스트셋으로 변환하기 위해 현재 작업 중인 디렉토리에서 reorg_data.py 스크립트를 실행한다.

   ```
   $ ./reorg_data.py txt_sentoken train test
   ```

2. 머하웃 분류기를 위한 데이터셋을 준비한다.

이 애플리케이션은 HDFS가 아닌 로컬 파일 시스템에 읽고 쓴다.

   ```
   $ mahout prepare20newsgroups -p train -o train_formated -a
   org.apache.mahout.vectorizer.DefaultAnalyzer -c UTF-8
   $ mahout prepare20newsgroups -p test -o test_formated -a
   org.apache.mahout.vectorizer.DefaultAnalyzer -c UTF-8
   ```

3. train_formated와 test_formated 디렉토리를 HDFS에 복사한다.

   ```
   $ hadoop fs -put train_formated /user/hadoop/
   $ hadoop fs -put test_formated /user/hadoop/
   ```

4. train_formated 데이터셋을 사용해 나이브 베이즈 분류기를 학습시킨다.

   ```
   $ mahout trainclassifier -i /user/hadoop/train_formated -o /user/
   hadoop/reviews/naive-bayes-model -type bayes -ng 2 -source hdfs
   ```

5. test_formated 데이터셋을 사용해 분류기를 테스트한다.

   ```
   $ mahout testclassifier -m /user/hadoop/reviews/naive-bayes-model
   -d prepared-test -type bayes -ng 2 -source hdfs -method sequential
   ```

6. testclassifier 도구는 유사 요약과 혼잡 행렬을 반환한다. 수치는 다음과 정확하게 같지는 않을 것이다.

   ```
   Summary
   -------------------------------------------------------
   Correctly Classified Instances        :    285         71.25%
   Incorrectly Classified Instances      :    115         28.75%
   Total Classified Instances            :    400


   =======================================================
   Confusion Matrix
   ```

```
-------------------------------------------------------
a          b           <--Classified as
97         103         |  200        a      = pos
12         188         |  200        b      = neg
```

예제 분석

첫 두 단계는 머하웃 나이브 베이즈 분류기를 위해 데이터를 준비해야 했다. reorg_data.py 스크립트는 txt_sentoken 디렉토리에서 학습과 테스트셋으로 긍정과 부정의 리뷰를 배포했다. 리뷰의 80%를 학습용으로 넣고, 나머지 20%를 테스트셋으로 사용했다. 다음으로, 학습과 테스트 데이터셋 포맷을 머하웃의 분류기와 호환되는 포맷으로 변환하기 위해 prepare20newsgroups 도구를 사용했다. 머하웃에 포함된 예제 데이터셋은 reorg_data.py 스크립트가 생성한 데이터와 포맷이 유사하다. 따라서 prepare20newsgroups 도구를 사용할 수 있다. prepare20newsgroups는 데이터셋 클래스(긍정/부정)에 따라 단일 파일에 pos와 neg 디렉토리 내의 모든 파일을 결합하는 것이다. 그래서 각각 단일 리뷰를 포함한 1000개의 긍정 및 부정 파일 대신에, 지금 각기 긍정과 부정 리뷰를 모두 포함하는 pos.txt와 neg.txt라는 2개의 파일로 만든다.

다음으로 HDFS에 있는 train_formated 데이터셋을 n-그램 크기를 2로, 그리고 지정된 -ng 플래그를 사용해 나이브 베이즈 분류기를 학습시켰다. 머하웃은 맵리듀스 잡 시리즈를 시작함으로써 분류기를 학습시킨다.

마지막으로, HDFS에서 test_formated 데이터에 대해 4단계에서 만든 분류기를 테스트하기 위해 testclassifier 도구를 실행했다. 6단계에서 보듯이, 테스트 데이터의 71.25퍼센트를 정확하게 분류했다. 이 통계가 의미하는 바가, 분류기의 정확도가 모든 영화 리뷰에 대해 71.25퍼센트라는 뜻은 아님을 알아두자.[9] 분류기를 학습시키고 검증하는 데는 몇 가지 방법이 있으나, 이러한 기술은 이 책의 범위를 넘어간다.

---

9 분류기를 평가하는 방법에는 accuracy, precision, recall 등 여러 가지가 있다. 주어진 테스트 데이터 중 71.25%를 맞췄다고 해서 그 분류기의 accuracy가 71.25%가 아니란 뜻이다. - 옮긴이

> **부연 설명**
>
> 6단계에서 사용한 testclassifier 도구는 맵리듀스 잡을 실행하지 않는다. 이것은 로컬 모드에서 분류기를 테스트한다. 맵리듀스를 사용해 분류기를 테스트하려면, -method 매개변수의 값을 mapreduce로 변경한다.
>
> ```
> $ mahout testclassifier -m /user/hadoop/reviews/naive-bayes-model -d
> prepared-test -type bayes -ng 2 -source hdfs -method mapreduce
> ```

8
디버깅

> **8장에서 다루는 내용**
> - 맵리듀스 잡에서 잘못된 레코드 추적을 위한 카운터 사용
> - MRUnit을 이용한 맵리듀스 잡의 개발과 테스트
> - 로컬 모드에서 실행되는 맵리듀스 잡의 개발과 테스트
> - 잘못된 레코드를 스킵하기 위한 맵리듀스 잡 활성화
> - 스트리밍 잡에서의 카운터 사용
> - 디버깅 정보를 표시하기 위한 태스크 상태 메시지 업데이트
> - 피그 잡 디버깅하기 위한 illustrate 명령어 사용

개요

하둡은 다루기가 복잡해서 실무 적용에 많은 어려움이 있다. 하둡에서는 잘못된 또는 예기치 않은 입력 데이터가 일반적이다. 이는 대량의 비정형 데이터 잡을 다루는 데 있어 불행한 점이다. 하둡은 그런 맥락에서 개별 잡을 분리시키고 다른 입력 데이터가 주어진다. 하둡은 잡을 쉽게 배포할 수 있지만 전반적인 이벤트를 추적하고 개별 잡의 상태를 이해하는 데 어려움이 있다. 다행히 하둡 잡의 디버깅을 돕는 도구와 기술이 있다. 8장은 맵리듀스 잡을 디버깅하기 위해 이러한 도구와 기술을 적용하는 데 중심을 둔다.

리듀스 잡에서 잘못된 레코드 추적을 위한 카운터 사용

맵리듀스 프레임워크는 잡의 맵과 리듀스 단계에서 전반적인 이벤트 발생을 추적하기 위한 효율적인 메커니즘인 **카운터**Counter를 제공한다. 예를 들어 일반적인 맵리듀스 잡은 모두 동일한 코드를 실행하고, 입력 데이터의 각 블록에 대해 여러 매퍼 인스턴스를 시작한다. 이런 인스턴스는 동일한 잡의 일부이지만, 각기 독립적으로 실행된다. 카운터는 개발자가 모든 별도의 인스턴스에서 집계된 이벤트를 추적하게 해준다.

좀 더 구체적인 카운터의 사용은 맵리듀스 프레임워크 자체에서 발견할 수 있다. 각 맵리듀스 잡은 몇 가지 표준 카운터를 정의한다. 이러한 카운터 출력은 잡 트래커 웹 UI의 잡 상세job detail 섹션에서 발견할 수 있다.

	Counter	Map	Reduce	Total
Map-Reduce Framework	Map input records	71,228,085,554	0	71,228,085,554
	Reduce shuffle bytes	0	5,419,119,866,175	5,419,119,866,175
	Spilled Records	142,174,003,132	55,141,286,320	197,315,289,452
	Map output bytes	5,513,542,463,958	0	5,513,542,463,958
	CPU_MILLISECONDS	2,658,192,290	2,352,883,960	5,011,076,250
	Combine input records	139,937,676,997	69,478,386,276	209,416,063,273
	SPLIT_RAW_BYTES	1,999,232	0	1,999,232
	Reduce input records	0	58,006,566,989	58,006,566,989
	Reduce input groups	0	3,331,430	3,331,430
	Combine output records	139,937,676,997	69,478,386,262	209,416,063,259
	PHYSICAL_MEMORY_BYTES	12,647,158,763,520	196,662,726,656	12,843,821,490,176
	Reduce output records	0	406,433,728	406,433,728
	VIRTUAL_MEMORY_BYTES	33,014,737,301,504	273,806,381,056	33,288,543,682,560
	Map output records	71,228,085,554	0	71,228,085,554
	GC time elapsed (ms)	98,623,849	342,650,729	441,274,578

잡 트래커의 UI는 카운터 그룹과 이름, 총 매퍼, 총 리듀서, 총 잡을 보여준다.

카운터는 잡에 대한 추적 메타데이터로 제한한다. 표준 카운터가 좋은 예다. Map input records 카운터는 잡의 특정 실행에 대한 유용한 정보를 제공한다. 카운터가 없다면, 이런 통계는 잡 주요 출력의 일부가 되거나 잡 로직을 복잡하게 해서 보조 출력의 일부가 될 가능성이 크다.

다음은 잘못된 레코드는 필터링하고 필터링한 레코드 수를 로깅하는 카운터를 사용한 간단한 맵 온리 잡이다.

준비

팩트 웹사이트 http://www.packtpub.com/support에서 weblog_entries_bad_records.txt 데이터셋을 내려받는다.

1. 로컬 파일 시스템에서 weblog_entries_bad_records.txt 파일을 HDFS에 새로 만든 디렉토리에 복사한다.

    ```
    hadoop fs -copyFromLocal weblog_entries.txt /data/weblogs
    ```

2. CountersExample 잡을 제출한다.

    ```
    hadoop jar ./CountersExample.jar com.packt.hadoop.solutions.
    CounterExample /data/weblogs/weblog_entries_bad_records.txt /data/
    weblogs/weblog_entries_clean.txt
    ```

3. 잡 트래커 UI에서 카운터를 보려면, 웹 브라우저를 열고 잡 트래커 UI로 이동한다. 기본 주소는 `localhost:50030`이다. **Completed Jobs** 섹션으로 스크롤해 CounterExample 잡을 찾는다. 최근 잡은 표의 맨 아래에 있다. 잡이 배치되면 **Jobid**를 클릭한다. 이 페이지에는 카운터를 비롯한 잡에 대한 수준 높은 통계 정보가 있다.

com.packt.hadoop.solutions.CounterExample$BadRecords	INVALID_NUMBER_OF_COLUMNS	2	0	2
	INVALID_IP_ADDRESS	2	0	2

예제 분석

카운터는 그룹 내에 정의되어 있다. 자바에서는 각 카운터 그룹이 열거형$_{Enum}$이다. CounterExample 잡에서 열거형은 잘못된 레코드의 각 타입의 개수를 추적하기 위해 정의되어 있다.

```
static enum BadRecords{INVALID_NUMBER_OF_COLUMNS, INVALID_IP_ADDRESS};
```

맵 함수에는 유효한 데이터에 대한 두 가지 검사 항목이 있다. 첫 번째 검사 항목은 탭으로 구분되어 데이터를 분할한다. 이 예제에서 올바른 결과가 나왔다면, 각 레코드의 컬럼은 5개여야 한다. 레코드에 5개의 컬럼이 없는 경우, Context 클래스는 BadRecords.INVALID_NUMBER_OF_COLUMNS용 카운터를 이용해 1을 증가시킨다.

```
String record = value.toString();
String [] columns = record.split("\t");

// 유효한 컬럼 개수 확인
if (columns.length != 5) {
  context.getCounter(BadRecords.INVALID_NUMBER_OF_COLUMNS).increment(1);
  return;
}
```

두 번째 검사 항목은 IP 주소를 확인하는 것이다. 정규식인 VALID_IP_ADDRESS가 정의된다. 그 이름에서 알 수 있듯이, 이 정규식은 유효한 IP 주소와 일치한다.

```
private static final String VALID_IP_ADDRESS =
  "^([01]?\\d\\d?|2[0-4]\\d|25[0-5])\\.([01]?\\d\\d?|2[0-4]\\d|25[0-5])\\." +
  "([01]?\\d\\d?|2[0-4]\\d|25[0-5])\\.([01]?\\d\\d?|2[0-4]\\d|25[0-5])$";
```

VALID_IP_ADDRESS 정규식은 일치시키기 위한 모든 레코드의 IP 주소 컬럼을 확인하는 데 사용된다. 일치하지 않는 레코드의 경우 INVALID_IP_ADDRESS 카운터가 증가된다.

```
// 유효한 IP 주소 확인
Matcher matcher = pattern.matcher(columns[4]);
if (!matcher.matches()) {
  context.getCounter(BadRecords.INVALID_IP_ADDRESS).increment(1);
  return;
}
```

카운터의 각 증가는 각 매퍼가 로컬에 먼저 저장한다. 그런 다음 카운터 값은 두 번째 집계 과정의 태스크 트래커로 전달된다. 마지막으로, 값은 전체 집계가 수행하는 잡 트래커로 전달된다.

MRUnit을 이용한 맵리듀스 잡의 개발과 테스트

맵리듀스 잡의 개념은 비교적 간단하다. 맵 단계에서 각 입력 레코드는 하나 이상의 키/값 쌍 결과가 나오는 기능이 있다. 리듀스 단계는 키/값 쌍의 그룹을 수신하고 그 그룹에서 몇 가지 기능을 수행한다. 테스트 매퍼와 리듀서는 여타 기능을 테스트하는 것만큼이나 간단하다. 주어진 입력은 예상되는 출력 값을 생성한다. 복잡한 문제는 하둡의 분산 특성 때문에 발생한다. 하둡은 많은 무빙 파트moving part[1]가 있는 대형 프레임워크다. 클라우데라Cloudera MRUnit이 릴리스되기 이전에 로컬 모드에서 실행하는 가장 간단한 테스트는 디스크에서 읽는 것이고 각 설정과 실행은 몇 초 정도 걸린다.

MRUnit은 개발과 테스트를 하면서 하둡 프레임워크의 많은 부분을 제거한다. MRUnit은 입력 값과 예상되는 출력 값에 대한 맵과 리듀스 코드에 집중시킨다. MRUnit으로 맵리듀스 코드를 개발하고 테스트하는 것이 IDE에서 하는 전부다. 그리고 이러한 테스트는 실행하는 데 1초도 안 걸린다.

이 절에서는 MRUnit이 lib 디렉토리에 있는 맵리듀스 프레임워크에서 제공하는 `IdentityMapper`를 어떻게 사용하는지 보여준다. `IdentityMapper`는 단순히 입력으로 키/값 쌍을 가지고, 같은 키/값 쌍을 출력한다.

준비

다음과 같이 시작한다.

- MRUnit의 최신 버전을 내려받는다(http://mrunit.apache.org/general/downloads.html).
- 새로운 자바 프로젝트를 생성한다.
- 생성한 자바 프로젝트에 mrunit-X.Y.Z-incubating-hadoop1.jar 파일과 그 밖의 하둡 JAR 파일을 빌드 경로에 추가한다.
- `IdentityMapperTest`라는 이름으로 새로운 클래스를 생성한다.

---

[1] 하둡은 분산 환경에서 작동하기 때문에 여러 가지 복잡한 데몬과 네트워크 포트를 사용한다. – 옮긴이

▶ 전체 소스를 보려면 8장의 소스 코드 디렉토리에 있는 IdentityMapperTest. java를 확인한다.

예제 구현

MRUnit에서 매퍼를 테스트하기 위해 다음 단계를 수행한다.

1. IdentityMapperTest 클래스는 TestCase 클래스를 확장하고 있다.

```
public class IdentityMapperTest extends TestCase
```

2. private으로 매퍼와 드라이버 2개의 멤버 변수를 만든다.

```
private Mapper identityMapper;
private MapDriver mapDriver;
```

3. @Before 애노테이션으로 setup() 메소드를 추가한다.

```
@Before
public void setup() {
  identityMapper = new IdentityMapper();
  mapDriver = new MapDriver(identityMapper);
}
```

4. @Test 애노테이션으로 testIdentityMapper1() 메소드를 추가한다.

```
@Test
public void testIdentityMapper1() {
  mapDriver.withInput(new Text("key"), new Text("value"));
  mapDriver.withOutput(new Text("key"), new Text("value")).runTest();
}
```

5. 애플리케이션을 실행한다.

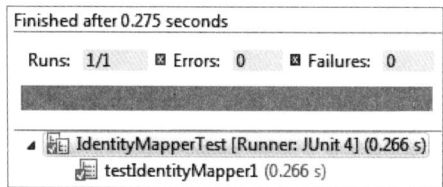

6. 실패 testIdentityMapper2() 메소드를 추가한다.

```
@Test
public void testIdentityMapper2() {
  mapDriver.withInput(new Text("key"), new Text("value"));
  mapDriver.withOutput(new Text("key2"), new Text("value2"));
  mapDriver.runTest();
}
```

7. 애플리케이션을 다시 실행한다.

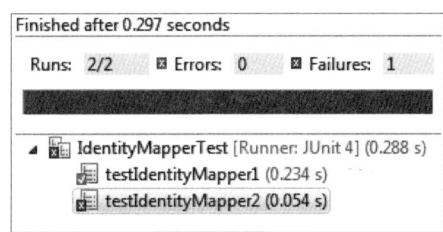

예제 분석

MRUnit은 대중적인 JUnit 테스트 프레임워크상에 구축되어 있다. 사용자가 맵과 리듀스 로직에 집중해야 하기 때문에 주요 하둡 객체 대부분을 모의 테스트하기 위해 Mockito라는 mock 객체를 사용한다. MapDriver 클래스는 테스트를 실행한다. 이것은 Mapper 클래스로 인스턴스화된다. withInput() 메소드는 MapDriver 클래스가 인스턴스화됐는지 Mapper 클래스에 대한 입력을 제공하고자 호출된다. withOutput() 메소드는 Mapper 클래스의 호출 결과를 검증하기 위해 출력을 제공하고자 호출된다. runTest() 메소드 호출은 withOutput() 메소드로 제공되는 것으로 입력을 전달하고 출력을 검증하려고 실제로 매퍼를 호출한다.

부연 설명

이 예는 매퍼 테스트를 보여줬다. 또한 MRUnit은 리듀서를 테스트하기 위해 MapDriver처럼 사용되는 ReduceDriver 클래스를 제공한다.

> **참고사항**
> - Mockito에 관한 더 많은 정보는 http://code.google.com/p/mockito/에서 확인할 수 있다.
> - 8장의 '로컬 모드에서 실행되는 맵리듀스 잡의 개발과 테스트' 절 참조

로컬 모드에서 실행되는 맵리듀스 잡의 개발과 테스트

MRUnit 개발과 로컬 모드 개발은 서로 보완된다. MRUnit은 맵리듀스 잡의 맵과 리듀스 단계를 테스트하는 멋진 방법을 제공한다. 잡의 초기 개발과 테스트는 프레임워크를 사용해 수행된다. 그러나 MRUnit 테스트를 실행할 때 테스트되지 않은 맵리듀스 잡의 주요 구성요소가 있다. 2개의 주요 클래스 타입은 `InputFormats`과 `OutFormats`이다. 로컬 모드에서 실행하는 잡은 대부분의 잡을 테스트한다. 로컬 모드에서 테스트할 때는 상당한 양의 실제 데이터를 사용하기도 훨씬 쉽다.

이 절에서는 로컬 모드를 사용하기 위해 하둡을 구성한 후, 이클립스Eclipse 디버거를 사용해 해당 잡을 디버깅하는 방법을 보여준다.

준비

팩트 웹사이트 http://www.packtpub.com/support에서 weblog_entries_bad_records.txt 데이터셋을 내려받는다. 이 예는 8장의 '맵리듀스 잡에서 잘못된 레코드 추적을 위한 카운터 사용' 절에서 제공한 CounterExample.java 클래스를 사용한다.

예제 구현

1. 텍스트 편집기로 $HADOOP_HOME/conf/mapred-site.xml 파일을 연다.

2. `mapred.job.tracker` 속성 값을 `local`로 설정한다.

   ```
   <property>
     <name>mapred.job.tracker</name>
     <value>local</value>
   </property>
   ```

3. 텍스트 편집기로 $HADOOP_HOME/conf/core-site.xml 파일을 연다.

4. `fs.default.name` 속성 값을 `file:///`로 설정한다.

   ```
   <property>
     <name>fs.default.name</name>
     <value>file:///</value>
   </property>
   ```

5. $HADOOP_HOME/conf/hadoop-env.sh 파일을 열고 다음을 추가한다.

   ```
   export HADOOP_OPTS="-agentlib:jdwp=transport=dt_socket,server=y,
   suspend=y,address=7272"
   ```

6. weblog_entries_bad_records.txt 파일을 로컬 경로로 전달해 Counters Example.jar 파일을 실행한다. 그리고 출력 파일로 로컬 경로를 준다.

   ```
   $HADOOP_HOME/bin/hadoop jar ./CountersExample.jar com.packt.hadoop.
   solutions.CounterExample /local/path/to/weblog_entries_bad_records.txt
   /local/path/to/weblog_entries_clean.txt
   ```

   다음과 같은 출력을 볼 수 있다.

   ```
   Listening for transport dt_socket at address: 7272
   ```

7. 이클립스에서 Counters 프로젝트를 열고 새로운 원격 디버그 구성을 설정한다.

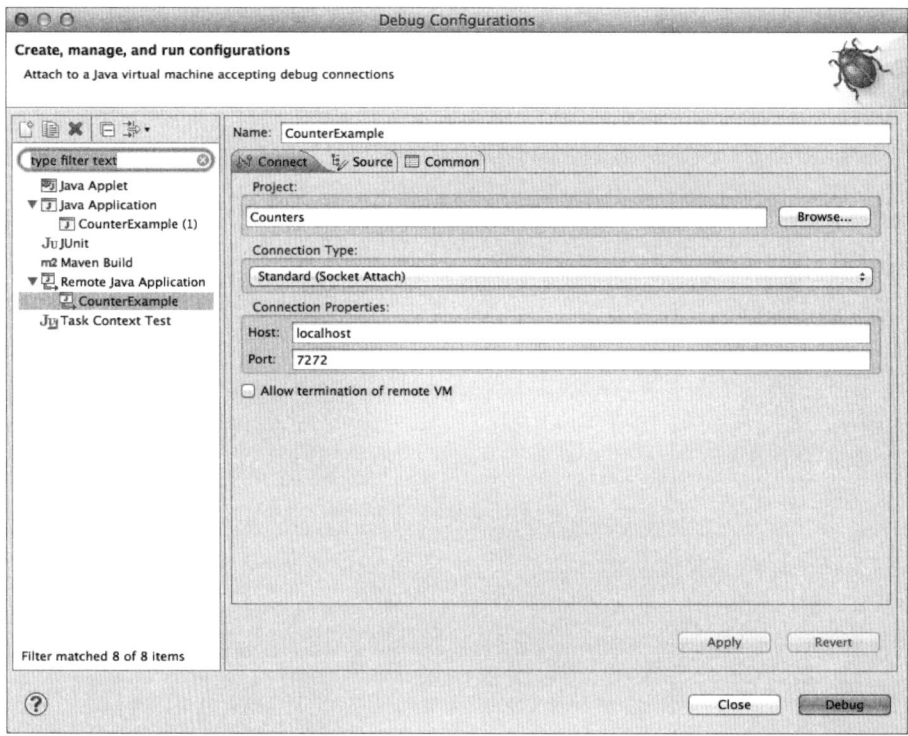

8. 새로운 중단점breakpoint을 만들고 디버깅을 한다.

예제 분석

로컬 모드에서 실행하기 위해 구성된 맵리듀스 잡은 JVM 인스턴스상에서 완전히 실행한다.

의사 분산 모드와 달리, 이 모드에서는 잡을 디버깅하기 위해 원격 디버거 후킹hook이 가능하다. mapred.job.tracker 속성을 local로 설정하면 로컬 모드에서 현재 실행되는 하둡 프레임워크에 전달한다. 로컬 모드에서 실행할 때 사용되는 LocalJobRunner 클래스는 단일 프로세스 내에서 로컬 맵리듀스 프레임워크를 구현해야 한다. 그러면 클러스터에 분산된 잡을 가능한 한 가까운 로컬 모드에서 실행하는 잡으로 유지한다는 장점이 있다. LocalJobRunner를 사용할 때의 단점은 하둡의 인스턴스 설정을 수행한다는 점이다. 이는 가장 작은 잡이라도 최소 몇 초

동안 실행해야 함을 의미한다. `fs.default.name` 속성을 `file:///`로 설정함으로써 로컬 파일 시스템에서 입력과 출력 파일을 찾기 위한 잡을 설정한다. hadoop-env.sh 파일에 `export HADOOP_OPTS="-agentlib:jdwp=transport=dt_socket,server=y,suspend=y,address=7272"`를 추가해, JVM이 처리를 지연하고 시작할 때 포트 7272에서 원격 디버거를 수신하도록 구성한다.

> **부연 설명**

또한 아파치 피그는 개발과 테스트를 위한 로컬 모드를 지원한다. 이것은 로컬 모드 맵리듀스 잡과 동일한 `LocalJobRunner` 클래스를 사용한다. 다음 명령어로 피그를 시작해 접근할 수 있다.

`pig -x local`

> **참고사항**
>
> ▶ 8장의 'MRUnit을 이용한 맵리듀스 잡의 개발과 테스트' 절 참조

잘못된 레코드를 스킵하기 위한 맵리듀스 잡 활성화

하둡이 많은 데이터를 처리하는 경우, 심지어 가장 강력한 잡이 예기치 않은 혹은 잘못된 형식의 데이터를 실행하는 것은 시간 문제다. 제대로 처리하지 않으면, 잡은 잘못된 데이터 때문에 실패할 수 있다. 기본적으로 하둡은 잘못된 데이터를 스킵하지 않는다. 일부 애플리케이션의 경우 입력 데이터의 작은 부분을 스킵하도록 허용할 수도 있다. 하둡은 스킵하는 방법을 제공한다. 데이터 스킵이 사용자 요구 사항의 유스케이스에 없더라도, 하둡의 스킵 메커니즘은 검토를 위해 잘못된 데이터와 로그를 정확하게 기록하는 데 사용될 수 있다.

예제 구현

1. 맵 잡에서 100개의 잘못된 레코드를 스킵하기 위해 활성화하려면 잡 구성을 설정하는 run() 메소드에 다음을 추가한다.

    SkipBadRecords.setMapperMaxSkipRecords(conf, 100);

2. 리듀스 잡에서 100개의 잘못된 레코드 그룹을 스킵하기 위해 활성화하려면 잡 구성을 설정하는 메소드 run()에 다음을 추가한다.

    SkipBadRecords.setReducerMaxSkipGroups(conf, 100);

예제 분석

스킵이 활성화되어 있으면, 잘못된 레코드를 스킵하는 프로세스가 수행된다. 태스크가 두 번 실패하면, 스킵은 SkipBadRecords 클래스의 정적 메소드 호출로 활성화된다. 그런 다음 하둡은 잘못된 레코드를 식별하기 위해 입력 데이터를 통해 이진 검색을 수행한다. 이는 여러 번의 시도를 필요로 할 비싼 태스크임을 상기해야 한다. 스킵이 가능한 잡은 맵과 리듀스가 시도하는 횟수를 증가시킨다. 이는 JobConf.setMaxMapAttempts()와 JobConf.setMaxReduceAttempts 메소드를 사용해 수행된다.

부연 설명

기본적으로, 잘못된 레코드를 스킵하는 프로세스는 두 가지 시도가 실패한 후 실행된다. 이 기본 값은 SkipBadRecords 클래스에 setAttemptsToStartSkipping() 메소드를 사용해 변경할 수 있다. 스킵 레코드의 출력 디렉토리는 SkipBadRecords 클래스에 setSkipOutputPath() 메소드를 사용해 제어할 수 있다. 기본적으로 스킵 처리된 레코드는 _log/skip/ 디렉토리에 기록된다. 이 파일은 하둡 시퀀스파일로 포맷된다. 읽기 위해서는 다음 명령어를 사용한다.

```
hadoop fs -text _log/skip/<filename>
```

레코드 스킵도 맵리듀스 잡 속성을 사용해 제어할 수 있다. 다음 표는 http://hadoop.apache.org/common/docs/r0.20.2/mapred-default.html에서 제공된 관련 정보다.

속성	기본 값	설명
mapred.skip.attempts.to.start.skipping	2	스킵 모드가 시작될 때까지의 태스크 시도 횟수. 스킵 모드가 시작될 때 해당 태스크는 태스크 트래커에서 처리되는 레코드 범위를 알린다. 실패 시 태스크 트래커는 잘못된 레코드를 파악하고 실행하면서 스킵한다.
mapred.skip.map.auto.incr.proc.count	true	이 플래그 값을 true로 설정해 MapRunner는 맵 함수를 호출한 후 SkipBadRecords.COUNTER_MAP_PROCESSED_RECORDS 카운터를 증가시킨다. 비동기적으로 레코드를 처리하거나 입력 레코드를 버퍼링하는 애플리케이션의 경우, 이 값은 false로 설정해야 한다(예: 스트리밍). 이런 경우 애플리케이션은 자신이 카운터를 증가시켜야 한다.
mapred.skip.reduce.auto.incr.proc.count	true	이 플래그를 true로 설정하면 프레임워크는 리듀스 함수를 호출한 후 SkipBadRecords.COUNTER_REDUCE_PROCESSED_GROUPS 카운터를 증가시킨다. 비동기적으로 레코드를 처리하거나 입력 레코드를 버퍼링하는 애플리케이션의 경우, 이 값은 false로 설정해야 한다(예: 스트리밍). 이런 경우 애플리케이션은 자신이 카운터를 증가시켜야 한다.
mapred.skip.out.dir		이 값을 지정하지 않으면, 스킵한 레코드는 _logs/skip 출력 디렉토리에 쓰여진다. 사용자는 값을 none으로 함으로써 스킵한 레코드 작성을 중지할 수 있다.
mapred.skip.map.max.skip.records	0	매퍼에서 잘못된 레코드 중 허용 스킵 레코드의 수. 수뿐만 아니라 잘못된 레코드가 포함되어 있다. 잘못된 레코드 검색/스킵 기능을 해제하려면 값을 0으로 설정한다. 프레임워크는 이 임계치를 충족시키거나 모든 시도를 다 할 때까지 재시도해서 스킵의 범위를 줄인다. 프레임워크는 수정할 필요가 있다는 사실을 보여주기 위해 Long.MAX_VALUE에 값을 설정한다.

(이어짐)

속성	기본 값	설명
mapred.skip.reduce.max. skip.records	0	리듀서에서 잘못된 레코드 중 허용 스킵 레코드의 수. 수뿐만 아니라 잘못된 레코드가 포함되어 있다. 잘못된 레코드 검색/스킵 기능을 해제하려면 값을 0으로 설정한다. 프레임워크는 이 임계치를 충족시키거나 모든 시도를 다 할 때까지 재시도해서 스킵의 범위를 줄인다. 프레임워크는 수정할 필요가 있다는 사실을 보여주기 위해 Long.MAX_VALUE에 값을 설정한다.

스트리밍 잡에서의 카운터 사용

하둡은 자바 또는 기타 JVM 언어로 작성된 맵리듀스 잡의 실행에만 한정되지 않는다. 일반적인 스트리밍 인터페이스도 제공한다. 스트리밍 인터페이스를 사용함으로써 애플리케이션은 맵리듀스 잡에서 사용될 수 있는 표준 입력(stdin)과 표준 출력(stdout)에 읽기와 쓰기를 할 수 있다. 스트리밍 잡이 하둡의 자바 클래스에 접근할 수 없기 때문에 다른 방법은 프레임워크의 특별한 기능으로 접근할 필요가 있다. 하둡에서 제공하는 편리하고 매우 유용한 기능 중 하나가 바로 카운터다. 이절에서는 스트리밍 애플리케이션에서 카운터를 증가시키는 방법을 설명하기 위해 간단한 파이썬 프로그램을 사용한다. 파이썬 코드는 카운터를 작동하기 위해 하둡 프레임워크에서 사용되는 자바 Reporter 클래스에 직접 접근하는 것은 아니다. 대신, 특별한 의미가 있는 포맷으로 데이터를 표준 에러(stderr)에 쓴다. 하둡 프레임워크는 지정된 카운터를 증가시키기 위한 요청으로 해석한다.

준비

팩트 웹사이트 http://www.packtpub.com/support에서 weblog_entries_bad_records.txt 데이터셋을 내려받는다. 이 예는 8장의 예제로 제공한 streaming_counters.py 파이썬 프로그램을 사용한다.

예제 구현

streaming_counters.py 프로그램을 사용해 하둡 스트리밍 잡을 실행하기 위해 다음 단계를 수행한다.

1. 다음과 같은 명령어를 실행한다.

    ```
    hadoop jar $HADOOP_HOME/contrib/hadoop-*streaming*.jar \
    -file streaming_counters.py \
    -mapper streaming_counters.py \
    -reducer NONE \
    -input /data/weblogs/weblog_entries_bad_records.txt \
    -output /data/weblogs/weblog_entries_filtered.txt
    ```

2. 잡 트래커 UI에서 카운터를 보려면 웹 브라우저를 열고 잡 트래커 UI로 이동한다. 기본 주소는 `localhost:50030`이다. **Completed Jobs** 섹션으로 스크롤해 streaming_counters 잡을 찾는다. 최근 잡은 표의 맨 아래에 있다. 잡이 배치되면 **Jobid**를 클릭한다.

예제 분석

하둡 프레임워크는 항상 다음 포맷으로 항목의 `stderr`를 모니터링한다.

`reporter:counter:group,counter,value`

포맷과 일치하는 문자열이 발견되면, 하둡 프레임워크는 그 그룹과 카운터가 있는지 확인한다. 존재하면, 현재 값은 증가될 것이다. 존재하지 않으면, 그룹과 카운터가 만들어지고 해당 값으로 설정된다.

파이썬 코드는 웹 로그 데이터의 두 가지 유효성 검사를 수행한다. 첫 번째 검사는 다음처럼 컬럼이 잘못됐는지 확인한다.

```
if len(cols) < 5:
  sys.stderr.write("reporter:counter:BadRecords,\
    INVALID_NUMBER_OF_COLS,1")
  continue
```

컬럼이 5개 미만이면, 앞의 프로그램은 하둡이 카운터를 조작할 수 있는 포맷으로 `stderr`에 쓸 것이다. 비슷하게 두 번째 검사는 각 레코드의 IP 주소를 검증하고, 타당하지 않은 IP 주소가 발견될 때마다 카운터를 증가시킨다.

```
m = re.match(('^([01]?\\d\\d?|2[0-4]\\d|25[0-5])\\'
              '.([01]?\\d\\d?|2[0-4]\\d|25[0-5])\\'
              '.([01]?\\d\\d?|2[0-4]\\d|25[0-5])\\'
              '.([01]?\\d\\d?|2[0-4]\\d|25[0-5])$'), ip)
if not m:
  sys.stderr.write("reporter:counter:BadRecords,INVALID_IP,1")
  continue
```

부연 설명

스트리밍 잡은 동일한 기본적인 메소드를 사용해 태스크의 상태 메시지를 설정하기 위해 접근한다. 다음과 같은 포맷으로 `stderr`에 쓰면 태스크의 상태와 메시지 설정을 업데이트할 것이다.

reporter:status:message

참고사항

▶ 맵리듀스 잡에서 잘못된 레코드 추적을 위한 카운터 사용

디버깅 정보를 표시하기 위한 태스크 상태 메시지 업데이트

카운터를 유지보수하는 일 외에, 하둡에서 Reporter 클래스의 또 다른 역할은 태스크의 상태 정보를 얻는 것이다. 태스크 상태 정보는 주기적으로 잡 트래커로 보내진다. 잡 트래커 UI는 현재의 상태를 반영해 업데이트한다. 기본적으로 태스크의 상태는 다음 중 하나를 보여준다.

- ▶ RUNNING
- ▶ SUCCEEDED
- ▶ FAILED
- ▶ UNASSIGNED
- ▶ KILLED
- ▶ COMMIT_PENDING
- ▶ FAILED_UNCLEAN
- ▶ KILLED_UNCLEAN

맵리듀스 잡을 디버깅할 때, 태스크가 어떻게 실행되고 있는지 더 자세한 정보를 주는 사용자 정의 메시지를 표시하는 데 유용하다. 이 절에서는 태스크 상태를 업데이트하는 방법을 보여준다.

준비

- ▶ 8장의 소스 코드를 내려받는다.
- ▶ StatusMessage 프로젝트를 로드한다.

예제 구현

잡 Context 클래스의 SetStatus() 메소드를 사용해 태스크의 상태 메시지를 업데이트한다.

```
context.setMessage("user custom message");
```

예제 분석

8장의 소스 코드는 태스크로 초당 처리되는 로우 수를 표시하는 사용자 정의 태스크 상태 메시지를 사용하는 방법을 제공한다.

```
public static class StatusMap extends Mapper<LongWritable, Text,
    LongWritable, Text> {

  private int rowCount = 0;
  private long startTime = 0;

  public void map(LongWritable key, Text value, Context context)
      throws IOException, InterruptedException {

    // 100,000로우마다 초당 로우를 표시
    rowCount++
    if(startTime == 0 || rowCount % 100000 == 0) {
      if (startTime > 0) {
        long estimatedTime = System.nanoTime() - startTime;
        context.setStatus("Processing: " + (double)rowCount /
          ((double)estimatedTime/1000000000.0) + " rows/second");
        rowCount = 0;
      }
      startTime = System.nanoTime();
    }
    context.write(key, value);
  }
}
```

두 private 클래스 변수, 즉 처리된 로우의 수를 추적하는 rowCount와 프로세스가 시작된 수를 추적하는 startTime이 선언된다. 맵 함수가 100,000로우를 처리한 후, 태스크 상태가 처리되는 초당 로우에서 업데이트된다.

```
context.setStatus("Processing: " + (double)rowCount / ((double)
estimatedTime/1000000000.0) + " rows/second");
```

메시지가 업데이트된 후, rowCount 속성과 startTime 변수는 재설정되고 프로세스가 다시 시작된다. 상태는 현재 프로세스의 메모리에 로컬로 저장된다. 그런 다음 이를 태스크 트래커로 전송한다. 다음의 태스크 트래커는 핑으로 잡 트래커에 알려 잡 트래커도 업데이트된 상태 메시지를 보낸다. 잡 트래커 상태 메시지를 받으면, 이 정보는 UI에서 이용 가능하게 만들어진다.

피그 잡을 디버깅하기 위한 illustrate 명령어 사용

기가바이트, 심지어 테라바이트의 데이터를 조인과 필터링, 집계하는 복잡한 분산 잡을 위한 훌륭한 테스트 데이터를 생성하는 일은 개발 프로세스에서 가장 어렵거나 지루한 일 중 하나다. 아파치 피그는 illustrate 같은 매우 강력한 도구를 제공한다. illustrate는 다른 데이터 흐름 경로DAG를 제공한 전체 입력 데이터를 탐색한다. 이번 절에서는 illustrate 명령어의 예를 보여준다.

준비

아파치 피그 버전 0.10 이상을 설치해야 한다. http://pig.apache.org/releases.html에서 내려받을 수 있다.

예제 구현

다음 피그 코드는 잘못된 IP 주소를 가진 레코드의 예다.

```
weblogs = load '/data/weblogs/weblog_entries_bad_records.txt'
    as (md5:chararray, url:chararray, date:chararray, time:chararray,
ip:chararray);

ip_addresses = foreach weblogs generate ip;

bad = filter ip_addresses by not
(ip matches '^([01]?\\d\\d?|2[0-4]\\d|25[0-5])\\.([01]?\\d\\d?|2[0-4]\\d|25[0-5])\\.([01]?\\d\\d?|2[0-4]\\d|25[0-5])\\.([01]?\\d\\d?|2[0-4]\\d|25[0-5])$');

illustrate bad;
```

출력은 다음과 같다.

```
| weblogs    | md5:chararray                     |                    | url:chararray      | date=:chararray | time:
  chararray  | ip:chararray                     |

              | 8372bab=9=bf72b32719feca7        | /yth=n.html        | 2012-05-10      | 21:40
  :20         | 65.392.
              | baa2f0917c90342=4d7771dbfa=5d9   | /fefumrfgkhqlisoke.html | 2012-05-10 | 21:24
  :30         | 220.22.74.176

| ip_addresses    | ip:chararray     |
                  | 65.392.          |
                  | 220.22.74.176    |

| bad        | ip:chararray     |
             | 65.392.          |
```

예제 분석

위의 예에서 데이터는 잘못된 IP 주소를 필터링한다. 잘못된 IP 주소를 가진 레코드 수는 전체적으로 작은 비율을 차지한다. 기존의 샘플링 방법으로 테스트 데이터를 만든다면, 샘플링된 데이터는 잘못된 IP 주소를 가진 어떤 레코드도 포함되지 않을 가능성이 있다

illustrate 알고리즘은 피그 스크립트상에서 데이터 생성을 위해 4단계의 과정을 거친다. 첫 번째 단계에서는 각 입력에서 데이터 샘플을 취하고 스크립트를 통해 보낸다. 두 번째 단계는 스크립트를 통해 동일한 경로를 따라 레코드를 찾아 제거한다. 세 번째 단계는 첫 번째 단계의 샘플링 데이터에서 표현되지 않은 경로가 있는지 결정한다. 샘플링된 데이터로 표현되지 않은 경로가 있는 경우, illustrate 알고리즘은 나머지 경로를 연습하는 가짜 데이터를 만든다. 네 번째 단계는 두 번째 단계와 비슷한데, 세 번째 단계에서 생성된 모든 중복 데이터를 제거한다.

참고사항

데이터 흐름 프로그램용 예제 데이터 생성에 관한 자세한 내용을 보려면 http://i.stanford.edu/~olston/publications/sigmod09.pdf를 참고한다.

9 시스템 관리

9장에서 다루는 내용

- 의사 분산 모드에서 하둡 시작하기
- 분산 모드에서 하둡 시작하기
- 기존 클러스터에 새 노드 추가
- 안전한 노드 해제
- 네임노드 장애 복구
- 갱글리아를 사용한 클러스터 상태 모니터링
- 맵리듀스 잡 매개변수 튜닝

개요

9장은 하둡 클러스터와 맵리듀스 잡을 유지보수하고 모니터링, 튜닝하는 방법을 설명한다. 다양한 하둡 모드를 살펴보고, 하둡 클러스터 내에 발생하는 문제를 해결하며, 주요 잡 튜닝 매개변수를 알아본다.

의사 분산 모드에서 하둡 시작하기

하둡은 세 가지 모드를 지원한다.

- **독립 모드**: 싱글 노드의 싱글 프로세스로 실행한다.
- **의사 분산 모드**: 싱글 노드의 여러 프로세스에서 모든 서비스를 실행한다.
- **완전 분산 모드**: 여러 노드의 여러 프로세스에서 모든 서비스를 실행한다.

이 절에서는 의사 분산 모드에 하둡을 설치하고 구성하는 방법을 설명한다. 이 모드는 모든 HDFS와 맵리듀스 프로세스를 싱글 노드에서 실행한다. 의사 분산 모드는 작은 데이터셋을 대상으로 HDFS 연산과 맵리듀스 애플리케이션을 테스트하기에 매우 좋은 환경이다.

준비

자바 1.6과 ssh, sshd가 설치됐는지 확인하자. 이 외에, ssh 데몬(sshd)이 하둡 노드에서 실행되고 있는지 확인하자. 다음 명령어를 이용해 이 애플리케이션들이 설치되어 있는지 확인할 수 있다.

```
$ java -version
Java version "1.6.0_31"
Java(TM) SE Runtime Environment (build 1.6.0_31-b04)
Java HotSpot(TM) 64-Bit Server VM (build 20.6-b01, mixed mode)

$ ssh
usage: ssh [-1246AaCfgkMNnqsTtVvXxYJ] [-b bind_address] [-c cipher_spec]
           [-D [bind_address:]port] [-e escape_char] [-F configfile]
           [-i identity_file] [-L [bind_address:]port:host:hostport]
           [-l login_name] [-m mac_spec] [-O ctl_cmd] [-o option] [-p port]
           [-R [bind_address:]port:host:hostport] [-S ctl_path]
           [-w tunnel:tunnel] [user@]hostname [command]

$ service sshd status
openssh-daemon (pid 2004) is running...
```

예제 구현

의사 분산 모드에서 하둡을 시작하기 위해 다음 단계를 수행한다.

1. 하둡 사용자 계정을 생성한다. 이 계정은 의사 분산 모드에서 하둡을 실행하는 데 필수조건은 아니지만 일반적으로 사용되는 보안을 위한 좋은 방법이다. JAVA_HOME 환경 변수가 자바가 설치된 디렉토리로 설정되어 있는지 확인한다.

```
# useradd hadoop
# passwd hadoop
# su - hadoop

$ echo $JAVA_HOME
$ /usr/java/jdk1.6.0_31
```

2. 하둡 사용자 계정을 사용해 비밀번호 없이 로그인하기 위해 ssh 공개 키와 개인 키 쌍을 생성한다. 비밀번호를 물을 때, 엔터 키를 누르면 로그인된다.

```
$ su - hadoop
$ ssh-keygen -t rsa
```

3. 권한이 부여된 키 리스트에 공개 키를 추가한다.

 노드가 하나 이상 있다면, 클러스터 내 모든 노드에 이 키를 복사해야 한다.

```
$ ssh-copy-id -i /home/hadoop/.ssh/ld rsa.pub hadoop@localhost
```

4. 비밀번호 없는 ssh 로그인을 테스트한다. 비밀번호 인증 없이 하둡 계정을 사용해 localhost에 ssh로 접속돼야 한다.

```
$ ssh localhost
```

5. 하둡 사용자 계정을 사용해 http://hadoop.apache.org에서 하둡 배포판을 내려받는다. 여기서는 하둡 0.20.x를 설치했다.

```
# su - hadoop
$ tar -zxvf hadoop-0.20.x.tar.gz
```

6. 하둡 배포판의 conf 폴더에 위치한 다음의 구성 파일을 변경한다. 이 구성 변경은 하둡을 의사 분산 모드로 실행하게 해준다.

```
$ vi conf/core-site.xml
<configuration>
  <property>
    <name>fs.default.name</name>
    <value>hdfs://localhost:8020</value>
  </property>
```

```
</configuration>
$ vi conf/hdfs-site.xml
<configuration>
  <property>
    <name>dfs.replication</name>
    <value>1</value>
  </property>
</configuration>
$ vi conf/mapred-site.xml
<configuration>
  <property>
    <name>mapred.job.tracker</name>
    <value>localhost:8021</value>
  </property>
</configuration>
```

7. 하둡의 네임노드를 포맷팅한다.

```
$ bin/hadoop namenode -format
```

8. 하둡 HDFS와 맵리듀스의 모든 서비스를 시작한다.

```
$ bin/start-all.sh
```

9. 네임노드 상태 페이지(http://localhost:50070/)와 잡 트래커 페이지(http://localhost:50030/)를 보고 모든 서비스가 성공적으로 시작됐는지 검증한다. bin/stop-all.sh 스크립트를 실행해서 모든 하둡 서비스를 종료할 수도 있다.

예제 분석

1~4단계는 ssh를 사용해 비밀번호 없는 싱글 노드를 구성한다.

다음으로, 하둡 배포판을 내려받고 의사 분산 모드를 구성한다. fs.default.name 속성은 로컬 머신에서 하둡이 실행 중인 HDFS 구현체를 식별하기 위해 8020을 리스닝하는 URI를 지정했다. 그 다음, HDFS의 복제 계수인 dfs.replication 속성에 1을 지정한다. 싱글 노드에서 모든 하둡 서비스를 실행하기 때문에 어떤 정보도 복제할 필요가 없다. 복제했다면, 모든 복제된 정보는 싱글 노드에 존재한다.

`mapred.job.tracker` 속성은 `localhost:8021`로 지정한다. 이 속성을 통해 하둡은 잡 트래커가 어디 있는지 식별한다.

마지막으로, 네임노드를 포맷팅하고 하둡 서비스를 시작했다. 새로운 하둡 클러스터가 구성된 후에 네임노드를 포맷팅할 필요가 있다. 네임노드 포맷팅은 클러스터 내의 모든 데이터를 지운다.

부연 설명

기본적으로 하둡 배포판은 독립 모드로 구성된다. 독립 모드는 어떤 하둡 서비스도 시작할 필요가 없다. 그리고 입/출력 디렉토리는 HDFS를 대신해서 로컬 파일 시스템에 위치한다. 독립 모드에서 맵리듀스 잡을 실행하기 위해 초기 배포판에 포함된 구성 파일을 사용한다. 로컬 파일 시스템에 입력 디렉토리를 생성하고 하둡 셸 스크립트를 사용한다.

```
$ mkdir input
$ cp somefiles*.txt input/
$ /path/to/hadoop/[1]bin/hadoop jar myjar.jar input/*.txt output
```

참고사항

▶ 9장의 '분산 모드에서 하둡 시작하기' 절 참조

분산 모드에서 하둡 시작하기

이전 절에서 언급했듯이 하둡은 세 가지 연산 모드를 지원한다.

- ▶ 독립 모드
- ▶ 의사 분산 모드
- ▶ 완전 분산 모드

---

1 하둡이 설치된 홈 디렉토리 - 옮긴이

이 절은 완전 분산 모드에서 실행하기 위해 하둡을 구성하는 방법을 설명한다. 완전 분산 모드에서 HDFS와 맵리듀스 서비스는 다중 머신에서 실행된다. 일반 아키텍처는 네임노드와 잡 트래커 서비스를 실행하는 노드와 보조 네임노드 서비스를 실행하는 노드 그리고 데이터노드와 태스크 트래커 서비스를 실행하는 클러스터 내 다른 노드를 갖는다.

준비

이 절에서는 9장의 '의사 분산 모드에서 하둡 시작하기' 절의 1~5단계가 완료됐다고 가정한다. 클러스터 내 모든 노드에 `hadoop`이라는 사용자 계정이 있다. 이 외에, 이전 절의 2단계에서 생성한 rsa 공개 키도 배포됐고 `ssh-copy-id` 명령어를 사용해 클러스터 내 모든 노드에 설치됐다. 마지막으로, 하둡 배포판은 클러스터 내 모든 노드에 설치된다.

이제, 분산 모드에서 실행되는 클러스터의 구성을 설명할 것이다. 클러스터에 다음 구성을 사용한다.

서버 이름	목적	머신의 수
head	네임노드와 잡 트래커 서비스를 실행한다.	1
secondary	보조 네임노드 서비스를 실행한다.	1
worker(n)	태스크 트래커와 데이터노드 서비스를 실행한다.	3 이상

예제 구현

완전 분산 모드에서 하둡을 시작하기 위해 다음 단계를 수행한다.

1. 클러스터 내 모든 노드에 다음 구성 파일을 업데이트한다.

    ```
    $ vi conf/core-site.xml
    <configuration>
      <property>
        <name>fs.default.name</name>
        <value>hdfs://head:8020</value>
    ```

```
    </property>
</configuration>

$ vi conf/hdfs-site.xml
<configuration>
  <property>
    <name>dfs.replication</name>
    <value>3</value>
  </property>
</configuration>

$ vi conf/mapred-site.xml
<configuration>
  <property>
    <name>mapred.job.tracker</name>
    <value>head:8021</value>
  </property>
</configuration>
```

2. 헤드head 노드에 masters와 slaves 구성 파일을 업데이트한다. masters 구성 파일은 보조 네임노드가 실행되는 노드의 호스트명을 포함한다. slaves 구성 파일은 태스크 트래커와 데이터노드 서비스를 실행하는 호스트 리스트를 포함한다.

```
$ vi conf/masters
secondary
$ vi conf/slaves
worker1
worker2
worker3
```

3. 헤드 노드에서 하둡 네임노드를 포맷팅한다.

```
$ bin/hadoop namenode -format
```

4. 헤드 노드의 hadoop 사용자로 모든 하둡 서비스를 시작한다.

```
$ bin/start-all.sh
```

5. 모든 서비스가 모든 노드에서 잘 동작하는지 확인한다.
   - 마스터 노드: 네임노드와 잡 트래커 서비스가 동작해야 한다.
   - 보조 노드 : 보조 네임노드가 동작해야 한다.
   - 워커 노드: 데이터노드와 태스크 트래커 서비스가 동작해야 한다.

예제 분석

먼저 클러스터 내 모든 노드에서 core-site.xml과 hdfs-site.xml, mapred-site.xml 하둡 구성 파일을 변경했다. 이 구성 파일은 모든 노드의 하둡 서비스가 네임노드와 잡 트래커 서비스를 식별할 수 있도록 변경할 필요가 있다. 이 외에, HDFS의 복제 계수를 3으로 변경했다. 3개 이상의 노드를 사용하기 때문에, 워커 노드 중 장애가 발생하는 경우를 대비해서 복제 계수를 1에서 3으로 변경하고 가용성을 높였다.

부연 설명

다른 노드에서 보조 네임노드를 실행할 필요는 없다. 원한다면, 네임노드와 잡 트래커가 실행되는 같은 노드에 보조 네임노드를 실행할 수 있다. 그러기 위해 클러스터를 멈추고 마스터 노드의 마스디 구성 파일을 수정하고 모든 서비스를 재시작한다.

```
$ bin/stop-all.sh
$ vi masters
head
$ bin/start-all.sh
```

클러스터를 확장하거나 유지보수를 위해 작성하는 또 다른 구성 매개변수로는 mapred-site.xml에 추가 가능한 제외 리스트 매개변수가 있다. mapred-site.xml에 다음 라인을 추가해서 네임노드 또는 잡 트래커에 연결을 금지하는 노드를 리스트화할 수 있다. 이 구성 매개변수들은 나중에 클러스터 내 노드 해제를 설명할 때 사용한다.

```xml
<property>
  <name>dfs.hosts.exclude</name>
  <value>/path/to/hadoop/dfs_excludes</value>
  <final>true</final>
</property>
<property>
  <name>mapred.hosts.exclude</name>
  <value>/path/to/hadoop/mapred_excludes</value>
  <final>true</final>
</property>
```

추후 사용하기 위해 dfs_excludes와 mapred_excludes라는 2개의 빈 파일을 생성한다.

```
$ touch /path/to/hadoop/dfs_excludes
$ touch /path/to/hadoop/mapred_excludes
```

클러스터를 시작한다.

```
$ bin/start-all.sh
```

참고사항

- ▶ 9장의 '기존 클러스터에 새 노드 추가' 절 참조
- ▶ 9장의 '안전한 노드 해제' 절 참조

기존 클러스터에 새 노드 추가

하둡은 서비스의 종료 또는 재시작 없이 기존 클러스터에 새로운 노드를 추가할 수 있다. 이 절에서는 기존 클러스터에 새로운 노드를 추가하는 데 필요한 단계를 설명한다.

준비

하둡 클러스터가 실행 중인지 확인한다. 그리고 하둡 배포판이 압축 해제됐는지, 구성 파일이 '분산 모드에서 하둡 시작하기'절에서처럼 설정이 업데이트됐는지 확인한다.

클러스터를 위해 다음 용어를 사용한다.

서버 이름	목적	머신의 수
head	네임노드와 잡 트래커 서비스를 실행한다.	1
secondary	보조 네임노드 서비스를 실행한다.	1
worker(n)	태스크 트래커와 데이터노드 서비스를 실행한다.	3 이상

예제 구현

기존 클러스터에 새로운 노드를 추가하기 위해 다음 단계를 수행한다.

1. 헤드 노드의 slaves 구성 파일에 새 노드의 호스트명을 업데이트한다.

   ```
   $ vi conf/slaves
   worker1
   worker2
   worker3
   worker4
   ```

2. 새 노드에 로그인하고 데이터노드와 태스크 트래커 서비스를 시작한다.

   ```
   $ ssh hadoop@worker4
   $ cd /path/to/hadoop
   $ bin/hadoop-daemon.sh start datanode
   $ bin/hadoop-daemon.sh start tasktracker
   ```

예제 분석

하둡 프레임워크가 클러스터 내 새 노드를 식별하기 위해 헤드 노드의 slaves 구성 파일을 업데이트했다. 그러나 이 파일은 하둡 서비스가 시작할 때만 읽는다(예를 들어, bin/start-all.sh 스크립트 실행). 모든 하둡 서비스를 재시작하지 않고 클러스터에 새 노드를 추가하기 위해, 새 노드에 로그인해서 데이터노드와 태스크 트래커 서비스를 수동으로 시작했다.

 데이터노드와 태스크 트래커는 다음에 클러스터가 재시작될 때 자동으로 시작된다.

부연 설명

클러스터에 새 노드를 추가할 때 클러스터는 적절하게 균형 조절balancing을 하지 않는다. HDFS는 새 노드에 기존 데이터를 자동으로 재분산하지 않는다. 클러스터 내에서 기존 데이터를 다시 균형 조절하기 위해 헤드 노드에 다음 명령어를 실행한다.

```
# bin/start-balancer.sh
```

 하둡 클러스터의 균형 조절은 네트워크 집중 작업이다. 생각해보면, 클러스터에 추가된 새 노드의 수에 따라 수 테라바이트의 데이터가 이동할지 모른다. 클러스터가 균형을 조절할 때 잡 성능 문제가 발생할 수 있다. 그러므로 정기적인 균형 조절이 적절히 계획돼야 한다.

참고사항

▶ 9장의 '안전한 노드 해제' 절 참조

안전한 노드 해제

하둡 클러스터의 노드를 제거하는 경우는 매우 일반적이다. 하드웨어가 실패하거나 머신의 업그레이드가 필요할 수 있다. 이 절에서는 하둡 클러스터의 워커 노드를 안전하게 제거하는 방법을 살펴볼 것이다.

준비

클러스터가 실행 중인지 확인하고 mapred-site.xml에 다음 속성을 설정한다.

```
<property>
  <name>dfs.hosts.exclude</name>
  <value>/path/to/hadoop/dfs_excludes</value>
  <final>true</final>
</property>
<property>
  <name>mapred.hosts.exclude</name>
  <value>/path/to/hadoop/mapred_excludes</value>
  <final>true</final>
</property>
```

이 외에, 헤드 노드의 하둡 home 디렉토리에 dfs_excludes와 mapred_excludes 파일을 놓는다.

예제 구현

하둡 클러스터의 노드를 해제하기 위해 다음 단계를 수행한다.

1. dfs_excludes와 mapred_excludes 파일에 해제하고자 하는 노드의 호스트명을 추가한다.

    ```
    $ vi /path/to/hadoop/dfs_excludes
    worker1
    $ vi  /path/to/hadoop/mapred_excludes
    worker1
    ```

2. 네임노드에게 알려서 제외 리스트를 다시 읽고 해제할 워커 노드의 연결을 끊는다.

   ```
   $ hadoop dfsadmin -refreshNodes
   ```

3. 잡 트래커에게 알려서 제외 리스트를 다시 읽고 해제할 워커 노드의 연결을 끊는다.

   ```
   $ hadoop mradmin -refreshNodes
   ```

4. 해제 프로세스의 상태를 체크한다.

   ```
   $ hadoop dfsadmin -report
   ```

예제 분석

우선, 이전 절에서 생성한 dfs_excludes와 mapred_excludes 파일에 해제를 원하는 노드의 호스트명을 추가했다. 그 다음, dfs_excludes 파일에 기록된 모든 호스트와 네임노드의 연결을 끊기 위해 네임노드에 `dfsadmin -refreshNodes` 명령어를 실행한다. 이와 비슷하게, mapred_excludes 파일에 기록된 노드의 태스크 트래커 사용을 중지하기 위해 잡 트래커에게 `mradmin -refreshNodes` 명령어를 실행한다.

네임노드 장애 복구

네임노드는 가장 중요한 단일 하둡 서비스다. 클러스터 내 모든 데이터 블록의 위치를 관리한다. 이 외에, 분산 파일 시스템의 상태도 관리한다. 네임노드가 실패할 때 보조 네임노드에 의해 생성된 이전 체크포인트로 복구가 가능하다. 보조 네임노드가 네임노드의 백업이 아니라는 점이 중요하다. 보조 네임노드는 주기적으로 체크포인트 프로세스를 수행하지만 보조 네임노드의 체크포인트로 복구될 때 데이터의 손실이 일어난다. 그러나 이전 파일 시스템 상태를 이용한 네임노드의 장애 복구라도 복구하지 않는 것보다는 낫다.

준비

네임노드 서비스를 호스팅하는 시스템에 장애가 발생하고 보조 네임노드가 다른 머신에서 구동된다고 가정한다. 이 외에, `fs.checkpoint.dir` 속성이 core-default.xml 파일에 설정되어 있어야 한다. 이 속성은 로컬 파일 시스템에 체크포인트를 저장하는 보조 네임노드를 식별한다.

예제 구현

네임노드 장애를 복구하기 위해 다음 단계를 수행한다.

1. 보조 네임노드를 정지시킨다.

   ```
   $ cd /path/to/hadoop
   $ bin/hadoop-daemon.sh stop secondarynamenode
   ```

2. 새로운 네임노드로 동작하기 위해 새로운 머신을 가져온다. 이 머신은 이전 네임노드처럼 구성되고 하둡이 설치되어 있어야 한다. 그리고 이전 네임노드처럼 동일한 IP와 호스트명을 가져야 한다.

3. 보조 네임노드의 `fs.checkpoint.dir`의 컨텐츠를 새 네임노드 머신의 `dfs.name.dir` 디렉토리에 복사한다.

4. 새로운 머신의 새로운 네임노드를 시작한다.

   ```
   $ bin/hadoop-daemon.sh start namenode
   ```

5. 보조 네임노드 머신의 보조 네임노드를 시작한다.

   ```
   $ bin/hadoop-daemon.sh start secondarynamenode
   ```

6. 네임노드 상태 페이지(http://head:50070/)에서 성공적으로 네임노드가 시작됐는지 검증한다.

예제 분석

먼저 보조 네임노드에 로그인하고 서비스를 중지했다. 그런 다음, 이전 네임노드의 구성과 동일한 방식으로 새 머신을 구성했다. 그 다음, 보조 네임노드에서 새로운 네임노드로 모든 체크포인트와 편집 파일을 복사했다. 이제 마지막 체크포인트 시점의 파일 시스템 상태와 메타데이터, 편집 파일의 복구가 가능하다. 마지막으로, 새로운 네임노드와 보조 네임노드를 재시작했다.

부연 설명

이전 데이터를 사용한 복구는 특정 처리 환경에서는 용인되지 않는다. 대신, 네임노드에서 이미지를 기록하고 파일 편집이 가능한 외부 저장 장치를 구성할 수 있다. 이런 방법으로 네임노드의 하드웨어 장애가 있는 경우, 보조 네임노드 스냅샷을 이용한 이전 데이터 복원에 의존하지 않고 최신 파일 시스템을 복구할 수 있다.

우선 네임노드 이미지와 편집 파일 백업을 복사할 새 머신을 지정한다. 그 다음, 네임노드 서버에 백업 머신을 마운트한다. 마지막으로, 로컬 파일 시스템과 백업 머신 마운트에 기록하기 위해 네임노드가 실행되는 서버의 hdfs-site.xml 파일을 수정한다.

```
$ cd /path/to/hadoop
$ vi conf/hdfs-site.xml
<property>
  <name>dfs.name.dir</name>
  <value>/path/to/hadoop/cache/hadoop/dfs, /path/to/backup</value>
</property>
```

이제 네임노드는 /path/to/backup/cache/hadoop/dfs와 마운트된 /path/to/backup 디렉토리에 모든 파일 시스템 메타데이터를 작성할 것이다.

갱글리아를 사용한 클러스터 상태 모니터링

갱글리아Ganglia는 클러스터와 그리드를 함께 사용하기 위해 설계된 모니터링 시스템이다. 하둡은 갱글리아 모니터링 데몬에 주기적인 측정 값을 보내도록 구성할 수 있다. 갱글리아 모니터링 데몬은 하둡 클러스터의 상태를 진단하고 모니터링하는 데 유용하다. 이 절에서는 갱글리아 모니터링 데몬에 측정 값을 보내기 위한 하둡 구성 방법을 설명한다.

준비

하둡 클러스터의 모든 노드에 갱글리아 버전 3.1 이상을 설치한다. 갱글리아 모니터링 데몬(gmond)은 클러스터의 모든 워커 노드에 실행돼야 한다. 또한 최소 하나의 노드에 갱글리아 메타 데몬(gmetad)이 실행되고 또 다른 노드에 갱글리아 웹 프론트엔드web frontend가 실행돼야 한다.

다음은 gmond 데몬이 사용하는 gmond.conf 파일을 수정한 예다.

```
cluster {
  name = "Hadoop Cluster"
  owner = "unspecified"
  latlong = "unspecified"
  url = "unspecified"
}

host {
  location = "my datacenter"
}

udp_send_channel {
  host = mynode.company.com
  port = 8649
  ttl = 1
}

udp_recv_channel {
  port = 8649
}
```

```
tcp_accept_channel {
  port = 8649
}
```

또한 갱글리아 메타 데몬 구성 파일이 데이터 소스로 클러스터를 포함하는지 확인한다. 예를 들어, 데이터 소스로서 하둡 클러스터를 추가하기 위해 gmeta.conf 구성 파일을 수정한다.

```
data_source "Hadoop Cluster" mynode1.company.com:8649 mynode2.company.com:
8649 mynode3.company.com:8649
```

예제 구현

클러스터 측정 값을 모니터링하는 갱글리아를 사용하기 위해 다음 단계를 수행한다.

1. 하둡 구성 디렉토리에서 찾은 hadoop-metrics.properties 파일을 편집한다. hadoop-metrics.properties 파일이 없으면 생성한다. 속성 파일은 클러스터 내 모든 노드에 업데이트돼야 한다.

   ```
   $ vi /path/to/hadoop/hadoop-metrics.properties
   dfs.class=org.apache.hadoop.metrics.ganglia.GangliaContext31
   dfs.period=10
   dfs.servers=mynode1.company.com:8649

   mapred.class=org.apache.hadoop.metrics.ganglia.GangliaContext31
   mapred.period=10
   mapred.servers=mynode1.company.com 8649

   jvm.class=org.apache.hadoop.metrics.ganglia.GangliaContext31
   jvm.period=10
   jvm.servers=mynode1.company.com:8649

   rpc.class=org.apache.hadoop.metrics.ganglia.GangliaContext31
   rpc.period=10
   rpc.servers=mynode1.company.com 8649
   ```

2. 갱글리아 메타 데몬 서비스를 재시작한다.

3. 하둡 클러스터를 재시작한다.

   ```
   $ cd /path/to/hadoop
   $ bin/stop-all.sh
   $ bin/start-all.sh
   ```

4. 갱글리아가 갱글리아 웹 프론트엔드를 통해 하둡 측정 값을 수집하는지 확인한다.

예제 분석

갱글리아 모니터링 데몬(gmond)은 이 데몬이 설치된 노드의 측정 정보를 수집할 책임이 있다. 그 다음, gmond 데몬이 수집한 모든 측정 값은 갱글리아 메타 데몬(gmetad)으로 집계된다. 마지막으로, 갱글리아 웹 프론트엔드는 gmetad 데몬으로부터 XML 형태의 합산된 측정 값을 요청하고 웹 인터페이스를 통해 사용자에게 리포팅한다.

맵리듀스 잡 매개변수 튜닝

하둡 프레임워크는 매우 유연해서 수많은 구성 매개변수를 사용해 튜닝할 수 있다. 이 절에서는 맵리듀스 잡에서 사용되는 여러 매개변수의 기능과 목적을 설명한다.

준비

지금까지 이 책에서 만든 맵리듀스 애플리케이션처럼 하둡 Configuration 클래스를 상속받고 하둡 Tool 인터페이스를 구현한 맵리듀스 잡 클래스가 준비돼야 한다.

예제 구현

맵리듀스 잡 매개변수를 구성하기 위해 다음 단계를 수행한다.

1. 하둡 Configuration 클래스를 상속받고 하둡 Tool 인터페이스를 구현한 맵리듀스 잡 클래스가 있는지 확인한다.

2. 다음 예처럼 맵리듀스 잡을 실행하기 위해 ToolRunner.run() 정적 메소드를 사용한다.

   ```
   public static void main(String[] args) throws Exception {
     int exitCode = ToolRunner.run(new MyMapReduceJob(), args);
     System.exit(exitCode);
   }
   ```

3. 하둡 잡 속성과 속성 값으로 구성된 다음 표를 보자.

속성명	값의 범위	설명
mapred.reduce.tasks	정수(0 – N)	실행할 리듀서의 수 설정
mapred.child.java.opts	키/값 쌍의 JVM 매개변수	모든 태스크 JVM의 인자로 주어진 매개변수. 예를 들어 모든 태스크의 최대 힙 크기를 1GB로 설정하려면 이 속성을 '-Xmx1GB'로 설정한다.
mapred.map.child.java.opts	키/값 쌍의 JVM 매개변수	모든 맵 태스크 JVM의 인자로 주어진 매개변수
mapred.reduce.child.java.opts	키/값 쌍의 JVM 매개변수	모든 리듀스 태스크 JVM의 인자로 주어진 매개변수
mapred.map.tasks.speculative.execution	true/false	태스크가 잡 내의 여타 태스크보다 잘 수행되지 않으면 하둡 프레임워크가 클러스터 내 다른 노드에서 정확히 동일한 맵 태스크를 실행하게 해준다. 이 속성은 1장 '하둡 분산 파일 시스템: 데이터 가져오기와 내보내기'에서 설명했다.
mapred.reduce.tasks.speculative.execution	true/false	태스크가 잡 내의 여타 태스크보다 잘 수행되지 않으면 하둡 프레임워크가 클러스터 내 다른 노드에서 정확히 동일한 리듀스 태스크를 실행하게 해준다.

(이어짐)

속성명	값의 범위	설명
mapred.job.reuse.jvm.num.tasks	정수(-1, 1 - N)	재사용되는 태스크 JVM의 수. 1은 태스크당 하나의 JVM을 실행한다. -1은 하나의 JVM으로 무제한 태스크를 실행한다. 이 매개변수는 JVM이 여러 태스크에 재사용되기 때문에 작은 잡의 성능을 향상시킬 수 있다.
mapred.compress.map.output	true/false	이 3개의 매개변수는 맵 태스크의 출력을 압축한다.
mapred.output.compression.type	문자열(NONE, RECORD 또는 BLOCK)	
mapred.map.output.compression.codec	문자열(압축 코덱 클래스의 이름)	
mapred.output.compress	true/false	이 3개의 매개변수는 맵리듀스 잡의 출력을 압축한다.
mapred.output.compression.type	문자열(NONE, RECORD 또는 BLOCK)	
mapred.output.compression.codec	문자열(압축 코덱 클래스의 이름)	

4. 사용자 정의 하둡 속성을 이용해 맵리듀스 잡을 실행한다. 예로, 5개의 리듀서를 사용해 잡을 실행한다.

```
$ cd /path/to/hadoop
$ bin/hadoop -jar MyJar.jar com.packt.MyJobClass -Dmapred.reduce.tasks=5
```

예제 분석

잡 클래스가 하둡 `Configuration` 클래스를 상속받고 하둡 `Tool` 인터페이스를 구현할 때 `ToolRunner` 클래스는 자동으로 다음과 같은 하둡 인자를 다룬다.

매개변수/플래그	목적
–conf	구성 파일 매개변수로 경로를 기술한다.
–D	잡 구성에 추가할 하둡 키/값 속성을 기술한다.
–fs	네임노드의 호스트 포트를 기술한다.
–jt	잡 트래커의 호스트 포트를 기술한다.

이 절에서 ToolRunner 클래스는 -D 플래그로 기술되는 모든 매개변수를 자동으로 잡 구성 XML 파일에 배치한다.

10 아파치 어큐뮬로를 사용한 퍼시스턴스화

10장에서 다루는 내용

- 어큐뮬로에서 지리 이벤트 저장을 위한 로우 키 설계
- 지리 이벤트 데이터를 어큐뮬로로 대량으로 가져오기 위한 맵리듀스 사용
- 어큐뮬로에서 지리 이벤트 데이터를 입력하기 위한 사용자 정의 필드 제한 설정
- 정규식 필터링 이터레이터를 사용한 쿼리 결과 제한
- SumCombiner를 사용해 동일 키의 다른 버전을 위한 사망자 카운트
- 어큐뮬로를 사용한 스캔에서의 셀 수준 보안 강화
- 맵리듀스를 사용한 어큐뮬로에서의 소스 집계

개요

빅데이터 스토리지는 갈수록 흥미로운 주제다. 데이터 확장성 문제에 직면한 소프트웨어 프로젝트는 비싼 RDBMS의 상용 라이선스에 종종 고가의 비용을 지불한다. 또 확장성이 굳이 필요하지 않은 솔루션에 의지한다. 지난 몇 년 동안은 정형 데이터와 비정형 데이터를 대량으로 관리하기 위해 많은 오픈소스 데이터베이스 솔루션을 도입했었다. 아파치 어큐뮬로Accumulo는 구글 **빅테이블**BigTable 설계에서 영감을 받았다. 어큐뮬로는 하둡에 백업된 데이터의 확장성과 분산 컬럼 기반 퍼시스턴스persistence를 제공한다. 구글 빅테이블 설계는 http://research.google.com/archive/bigtable.html에서 자세히 설명한다. 10장에서는 일반적인 데이터

베이스 쿼리/부하의 태스크를 다루는 여러 방법을 소개한다. 또, 구현을 단순화하는 어큐뮬로의 많은 독특한 기능을 보여준다.

어큐뮬로에서 지리 이벤트 저장을 위한 로우 키 설계

분쟁 위치 이벤트 데이터ACLED, Armed Conflict Location Event Data[1] 데이터셋은 지역의 넓은 범위에서 발생하는 개별 이벤트 모음이다. 이 절에서는 ACLED 이벤트 레코드를 지리 범위로 그룹화하기 위해 어큐뮬로의 정렬된 키 순서를 활용하는 방법을 보여준다. 또, 각 지리 범위는 이벤트 발생의 내림차순으로 서브그룹화된다. 구체적으로 이 절의 코드는 레코드로부터 ACLED 키를 빌드하기 위해 전환하고 사용할 수 있는 일반적인 로직을 보여준다. 키 생성기가 예상대로 동작하는지 확인하기 위해, 샘플 로우row 데이터와 단위 테스트를 빌드하고 실행한다.

준비

단위 테스트를 실행하려면 환경 클래스패스에 TestNG(testng-jdk15.jar)가 필요하다. TestNG 테스트 API에 관한 기본 지식을 알아두면 단위 테스트를 이해하는 데 도움이 된다.

이 절은 인덱스의 범위에 지리공간 데이터를 그룹화하는 데 유용한 쿼드트리quadtree[2] 데이터 구조의 특정 타입을 사용하고 있다. 2D 지리공간 데이터 사용을 위해 쿼드트리 타입을 빌드하려면 Z-order 곡선[3](일명 모턴Morton 곡선)에 관한 지식이 어느 정도 있어야 도움이 된다.

---

1 http://www.acleddata.com/에서 데이터를 확인할 수 있다. - 옮긴이

2 사지 트리라고 부르며, 일반적인 데이터베이스 검색에 사용되는 트리 구조를 말한다. 이름에서 알 수 있듯이 하나의 노드에 4개의 가지가 연결 구성된 트리 구조다. 검색의 경우 찾고자 하는 레코드가 나타날 때까지 계속 4등분해 검색하는 구조를 말한다. - 옮긴이

3 http://en.wikipedia.org/wiki/Z-order_curve 참고 - 옮긴이

예제 구현

지리공간의 시간 역순의 로우 키 생성기[4]를 구현하기 위해 다음 단계를 수행한다.

1. 선호하는 자바 IDE를 실행한다.

2. 패키지 example.accumulo를 만들고 다음의 내용으로 인터페이스 RowID Generator.java를 만든다.

```
package examples.accumulo;

import javax.security.auth.login.Configuration;
import java.io.IOException;

public interface RowIDGenerator {
public String getRowID(String[] parameters)
    throws IllegalArgumentException;
}
```

3. 동일한 패키지 example.accumulo 아래에 다음 내용으로 ACLEDRowID Generator.java라는 클래스를 만든다.

```
package examples.accumulo;

import java.text.DateFormat;
import java.text.ParseException;
import java.text.SimpleDateFormat;
import java.util.Date;
import java.util.regex.Pattern;

public class ACLEDRowIDGenerator implements RowIDGenerator {

  private DateFormat dateFormat =
    new SimpleDateFormat("yyyy-MM-dd");
  private static final Pattern decimalPattern =
    Pattern.compile("[.]");
```

---

4 지리공간에 이벤트가 시간 흐름 순으로 발생한다. – 옮긴이

4. 다음과 같이 String[] 타입으로 매개변수 리스트를 갖는 getRowID() 메소드를 작성한다.

```
@Override
public String getRowID(String[] parameters)
    throws IllegalArgumentException {
  if(parameters.length != 3)
    throw new IllegalArgumentException("Required:{lat, lon, dtg}");

  StringBuilder builder = new StringBuilder();
  builder.append(getZOrderedCurve(parameters[0],
                                  parameters[1]));
  builder.append("_");
  builder.append(getReverseTime(parameters[2]));
  return builder.toString();
}
```

5. rowID 지리공간 부분을 만들기 위해 public 메소드 getZOrderedCurve()를 추가한다. 단위 테스트를 하기 위해 public 접근 제어로 한다.

```
public String getZOrderedCurve(String lat, String lon)
    throws IllegalArgumentException {
  StringBuilder builder = new StringBuilder();
  lat = cleanAndValidatePoint(lat);
  lon = cleanAndValidatePoint(lon);
  int ceiling = Math.max(lat.length(), lon.length());
  for(int i = 0; i < ceiling; i++) {
    if(lat.length() <= i) {
      builder.append("0");
    } else {
      builder.append(lat.charAt(i));
    }
    if(lon.length() <= i) {
      builder.append("0");
    } else {
      builder.append(lon.charAt(i));
    }
  }
  return builder.toString();
}
```

6. private 메소드 cleanAndValidatePoint()는 Z-order 셔플에 적합한 형식으로 lat/lon 좌표point를 확인하고 명확하게 처리한다.

```java
private String cleanAndValidatePoint(String point)
    throws IllegalArgumentException {

  String[] pointPieces = decimalPattern.split(point);
  if(pointPieces.length > 2) {
    throw new IllegalArgumentException("Malformed point: "
                                       + point);
  }
  String integralStr = null;
  int integral = 0;
  try {
    // 음의 정수 부분을 상쇄
    integral = Integer.parseInt(pointPieces[0]) + 90;
    if(integral > 180 | integral < 0) {
        throw new IllegalArgumentException("Invalid integral: "
          + integral + " for point: " + point);
    }
    integralStr = "" + integral;
    if(pointPieces.length > 1)
        integralStr += Integer.parseInt(pointPieces[1]);
    if(integral < 10)
        integralStr = "00" + integralStr;
    else if(integral >= 10 && integral < 100)
        integralStr = "0" + integralStr;
    return integralStr;
  } catch (NumberFormatException e) {
    throw new IllegalArgumentException("Point: "
      + point + " contains non-numeric characters");
  }
}
```

7. public 메소드 getReverseTime()은 로우 키의 타임스탬프 부분을 구성하는 데 도움이 된다. 테스트를 하기 위해 public 접근 제어로 한다.

```java
public long getReverseTime(String dateTime)
    throws IllegalArgumentException {
  Date date = null;
```

```
    try {
        date = dateFormat.parse(dateTime);
    } catch (ParseException e) {
        throw new IllegalArgumentException(dateTime
            + "Could not be parsed to a "
            + "valid date with the supplied DateFormat "
            + dateFormat.toString());
    }
    return Long.MAX_VALUE - date.getTime();
  }
}
```

8. 패키지 examples.accumulo에서 다음과 같이 ValidatingKeyGenTest.java 이름으로 TestNG의 단위 테스트를 작성한다.

```
package examples.accumulo;

import org.apache.hadoop.hbase.thrift.generated.IllegalArgument;
import org.testng.annotations.BeforeClass;
import org.testng.annotations.Test;
import static org.testng.Assert.*;

import java.text.ParseException;
import java.text.SimpleDateFormat;
import java.util.Date;

public class ValidatingKeyGenTest {

  private ACLEDRowIDGenerator keyGen;
  private SimpleDateFormat dateFormatter = new
    SimpleDateFormat("yyyy-MM-dd");
```

9. ACLEDRowIDGenerator의 인스턴스를 만들기 위해 @BeforeClass 애노테이션을 사용한다.

```
  @BeforeClass
  public void setup() {
    keyGen = new ACLEDRowIDGenerator();
  }
```

10. `validZOrder()` 단위 테스트 메소드를 추가한다.

```java
@Test
public void validZOrder() {
  try {
    // +90 = 123.22,134.55
    String zpoint = keyGen.getZOrderedCurve("33.22", "44.55");
    assertEquals(zpoint, "1123342525");

    // +90 = 123, 134.55
    zpoint = keyGen.getZOrderedCurve("33", "44.55");
    assertEquals(zpoint, "1123340505");

    // +90 = 123.55, 134
    zpoint = keyGen.getZOrderedCurve("33.55", "44");
    assertEquals(zpoint, "1123345050");

    // +90 = 123.1234, 134.56
    zpoint = keyGen.getZOrderedCurve("33.1234","44.56");
    assertEquals(zpoint, "11233415263040");

    // +90 = 000.11, 134.56
    zpoint = keyGen.getZOrderedCurve("-90.11", "44.56");
    assertEquals(zpoint, "0103041516");

    // +90 = 005.11, 134.56
    zpoint = keyGen.getZOrderedCurve("-85.11", "44.56");
    assertEquals(zpoint, "0103541516");

    // +90 = 011.11, 134.56
    zpoint = keyGen.getZOrderedCurve("-79.11", "44.56");
    assertEquals(zpoint, "0113141516");

    // +90 = 095, 134.56
    zpoint = keyGen.getZOrderedCurve("5", "44.56");
    assertEquals(zpoint, "0193540506");

  } catch (Exception e) {
    fail("EXCEPTION fail: " + e.getMessage());
  }
}
```

11. invalidZOrder() 단위 테스트 메소드를 추가한다.

```
@Test
public void invalidZOrder() {
  String zpoint = null;
  try {
    zpoint = keyGen.getZOrderedCurve("98.22", "33.44");
      fail("Should not parse. Too big an integral value.");
  } catch (IllegalArgumentException e) {
      assertTrue(e.getMessage().contains("invalid integral"));
  }

  try {
    zpoint = keyGen.getZOrderedCurve("78.22", "-91.44");
    fail("Should not parse. Too big an integral value.");
  } catch (IllegalArgumentException e) {
    assertTrue(e.getMessage().contains("invalid integral"));
  }

  try {
    zpoint = keyGen.getZOrderedCurve("332.22.33","33.44.33.22");
    fail("Should not parse. Too many split values.");
  } catch (IllegalArgumentException e) {
    assertTrue(e.getMessage().contains("Malformed point"));
  }

  try {
    zpoint = keyGen.getZOrderedCurve("33.22a", "33.33");
    fail("Should not parse. Contains bad characters.");
  } catch (IllegalArgumentException e) {
    assertTrue(e.getMessage().contains(
      "contains non-numeric characters"));
  }

  try {
    zpoint = keyGen.getZOrderedCurve("33.22", "3c.33");
    fail("Should not parse. Contains bad characters.");
  } catch (IllegalArgumentException e) {
    assertTrue(e.getMessage().contains(
      "contains non-numeric characters"));
  }
}
```

12. testValidReverseTime() 단위 테스트 메소드를 추가한다.

```java
@Test
public void testValidReverseTime() {
  String dateStr = "2012-05-23";
  long reverse = keyGen.getReverseTime(dateStr);
  try {
    Date date = dateFormatter.parse(dateStr);
    assertEquals(reverse, (Long.MAX_VALUE - date.getTime()));
  } catch (ParseException e) {
    fail(e.getMessage());
  }
}
```

13. testInvalidReverseTime() 단위 테스트 메소드를 추가한다.

```java
@Test
public void testInvalidReverseTime() {
  try {
    long reverse = keyGen.getReverseTime("201a-22-22");
    fail("Should not reverse invalid date for DateFormat");
  } catch (IllegalArgumentException e) {
    assertTrue(e.getMessage().contains("could not be parsed to a valid date with the supplied DateFormat"));
  }
}
```

14. testFullKey() 단위 테스트 메소드를 추가한다.

```java
@Test
public void testFullKey() {
  try {
    String dateStr = "2012-03-13";
    Date date = dateFormatter.parse(dateStr);
    long reverse = Long.MAX_VALUE - date.getTime();

    // +90 = 123.55, 156.77
    String key = keyGen.getRowID(new String[]{"33.55", "66.77",
      dateStr});
    assertEquals(key, "1125365757_" + reverse);
  } catch (ParseException e) {
    fail(e.getMessage());
```

```
      } catch (IllegalArgumentException e) {
        fail(e.getMessage());
      }
    }
  }
```

15. 단위 테스트를 실행한다. 모든 테스트를 통과해야 한다.

예제 분석

이 코드는 지리공간의 시간 역순 키를 생성하기 위한 기본적인 코드로, 데이터를 어큐뮬로에 적재하는 코드의 외부에 독립적인 요소로 존재한다. 어큐뮬로 테이블에 저장될 때, 로우 키는 매우 특별한 순서로 정렬되도록 설계됐다.

우선, 다른 키를 생성하는 구현체를 작성하기 위해 재사용할 수 있는 범용 인터페이스 RowIDGenerator.java를 정의한다. 모든 구현 클래스는 getRowID()를 위한 간단한 규약을 이행해야 한다. 이것은 임의의 문자열 배열을 받고, rowID를 나타내는 단일 문자열을 반환한다. 어떤 에러가 발생하는 경우, IllegalArgumentException 예외가 발생한다. 클래스 ACLEDRowIDGenerator.java는 입력을 위해 적어도 3개의 문자열 배열을 필요로 한다. 그런 다음 rowID 전략을 위해 필요한 Z-order 구조를 만든다.

getZOrderedCurve() 메소드는 인자로 lat와 lon 문자열을 받는다. 쿼드트리 효과는 lat/lon 좌표를 사용해 엄격한 포맷의 지침을 고수한다. 따라서 (위/경도) 좌표를 섞기 전에, 메소드 cleanAndValidatePoint()를 사용해 좌표를 확인하고 포맷팅해야 한다.

메소드 cleanAndValidatePoint()는 소수의 왼쪽 정수 부분과 오른쪽 소수 fraction 부분을 처음으로 분리한다. 매개변수 point는 소수 부분을 포함할 필요는 없지만 최소한 정수 부분은 포함해야 한다. 추가로 여러 소수 부분은 없어야 한다. 그러므로 소수를 분할함으로써 1개 혹은 2개의 배열을 반환하지 않으면, IllegalArgumentException 예외를 던진다. 다음으로 Z-order 해석 interpretation을 왜곡하는 음수를 피하기 위해 +90을 함으로써 각 점을 상쇄한다. 오프셋을 적용한 후에 변수 integral이 0보다 작고 180보다 크면, 90보다 큰 수

이거나 -90보다 작은 수의 포인트라고 판단하고 두 조건에 만족하지 않으므로 IllegalArgumentException 예외를 던진다. 이런 확인 후에 point가 유효하면, 적절한 Z-order 해석을 위해 포맷팅한다. 변수 point의 길이에 따라, 정수 부분은 항상 길이가 3인 제로패딩zero-pad으로 한다. 그러면 getZOrderCurve() 메소드가 반환한 결과를 더 이해하기가 쉽다. 패딩으로 포맷팅된 정수 부분과 소수 부분은 소수점 없이 문자열로 합쳐진다. NumberFormatException 예외가 발생하면, IllegalArgumentException 예외가 발생한다.

먼저 위도와 경도가 적절히 포맷팅되면, 쿼드트리 구축을 위해 숫자들을 섞을 준비를 한다. 루프 제어 변수로 위도와 경도를 비교해 2개의 길이 중 더 큰 것을 취하고 루프의 max 변수로 사용한다. 변수 i가 0에서 max까지 for 문의 주기 동안 lat도 문자열의 i번째 문자를 얻고, 다음으로 lon의 i번째 문자를 얻는다.[5] lon 이전의 lat 길이에 도달하거나 혹은 그 반대일 때, 상호배치적으로 반복해서 0을 출력한다. 이것은 위도와 경도 간의 정밀도 불일치와 상관없이 주어진 lat/lon 쌍에 대해 일관된 키를 생성하는 데 도움이 된다(즉 lat/lon: 1.23/4.56789는 1.23000/4.56780으로 해석된다).

일반적인 아이디어는 가장 중요한 숫자는 왼쪽에서 오른쪽 순서로 배열되는 것과 같이 좌표를 상호배치하는 것이다. 어큐뮬로는 사전적 바이트 순서 정렬을 사용해 지리공간 키의 정렬 순서를 유지한다. 이는 유사한 지리적 영역에 속하는 점은 유효 범위 검사에 대해 연속적으로 배치된다는 뜻이다. 하한과 상한 매개변수의 상쇄된 Z-order 표현을 구축함으로써 그리고 각 하한과 상한 매개변수를 위해 시작과 종료 키 범위를 설정함으로써 특정 lat/lon 경계 지역에 대해 주어진 좌표를 빠르게 확인할 수 있다. 예를 들어, lat/lon 간의 모든 포인트를 찾으려면 30.1/60.2와 40.8/70.9는 (오프셋 90을 더해서) 120.1/150.2와 130.8/160.9를 생성할 것이다. 따라서 Z-order 표현은 11250012의 하한(시작 키) 값과 11360089의 상한(종료 키) 값이다. 이는 lat/lon 좌표의 정수 부분을 제로패딩으로 하는 중요한 이유다. 그렇게 하지 않으면, 애플리케이션은 테이블에서 10.3 가까이에 1.23을 잘못 배치한다. 이는 두 좌표에 대해 Z-order 셔플은 1로 시작하

---

5 예제는 StringBuilder 변수에 추가했다. – 옮긴이

는 로우 키를 만들기 때문이다.

지리공간 부분은 단지 rowID의 절반이다. ACLED 이벤트 데이터를 저장할 때, 시간 역순으로 유사한 lat/lon 지역에 놓인 이벤트를 정리한다. getReverseTime() 메소드는 하이픈(-)으로 구분하는 이미 계산된 Z-order 곡선을 위해 주어진 항목에 대한 역 타임스탬프를 추가한다. 그러면 시간적 범위로 쿼리를 더욱 제한하는 어큐뮬로에서 동일한 테이블을 사용할 수 있다(즉 최근 100일은 지난 3개월로). 정확히 동일한 lat/lon 좌표값의 이벤트는 오름차순으로 어큐뮬로 테이블에서 레코드를 정렬한다. 그러나 에포치$_{epoch}$[6]에서 밀리초로 변환할 때 좀 더 최근 이벤트가 더 큰 타입의 long 형의 값을 갖는다. 이에 대응하기 위해 최대 long 값에서 long 값을 뺀다. 입력 날짜 문자열은 간단한 날짜 형식으로 yyyy-MM-dd와 일치하지 않으면 예외 처리한다.

결과 키는 zOrderPoint_reverseTimestamp의 형태를 취한다.

단위 테스트는 예상 값이 유효한지뿐만 아니라, getZOrderCurve()와 getReverseTime()의 에러 처리를 테스트하고자 고안했다. 새로운 ACLED 이벤트 레코드를 어큐뮬로 테이블에 로드하기 위해 단위 테스트를 사용하기 전에 rowID 생성기에서 스트레스 테스트를 수행하는 테스트 스위트$_{suite}$를 실행한다.

부연 설명

이 절에 나와 있는 rowID 생성 방법은 이벤트에 대한 선택적 시간 제한으로 lat/lon 지리공간의 바인딩 쿼리를 수용하도록 설계되어 있다. 매우 넓은 의미로 설명하는 것처럼 들리겠지만, 컬럼 기반 데이터 스토어로 설계된 빅테이블$_{BigTable}$도 rowID에 대해 널리 적용된 솔루션이 아니다. 어큐뮬로에서 실행하려는 쿼리 타입에 따라 rowID의 방법은 완전히 다를 수 있다. 다음은 이 절에서 만든 설계 선택 사항을 좀 더 확장한 내용이다.

---

6 에포치(epoch) 혹은 에포치 시간(epoch time)이라고 하는데, 1970년 1월 1일 이후 누적된 초를 말한다. 유닉스의 시간 표현 방식으로 UTC 시간 형태다. http://www.epochconverter.com/에서 각 변환기를 살펴볼 수 있다. – 옮긴이

사전적 키 정렬

어큐뮬로는 키 컨텐츠의 사전적 정렬 순으로 테이블에 저장된 키/값 쌍으로 배치한다. 이는 키가 예상되는 자연스러운 정렬 패턴으로 항상 지켜지진 않는, 각 바이트 내용에 따라 배치됨을 의미한다.[7] 예를 들어, rowID의 순서를 {1,2,10}으로 지속persist한다고 생각해보자. 사전적 순서는 예상했던 순서가 아닌 1, 10, 2 순으로 정렬한다. 이 절은 바이트 정렬된 순서가 예상된 자연스러운 순서와 일치하는 고정된 길이의 문자열 표현을 만들려고 제로패딩 좌표를 사용함으로써 이런 제약을 피한다. 언급한 순서를 제로패딩하면 사전적으로 정렬된 01, 02, 10을 생성하고, 01, 02, 10 순서로 유지한다.

이 기법은 이전 절에서 중요한 역할을 한다. 고정 길이의 좌표를 사용하지 않으면, 좌표 1.23, 9.88과 10.23, 9.88의 Z-order 셔플은 기술적인 것보다 데이터 공간에서 전체를 거의 순서대로 정렬한다. Z-order 표현은 서로 가까운 두 점의 부정확한 형태로 제공된 각 192838과 19082830을 만든다. 이 절에서 오프셋 90을 더하는 것은, 최대 정수의 길이가 세 자리로 좌표가 180을 초과할 수 없음을 의미한다. (1.23 대신에 001.23이거나 10.23 대신에 010.23 등과 같이) 모든 정수 부분의 세 문자로 제로패딩을 통해 rowID의 왼쪽에서 오른쪽으로 순서는 좌표 구분을 더 정확하게 반영한다.[8]

Z-order 곡선

Z-order 곡선은 납작해진, 2차원 지리공간 데이터를 나타내는 쿼드트리를 생성하는 기술이다. 더 자세한 설명은 위키백과(http://en.wikipedia.org/wiki/Z-order_curve)에 나와 있다.

구체적으로 이 절은 상한과 하한 매개변수들의 정밀도가 다를 수 있는 lat/lon 좌표를 수반하는 범위의 쿼리에 대해 유연한 rowID를 만들기 위해 Z-order 곡선 기술을 사용한다. rowID의 왼쪽에서 오른쪽으로 배치되는 중요한 숫자는 짧은 Z-order queryID가 더 긴 queryID 패턴보다 공급 queryID 패턴으로 시작하

---

7 해시맵을 상상해보면 이해가 갈 것이다. – 옮긴이
8 자릿수를 맞춘다. – 옮긴이

는 많은 로우와 일치함을 의미한다. 예를 들어, lat/lon 경계 쿼리의 30.1/40.2와 50.7/60.8 사이의 값을 받으면 340012의 시작 키와 560078의 종료 키를 만든다. 그러나 동일한 테이블은 시작 키 3400122334와 종료 키 5600788991을 넘겨주는 30.123/40.234와 50.789/60.891 같은 더 정확한 경계 범위의 쿼리를 사용할 수 있다. 이전의 상세하지 않은 시작 키 혹은 종료 키 범위는 예상했던 후자보다 더 많은 로우를 반환한다.

> **참고사항**
>
> ▶ 10장 '지리 이벤트 데이터를 어큐뮬로로 대량으로 가져오기 위한 맵리듀스 사용' 절 참조

지리 이벤트 데이터를 어큐뮬로로 대량으로 가져오기 위한 맵리듀스 사용

이 절에서는 어큐뮬로 테이블에 탭으로 구분된 ACLED 이벤트 데이터를 바로 적재하기 위해 맵리듀스를 사용한다.

> **준비**

이 절은 설치된 어큐뮬로 1.4.1과 주키퍼 3.3.3, 의사 분산 하둡 클러스터에서 테스트하는 게 가장 쉽다. 이 절의 셸 스크립트는 주키퍼가 localhost와 포트 2181에서 실행 중이라고 가정한다. 물론 환경에 적합하게 조정할 수 있다. 어큐뮬로가 설치된 bin 디렉토리는 환경 경로에 있어야 한다.

이 절을 위해 root 사용자와 password라는 암호로 test라는 어큐뮬로 인스턴스를 작성해야 한다.

ACLED_nigeria_cleaned.tsv 데이터셋을 HDFS의 /input/acled_cleaned/ 경로에 적재한다.

또한 7장의 '어큐뮬로에서 지리 이벤트 저장을 위한 로우 키 설계' 절을 먼저 살

펴본 후에 하는 것이 좋다. 이 절은 설치를 돕기 위해 AccumuloTableAssistant. java와 ACLEDRowIDGenerator.java, 부모 인터페이스인 RowIDGenerator.java 클래스를 사용한다.

예제 구현

맵리듀스를 사용해 이벤트를 어큐뮬로에 대량으로 적재하기 위해 다음 단계를 수행한다.

1. 자바 IDE 편집기를 연다.
2. accumulo-examples.jar라는 JAR 파일을 생성하고 빌드 템플릿을 만든다.
3. example.accumulo와 RowIDGenerator.java, AccumuloTableAssistant. java, ACLEDRowIDGenerator.java 패키지를 만든다.
4. 어큐뮬로 코어와 하둡의 클래스패스의 의존성을 설정해야 한다.
5. 다음과 같은 ACLEDIngest.java 클래스를 만든다.

```
package examples.accumulo;

import org.apache.accumulo.core.client.mapreduce.AccumuloFileOutputFormat;
import org.apache.accumulo.core.client.mapreduce.lib.partition.RangePartitioner;
import org.apache.accumulo.core.data.Key;
import org.apache.accumulo.core.data.Value;
import org.apache.accumulo.core.util.CachedConfiguration;
import org.apache.hadoop.conf.Configuration;
import org.apache.hadoop.conf.Configured;
import org.apache.hadoop.fs.FileSystem;
import org.apache.hadoop.fs.Path;
import org.apache.hadoop.io.LongWritable;
import org.apache.hadoop.io.Text;
import org.apache.hadoop.mapreduce.Job;
import org.apache.hadoop.mapreduce.Mapper;
import org.apache.hadoop.mapreduce.Reducer;
import org.apache.hadoop.mapreduce.lib.input.FileInputFormat;
```

```java
import org.apache.hadoop.mapreduce.lib.input.TextInputFormat;
import org.apache.hadoop.util.GenericOptionsParser;
import org.apache.hadoop.util.Tool;
import org.apache.hadoop.util.ToolRunner;

import java.io.IOException;
import java.util.regex.Pattern;

public class ACLEDIngest extends Configured implements Tool {

  private Configuration conf;

  public ACLEDIngest(Configuration conf) {
    this.conf = conf;
  }
```

6. run() 메소드는 잡을 만들고 제출한다.

```java
    @Override
    public int run(String[] args) throws Exception {

      if(args.length < 8) {
        System.err.println(printUsage());
        System.cxit(0);
      }

      Job job = new Job(conf, "ACLED ingest to Accumulo");
      job.setInputFormatClass(TextInputFormat.class);
      job.setMapperClass(ACLEDIngestMapper.class);
      job.setMapOutputKeyClass(Text.class);
      job.setMapOutputValueClass(Text.class);
      job.setReducerClass(ACLEDIngestReducer.class);
      job.setPartitionerClass(RangePartitioner.class);
      job.setJarByClass(getClass());

      String input = args[0];
      String outputStr = args[1];
      String instanceName = args[2];
      String tableName = args[3];
      String user = args[4];
      String pass = args[5];
```

```
        String zooQuorum = args[6];
        String localSplitFile = args[7];

        FileInputFormat.addInputPath(job, new Path(input));
        AccumuloFileOutputFormat.setOutputPath(job,
            clearOutputDir(outputStr));
        job.setOutputFormatClass(AccumuloFileOutputFormat.class);
```

7. acled 테이블을 만들고 미리 분할하는 `AccumuloTableAssistant` 인스턴스를 만든다.

```
        AccumuloTableAssistant tableAssistant = new
            AccumuloTableAssistant.Builder()
          .setInstanceName(instanceName)
          .setTableName(tableName).setUser(user)
          .setPassword(pass)
          .setZooQuorum(zooQuorum)
          .build();

        String splitFileInHDFS = "/tmp/splits.txt";
        int numSplits = 0;
        tableAssistant.createTableIfNotExists();
        if(localSplitFile != null) {
            numSplits = tableAssistant.presplitAndWriteHDFSFile(
              conf, localSplitFile, splitFileInHDFS);
        }
        RangePartitioner.setSplitFile(job, splitFileInHDFS);
        job.setNumReduceTasks(numSplits + 1);

        if(job.waitForCompletion(true)) {
            tableAssistant.loadImportDirectory(conf, outputStr);
        }
        return 0;
    }
```

8. 인자의 순서를 보여주고 제공했던 출력 디렉토리를 자동으로 삭제하려고 `printUsage()`와 `clearOutputDir()`을 만든다.

```
    private String printUsage() {
      return "<input> <output> <instance_name> <tablename>
```

```
        + "<username> <password> <zoohosts> <splits_file_path>";
}

private Path clearOutputDir(String outputStr) throws IOException {
    FileSystem fs = FileSystem.get(conf);
  Path path = new Path(outputStr);
  fs.delete(path, true);
  return path;
}
```

9. ACLEDIngestMapper.java라는 정적 중첩 매퍼 클래스를 만든다.[9]

```
public static class ACLEDIngestMapper
      extends Mapper<LongWritable, Text, Text, Text> {

  private Text outKey = new Text();
  private static final Pattern tabPattern =
    Pattern.compile("[\\t]");
  private ACLEDRowIDGenerator gen = new ACLEDRowIDGenerator();

  protected void map(LongWritable key, Text value,
      Context context) throws IOException, InterruptedException {

    String[] values = tabPattern.split(value.toString());
    if(values.length == 8) {
      String[] rowKeyFields = new String[]
      // 위도, 경도, 타임스탬프
      {values[4], values[5], values[1]};

      outKey.set(gen.getRowID(rowKeyFields));
      context.write(outKey, value);
    } else {
      context.getCounter("ACLED Ingest",
        "malformed records").increment(1l);
    }
  }
}
```

---

9 매퍼 클래스가 상대적으로 길어지면 중첩 클래스보다 독립적인 클래스를 만드는 편이 더 낫다. 하지만 짧으면 중첩이 용이하다. – 옮긴이

10. ACLEDIngestReducer.java라는 정적 중첩 리듀서 클래스를 만든다.

```java
public static class ACLEDIngestReducer
    extends Reducer<Text, Text, Key, Value> {

  private Key outKey;
  private Value outValue = new Value();
  private Text cf = new Text("cf");
  private Text qual = new Text();
  private static final Pattern tabPattern =
    Pattern.compile("[\\t]");

  @Override
  protected void reduce(Text key, Iterable<Text> values,
      Context context) throws IOException, InterruptedException {

    int found = 0;
    for(Text value : values) {
      String[] cells = tabPattern.split(value.toString());
      if(cells.length == 8) {
        // 중복해서 작성하지 않는다.
        if(found < 1) {
          write(context, key, cells[3], "atr");
          write(context, key, cells[1], "dtg");
          write(context, key, cells[7], "fat");
          write(context, key, cells[4], "lat");
          write(context, key, cells[0], "loc");
          write(context, key, cells[5], "lon");
          write(context, key, cells[6], "src");
          write(context, key, cells[2],"type");
        } else {
          context.getCounter("ACLED Ingest",
              "duplicates").increment(1l);
        }
      } else {
        context.getCounter("ACLED Ingest",
            "malformed records missing a field").increment(1l);
      }
      found++;
    }
  }
}
```

11. 출력 키/값 쌍을 돕기 위해 리듀서 클래스에 다음 메소드를 만든다.

    ```
    private void write(Context context, Text key, String cell,
        String qualStr) throws IOException, InterruptedException {
      if(!cell.toUpperCase().equals("NULL")) {
        qual.set(qualStr);
        outKey = new Key(key, cf, qual, System.currentTimeMillis());
        outValue.set(cell.getBytes());
        context.write(outKey, outValue);
      }
    }

    @Override
    public void setConf(Configuration conf) {
      this.conf = conf;
    }

    @Override
    public Configuration getConf() {
      return conf;
    }
    ```

12. `ToolRunner` 클래스의 잡 인스턴스를 제출하는 메인 메소드를 추가한다.

    ```
    public static void main(String[] args) throws Exception {
      Configuration conf = CachedConfiguration.getInstance();
      args = new GenericOptionsParser(conf, args).getRemainingArgs();
      ToolRunner.run(new ACLEDIngest(conf), args);
    }
    ```

13. 코드를 저장하고 기본 작업 디렉토리로 accumulo-examples.jar를 빌드한다.

14. 각 파일의 자체 라인에서 문자열 00, 01, 10, 11로 기본 작업 디렉토리에 splits.txt라는 파일을 만든다.

15. 다음과 같은 내용으로 작업 디렉토리에 bulk_ingest.sh라는 실행 셸 스크립트를 만든다.

```
tool.sh accumulo_examples.jar examples.accumulo.ACLEDIngest\
/input/acled_cleaned/\
/output/accumulo_acled_load/\
test\
acled\
root\
password\
localhost:2181\
splits.txt
```

16. 스크립트를 실행한다. 작업이 맵리듀스 WebUI에서 실행되는 잡을 볼 수 있다. 완료되면 ACLED 데이터는 어큐뮬로의 acled 테이블에서 스캔scan 사용이 가능해야 한다.

예제 분석

이 프로그램은 각기 매우 중요한 8가지 인자를 취한다. 입력 위치는 맵리듀스가 입력 위치로 ACLED 데이터가 있는 곳이다. 출력 디렉토리는 어큐뮬로의 네이티브 RFile 포맷인 출력 데이터가 있는 곳이다. 문자열 test는 주키퍼에 저장되어 있는 어큐뮬로 인스턴스 이름이다. 문자열 acled는 어큐뮬로 안에 원했던 테이블 이름이다. root:password 문자열을 사용해 어큐뮬로 인스턴스를 인증한다. 실행을 위해 localhost의 2181 포트에서 주키퍼 호스트 하나를 제공했다. 마지막으로, splits.txt는 새로 만든 acled 테이블을 미리 분할하는 데 사용된다.

프로그램은 출력 위치에 있는 이전 디렉토리를 삭제한다. 출력 위치에 쓸 AccumuloFileOutputFormat을 구성하는데, 이 잡을 위해 매퍼는 키와 값의 두 가지 타입의 Text를 출력한다.

AccumuloTableAssistant는 객체 인스턴스에 대해 세터setter를 연결하는 Builder 패턴을 이용해 생성자 생성 동안 인자를 놓치지 않는다. acled 테이블이 존재하지 않으면 만들고, 로컬에서 제공하는 splits.txt 파일을 기반으로 테이블을 미리 분할해 사용한다. 생성 시에 테이블을 미리 분할하지 않으면 RangePartitioner 클래스는 단일 리듀서에 중간 키/값 쌍으로 모두를 강제한다. 예상되는 로우 키 분산을 기반으로 테이블을 미리 분할해 생성하고 다중 리듀스가 병렬로 RFile을 구축하도록 허용하는 편이 훨씬 더 효율적이다. 가장 높은 분할 포인트(11)부터 생성된 키를 다루기 위해 splits.txt 파일의 항목 수에 1을 더한 수를 리듀서 수로 설정한다. 마지막으로, 잡을 제출하고 맵과 리듀스 단계를 검사한다.

각 맵 태스크의 JVM은 `ACLEDRowIDGenerator`의 내부 인스턴스를 생성한다. `ACLEDRowIDGenerator` 클래스 동작의 상세한 설명은 10장의 '어큐뮬로에서 지리 이벤트 저장을 위한 로우 키 설계'를 참조한다. 데이터는 탭으로 구분되고 매우 엄격한 컬럼순으로 되어 있다. 따라서 각 순서대로 `lat`와 `lon`, `dtg` 값을 읽어 컬럼 지수를 엄선한다. 키 생성기는 유효한 복합 지리공간과 역방향 타임스탬프 rowID를 만들기 위해 이 필드들이 필요하다. 생성된 로우 키와 해당 라인을 읽기 위해 텍스트 값을 출력한다. 이것은 어큐뮬로에 삽입하기 위해 매번 유일한 rowID를 구별하는 중간 키를 생성한다.

리듀서는 생성된 rowID로 라인 데이터의 동일한 rowID를 읽는 것으로 동작한다. 맵 단계에서 rowID 생성기는 유일한 `lat`과 `lon`, `dtg`를 복합하는 것을 기반으로 rowID를 만든다. 의미상, ACLED 이벤트는 동일한 역방향 타임스탬프와 정확히 동일한 `lat/lon`에서 발생하고 리듀서를 위해 동일한 중간 키로 그룹핑된다. 그러나 정확히 동일한 rowID를 가진 다중 ACLED 이벤트를 갖는다는 건, 무시하고자 하는 중복 항목이 있음을 의미한다. 그러므로 `Iterable` 객체에 수집된 첫 번째 값을 보존한다. 이 잡은 어떠한 중복 병합도 하지 않는다. 적당히 분할되지 않은 무효한invalid 라인과 중복 발생을 추적하는 카운터를 사용하고 있다. RFile로 Key/Value의 인스턴스를 직접 작성하기 때문에, 어큐뮬로는 `key/value` 객체가 정렬된 순서로 삽입돼야 한다. rowID는 각 한정자qualifier에 대해 당연히 동일하며, 컬럼 패밀리는 `cf`라는 정적 레이블이다. 그러나 한정자 레이블에 대해 순서대로 작성하도록 고려하면서 사전순으로 유지하는 일은 매우 중요하다. 다행히도, 데이터는 예측 가능하며 컬럼 값은 한정자 레이블 알파벳 순서에 따라 읽게 하드코딩되어 있다.

작업이 종료되고 나면, 미리 분할된 태블릿을 위한 모든 RFiles을 갖는다. 그리고 직접 출력으로 생성된 모든 파일을 읽기 위해 보조 인스턴스를 사용해 적당한 태블릿에 배치한다. 데이터는 어큐뮬로에서 `acled` 테이블에 쿼리하는 즉시 사용할 수 있다.

> ### 부연 설명

여기서는 이번 절의 설계 선택사항을 좀 더 설명한다.

AccumuloTableAssistant.java

이 클래스는 어큐뮬로 데이터 로딩과 관리 애플리케이션 간에 재사용할 수 있게 설계되어 있다. 운영을 위해 5개의 입력 문자열을 필요로 하기 때문에 Builder 패턴은 실수로 생성자 변수를 할당하는 경우를 방지하기 위한 당연한 선택이었다. Builder 패턴의 더 자세한 내용은 조슈아 블로치Joshua Block의 『Effective Java 2.0』[10]을 참고한다.

스플릿 포인트

스플릿 포인트 00, 01, 10, 11의 선택은 전적으로 임의적이다. 스플릿이 만들어지는 동안 어큐뮬로 테이블을 미리 분할하는 일의 중요성을 더 강조했다. 올바른 스플릿 포인트의 선택은 rowID 범위의 분포에 달려 있다. 너무 적은 스플릿 포인트와 잡 처리량은 리듀스 단계에서 병목이 된다. 스플릿 포인트가 너무 많으면 자원이 낭비되고 리듀스 태스크 JVM을 충분히 활용하지 못한다.

AccumuloOutputFormat과 AccumuloFileOutputFormat

대규모의 데이터를 다룬다면, AccumuloFileOutputFormat 클래스는 당연히 선택해야 한다. 태블릿에 직접 삽입하기 위해 RFile을 만들면 어큐뮬로 테이블에 직접 돌연변이mutation[11]를 작성하는 것으로 AccumuloOutputFormat의 부하가 생기진 않는다. 반면에 맵리듀스 잡을 짜임새 있게 작성하지 않으면, RFile 대신에 Mutation 인스턴스와 직접 작동하기가 좀 더 쉽다. 더군다나 리듀스를 요구하지 않는 맵 온리 잡이면, AccumuloOutputFormat과 변이를 직접 작성하는 편이 더 간단한 설계다.

---

10 번역서는 『이펙티브 자바』(대웅)로, 자바 개발자라면 필독서라 할 만하다. – 옮긴이
11 여기서 쓰이는 '돌연변이' 혹은 '변이'라는 용어는 테스트 용어로서 일반적으로는 기존 소스를 수정하거나 특이하게 변경해 테스트 케이스가 얼마나 잘 작성됐는지를 확인하기 위해 쓰인다. 하지만 10장에서는 절대적인 테스트 케이스의 테스트를 말하는 게 아니라 범용적으로 간단히 테스트하기 위한 '변경'을 통해 확인하는 것을 지칭한다. – 옮긴이

> 참고사항
>
> ▶ 10장의 '어큐뮬로에서 지리 이벤트 저장을 위한 로우 키 설계' 절 참조

어큐뮬로에서 지리 이벤트 데이터를 입력하기 위한 사용자 정의 필드 제한 설정

이 절에서는 변이의 타입을 제약하는 사용자 정의 Constraint 클래스를 정의해 하나의 어큐뮬로 테이블에 이벤트 데이터를 적용할 수 있다. 구체적으로 새로 입력한 값이 특정 SimpleDateFormat 패턴으로 수행한다. 그러나 이 값들은 TabletServer의 시스템 시간에 따라 미래에는 존재하지 않는다.

> 준비

이 절은 설치된 어큐뮬로 1.4.1과 주키퍼 3.3.3, 의사 분산 하둡 클러스터에서 테스트하는 게 가장 쉽다. 이 절의 셸 스크립트는 주키퍼가 localhost와 포트 2181에서 실행 중이라고 가정한다. 물론 환경에 적합하게 조정할 수 있다. 어큐뮬로가 설치된 bin 디렉토리는 환경 경로에 있어야 한다.

이 절을 위해 root 사용자와 password라는 암호로 test라는 어큐뮬로 인스턴스를 작성해야 한다.

설정된 어큐뮬로 인스턴스에는 acled라는 이름의 테이블이 필요하다.

또한 10장의 '지리 이벤트 데이터를 어큐뮬로로 대량으로 가져오기 위한 맵리듀스 사용' 절을 참고하기를 추천한다(시도해볼 수 있는 샘플 데이터를 제공한다).

> 예제 구현

어큐뮬로에서 제약constraint을 구현하고 설치하기 위해 다음 단계를 수행한다.

1. 선호하는 자바 IDE에서 편집기를 연다. 어큐뮬로 코어와 하둡 클래스패스의 의존성을 구성해야 한다.

2. accumulo-examples.jar라는 JAR 파일을 만들고 빌드 템플릿을 만든다.

3. 패키지 example.accumulo를 만들고 클래스 DtgConstraint.java를 다음과 같이 만든다.

```java
package examples.accumulo;

import org.apache.accumulo.core.constraints.Constraint;
import org.apache.accumulo.core.data.ColumnUpdate;
import org.apache.accumulo.core.data.Mutation;

import java.text.DateFormat;
import java.text.ParseException;
import java.text.SimpleDateFormat;
import java.util.ArrayList;
import java.util.List;

public class DtgConstraint implements Constraint {

  private static final short DATE_IN_FUTURE = 1;
  private static final short MALFORMED_DATE = 2;
  private static final byte[] dtgBytes = "dtg".getBytes();
  private static final DateFormat dateFormatter = new
    SimpleDateFormat("yyyy-MM-dd");

  public String getViolationDescription(short violationCode) {
    if(violationCode == DATE_IN_FUTURE) {
      return "Date cannot be in future";
    } else if(violationCode == MALFORMED_DATE) {
      return "Date does not match simple date format yyyy-MM-dd";
    }
    return null;
  }
```

4. check() 메소드를 구현한다.

```java
@Override
public List<Short> check(Environment env, Mutation mutation) {
  List<Short> violations = null;
  try {
    for(ColumnUpdate update : mutation.getUpdates()) {
```

```
      if(isDtg(update)) {
        long dtgTime = dateFormatter.parse(
          new String(update.getValue())).getTime();
        long currentMillis = System.currentTimeMillis();
        if(currentMillis < dtgTime) {
          violations = checkAndAdd(violations, DATE_IN_FUTURE);
        }
      }
    }
  } catch (ParseException e) {
    violations = checkAndAdd(violations, MALFORMED_DATE);
  }
  return violations;
}
```

5. 업데이트 한정자 dtg인지 검사하기 위해 바이트를 비교한다.

```
private boolean isDtg(ColumnUpdate update) {
  byte[] qual = update.getColumnQualifier();
  if(qual.length != dtgBytes.length)
    return false;
  for(int i = 0; i < qual.length; i++) {
    if(!(qual[i] == dtgBytes[i])) {
      return false;
    }
  }
  return true;
}

private List<Short> checkAndAdd(List<Short> violations,
    short violationCode) {
  if(violations == null)
    violations = new ArrayList<Short>();
  violations.add(violationCode);
  return violations;
  }
}
```

6. 클래스를 저장한다.

7. 동일한 패키지 examples.accumulo로 클래스 DtgConstraintMain.java를 다음과 같은 내용으로 만든다.

```java
package examples.accumulo;

import org.apache.accumulo.core.client.*;
import org.apache.accumulo.core.conf.Property;
import org.apache.accumulo.core.data.ConstraintViolationSummary;
import org.apache.accumulo.core.data.Mutation;
import org.apache.accumulo.core.data.Value;
import org.apache.hadoop.io.Text;

import java.util.List;

public class DtgConstraintMain {

  public static final long MAX_MEMORY= 10000L;
  public static final long MAX_LATENCY=1000L;
  public static final int MAX_WRITE_THREADS = 4;
  public static final String TEST_TABLE = "acled";
  public static final Text COLUMN_FAMILY = new Text("cf");
  public static final Text DTG_QUAL = new Text("dtg");
```

8. main() 메소드는 제약을 테스트하기 위해 유효한 혹은 무효한 dtg 값을 삽입하려고 한다.

```java
  public static void main(String[] args) throws Exception {
    if(args.length < 6) {
      System.err.println("examples.accumulo.DtgConstraintMain <row_id> <dtg> <instance_name> <user> <password> <zookeepers>");
      System.exit(0);
    }
    String rowID = args[0];
    byte[] dtg = args[1].getBytes();
    String instanceName = args[2];
    String user = args[3];
    String pass = args[4];
    String zooQuorum = args[5];
    ZooKeeperInstance ins;
    Connector connector = null;
    BatchWriter writer = null;
    try {
```

```
            ins = new ZooKeeperInstance(instanceName, zooQuorum);
            connector = ins.getConnector(user, pass);
            writer = connector.createBatchWriter(TEST_TABLE,
              MAX_MEMORY, MAX_LATENCY, MAX_WRITE_THREADS);
            connector.tableOperations().setProperty(TEST_TABLE,
              Property.TABLE_CONSTRAINT_PREFIX.getKey() + 1,
              DtgConstraint.class.getName());
            Mutation validMutation = new Mutation(new Text(rowID));
            validMutation.put(COLUMN_FAMILY, DTG_QUAL,
              new Value(dtg));
            writer.addMutation(validMutation);
            writer.close();
        } catch (MutationsRejectedException e) {
            List<ConstraintViolationSummary> summaries =
              e.getConstraintViolationSummaries();
            for(ConstraintViolationSummary sum : summaries) {
              System.err.println(sum.toString());
            }
          }
        }
    }
}
```

9. accumulo-examples.jar라는 JAR 파일을 빌드한다.

10. 로컬의 어큐뮬로 설치 디렉토리 $ACCUMULO_HOME/conf로 이동해 accumulo-site.xml 파일을 편집한다.

11. accumulo-examples.jar 경로를 포함하기 위해 accumulo-site.xml 파일에서 `general.classpaths` 속성을 편집한다.

12. $ACCUMULO_HOME/bin/tdown.sh와 tup.sh를 사용해 어큐뮬로의 로컬 TabletServer를 다시 시작한다.

13. JAR 파일이 어큐뮬로 클래스패스에 있는지 여부를 테스트하려면 다음 명령어를 실행한다.

```
$ accumulo classpath
```

accumulo-examples.jar 파일을 볼 수 있다.

14. accumulo-examples.jar가 위치하는 기본 작업 디렉토리에서 다음 명령어와 함께 run_constraint_test.sh라는 새로운 셸 스크립트를 만든다. 로컬 경로와 일치하도록 ACCUMULO-LIB과 HADOOP_LIB, ZOOKEEPER_LIB을 변경해야 한다.

```
ACCUMULO_LIB=/opt/cloud/accumulo-1.4.1/lib/*
HADOOP_LIB=/Applications/hadoop-0.20.2-cdh3u1/*:/Applications/hadoop-0.20.2-cdh3u1/lib/*
ZOOKEEPER_LIB=/opt/cloud/zookeeper-3.4.2/*
java -cp $ACCUMULO_LIB:$HADOOP_LIB:$ZOOKEEPER_LIB:accumulo-examples.jar examples.accumulo.DtgConstraintMain\
 00993877573819_9223370801921575807\
 2012-08-07\
 test\
 root\
 password\
 localhost:2181
```

15. 저장하고 스크립트를 실행한다. 에러 없이 완료돼야 한다.

16. 스크립트 run_constraint_test.sh를 편집해 2012-08-07부터 2030-08-07까지 dtg 매개변수의 값을 변경한다.

17. 스크립트를 저장하고 다시 실행한다. 콘솔에 'Date cannot be in future'라는 제약 에러가 나타난다.

예제 분석

앞의 코드에서 Constraint 클래스는 dtg와 일치하는 컬럼 한정자가 관련됐는지와 모든 변화를 조사한다. ColumnUpdate 객체가 한정자 dtg를 포함하는 키/값 쌍을 변이시키면 에러를 조사한다. 이 제약은 다음 두 가지 위반 조건을 따른다.

1. 날짜는 자바의 SimpleDateFormat 패턴인 yyyy-MM-dd와 일치하지 않는다. 그래서 1970-12-23과 2012-02-11은 통과하지만 70-12-23 또는 12-20-22는 에러가 발생하고 제약 위반을 추가한다.

2. 날짜는 미래를 나타낸다. 이 글을 쓰는 시점에, 2030-08-07은 향후 18년이다. 컬럼 업데이트가 미래의 날짜를 포함하면, 제약 위반을 추가한다.

main 메소드는 어큐뮬로 인스턴스와 연결하는 데 필요한 모든 매개변수를 받고 테이블에 Constraint 클래스를 추가한다. dtg 인자 값을 사용해 제공된 rowID에 변이 수행을 시도한다. 변이가 어떤 이유로 거부되면, DtgConstraint를 위반했는지 여부를 확인하고 제약 위반을 출력한다.

클래스가 생성된 다른 제약 위반 에러를 확인하기 위해 셸 스크립트에서 dtg 인자를 변경할 수 있다.

> **부연 설명**

제약은 어큐뮬로 데이터 정책 시행을 위한 강력한 기능이다. 다음은 알아둬야 할 추가사항들이다.

Constraint 클래스의 번들

어큐뮬로 코어는 많은 제약의 구현을 제공한다. Constraint 클래스는 일반적인 검사의 다양한 조건을 다루고 이미 TabletServer 클래스패스에 있다. 패키지 org.apache.accumulo.examples.simple.constraints의 simple 예제 모듈에서 구현 예제를 참고한다. 어큐뮬로에서 셀 가시성과 그 밖의 코어 시스템 검사는 보이지 않는 곳에서 제약 구현을 사용한다.

각 TabletServer에 제약 설치

어큐뮬로 인스턴스에 사용자 정의 Constraint를 설치하면, 모든 변이가 거부됨을 알게 된다. 어떤 이유든 TabletServer 서버는 클래스패스에서 Constraint 클래스를 찾을 수 없을 가능성이 있다. ClassNotFoundExceptions에 대해 TabletServer의 로그를 확인한다. 테이블 설정이 나열된 Constraint 클래스를 갖고 있지만 전체 한정자 이름과 일치되는 클래스를 찾을 수 없는 경우가 발생할 수 있다. 완전 분산 설치에서는 각 일반 클래스패스를 수정한 후, 모든 TabletServer를 다시 시작한다.

> **참고사항**
> - 10장의 '지리 이벤트 데이터를 어큐뮬로로 대량으로 가져오기 위한 맵리듀스 사용' 절 참조
> - 10장의 '어큐뮬로를 사용한 스캔에서의 셀 수준 보안 강화' 절 참조

정규식 필터링 이터레이터를 사용한 쿼리 결과 제한

이 절에서는 한정자 특정 소스 값으로 유일하게 키/값 쌍을 반환하기 위해 어큐뮬로의 내장 RegExFilter 클래스를 사용한다. 필터링은 acled 테이블을 수용하는 다른 TabletServer로 분산된다.

준비

이 절은 설치된 어큐뮬로 1.4.1과 주키퍼 3.3.3, 의사 분산 하둡 클러스터에서 테스트하는 게 가장 쉽다. 이 절의 셸 스크립트는 주키퍼가 localhost와 포트 2181에서 실행 중이라고 가정한다. 물론 환경에 적합하게 조정할 수 있다. 어큐뮬로가 설치된 bin 디렉토리는 환경 경로에 있어야 한다.

이 절을 위해 root 사용자와 password라는 암호로 test라는 어큐뮬로 인스턴스를 작성해야 한다.

이 절에서 필터링된 결과를 확인하려면 10장의 '지리 이벤트 데이터를 어큐뮬로로 대량으로 가져오기 위한 맵리듀스 사용' 절을 먼저 살펴봐야 한다. 그 절은 몇 가지 샘플 데이터를 제공한다.

예제 구현

Regex 필터링 이터레이터를 사용하기 위해 다음 단계를 수행한다.

1. 자바 IDE를 연다. 어큐뮬로 코어와 하둡 클래스패스의 의존성을 설정해야 한다.

2. accumulo-examples.jar라는 JAR 파일을 생성하고 빌드 템플릿을 만든다.

3. 패키지 example.accumulo를 만들고 클래스 SourceFilterMain.java를 다음과 같이 만든다.

```java
package examples.accumulo;

import org.apache.accumulo.core.client.Connector;
import org.apache.accumulo.core.client.IteratorSetting;
import org.apache.accumulo.core.client.Scanner;
import org.apache.accumulo.core.client.ZooKeeperInstance;
import org.apache.accumulo.core.data.Key;
import org.apache.accumulo.core.data.Value;
import org.apache.accumulo.core.iterators.user.RegExFilter;
import org.apache.accumulo.core.security.Authorizations;
import org.apache.hadoop.io.Text;

import java.util.HashMap;
import java.util.Map;

public class SourceFilterMain {

  public static final String TEST_TABLE = "acled";

  public static final Text COLUMN_FAMILY = new Text("cf");
  public static final Text SRC_QUAL = new Text("src");
```

4. main() 메소드는 필터와 함께 쿼리와 파싱되는 인자를 처리한다.

```java
public static void main(String[] args) throws Exception {
  if(args.length < 5) {
    System.err.println("usage: <src> <instance name> <user>
      <password> <zookeepers>");
    System.exit(0);
  }
  String src = args[0];
  String instanceName = args[1];
  String user = args[2];
  String pass = args[3];
  String zooQuorum = args[4];
```

```
    ZooKeeperInstance ins = new
      ZooKeeperInstance(instanceName, zooQuorum);
    Connector connector = ins.getConnector(user, pass);
    Scanner scan = connector.createScanner(TEST_TABLE,
      new Authorizations());
    scan.fetchColumn(COLUMN_FAMILY, SRC_QUAL);
    IteratorSetting iter = new IteratorSetting(15,
      "regexfilter", RegExFilter.class);
    iter.addOption(RegExFilter.VALUE_REGEX, src);
    scan.addScanIterator(iter);
    int count = 0;
    for(Map.Entry<Key, Value> row : scan) {
      System.out.println("row: " + row.getKey().getRow().toString());
      count++;
    }
    System.out.println("total rows: " + count);
  }
}
```

5. 저장하고 JAR 파일 accumulo-examples.jar를 빌드한다.

6. accumulo-examples.jar가 위치하는 기본 작업 디렉토리에서 다음 명령어와 함께 run_src_filter.sh라는 새로운 셸 스크립트를 만든다. 로컬 경로와 일치하도록 ACCUMULO-LIB과 HADOOP_LIB, ZOOKEEPER_LIB을 변경해야 한다.

```
ACCUMULO_LIB=/opt/cloud/accumulo-1.4.1/lib/*
HADOOP_LIB=/Applications/hadoop-0.20.2-
cdh3u1/*:/Applications/hadoop-0.20.2-cdh3u1/lib/*
ZOOKEEPER_LIB=/opt/cloud/zookeeper-3.4.2/*
java -cp $ACCUMULO_LIB:$HADOOP_LIB:$ZOOKEEPER_LIB:accumulo-
examples.jar examples.accumulo.SourceFilterMain\
 'Panafrican News Agency'\
 test\
 root\
 password\
 localhost:2181
```

7. 저장하고 스크립트를 실행한다. 'Panafrican News Agency'에 대해 반환하는 49개의 로우를 볼 수 있어야 한다.

예제 분석

필수 매개변수를 받는 스크립트는 어큐뮬로 테이블 acled에 연결하는 데 필요하다. 필터링하기 위해 소스 한정자 값에 대해 매개변수를 추가한다. 권한이 없는 Scanner 인스턴스를 설정하고 TabletServer에서 정규식 비교를 위해 RegExFilter 타입의 IteratorSetting을 구성한다. 정규식은 공급된 소스 인자와 매우 간단히 일치한다.

그런 다음 결과 셋을 반복하고 키/값 쌍과 일치하는 rowID를 출력한다. 마지막으로, 소스와 일치하는 키/값 쌍들이 얼마나 많이 발견되는지 집계를 출력한다.

값에 따라 키/값 쌍을 필터링할 책임은 acled 테이블을 위해 태블릿을 갖는 다양한 TabletServers에 분산된다. 클라이언트는 필터와 일치하는 로우를 보고 즉시 작업을 시작할 수 있다.

참고사항

- 10장의 '지리 이벤트 데이터를 어큐뮬로 대량으로 가져오기 위한 맵리듀스 사용' 절 참조
- 10장의 '어큐뮬로를 사용한 스캔에서의 셀 수준 보안 강화' 절 참조

SumCombiner를 사용해 동일 키의 다른 버전을 위한 사망자 카운트

이 절은 acled 테이블에 각 키가 있는 한정자 fat과 연관된 셀 값을 다루기 위해, 또 키의 모든 버전에 대한 총 합계를 위해 어큐뮬로에 있는 SumCombiner를 사용한다.

준비

이 절은 설치된 어큐뮬로 1.4.1과 주키퍼 3.3.3, 의사 분산 하둡 클러스터에서 테스트하는 게 가장 쉽다. 이 절의 셸 스크립트는 주키퍼가 localhost와 포트 2181에서 실행 중이라고 가정한다. 물론 환경에 적합하게 조정할 수 있다. 어큐뮬로가 설치된 bin 디렉토리는 환경 경로에 있어야 한다.

이 절을 위해 root 사용자와 password라는 암호로 test라는 어큐뮬로 인스턴스를 작성해야 한다.

구성된 어큐뮬로 인스턴스에 acled라는 테이블이 필요하다. 이전 절을 통해 이미 존재하면 삭제하고 다시 만든다.

10장의 '지리 이벤트 데이터를 어큐뮬로로 대량으로 가져오기 위한 맵리듀스 사용' 절을 먼저 참고하기를 추천한다(시도해볼 수 있는 샘플 데이터를 제공한다).

예제 구현

SumCombiner를 사용해 쿼리를 실행하기 위해 다음 단계를 수행한다.

1. 자바 IDE를 연다. 어큐뮬로 코어와 하둡 클래스패스의 의존성을 설정해야 한다.

2. accumulo-examples.jar라는 JAR 파일을 생성하고 빌드 템플릿을 만든다.

3. 패키지 example.accumulo를 만들고 클래스 TotalFatalityCombinerMain.java를 다음과 같이 추가한다.

    ```
    package examples.accumulo;

    import org.apache.accumulo.core.client.*;
    import org.apache.accumulo.core.client.Scanner;
    import org.apache.accumulo.core.data.*;
    import org.apache.accumulo.core.iterators.Combiner;
    import org.apache.accumulo.core.iterators.LongCombiner;
    import org.apache.accumulo.core.iterators.user.SummingCombiner;
    import org.apache.accumulo.core.security.Authorizations;
    import org.apache.hadoop.io.Text;
    ```

```
import java.util.*;

public class TotalFatalityCombinerMain {

  public static final long MAX_MEMORY= 10000L;
  public static final long MAX_LATENCY=1000L;
  public static final int MAX_WRITE_THREADS = 4;
  public static final String TEST_TABLE = "acled";
  public static final Text COLUMN_FAMILY = new Text("cf");
  public static final Text FATALITIES_QUAL = new Text("fat");
```

4. main() 메소드는 인자를 파싱한다.

```
  public static void main(String[] args) throws Exception {
    if(args.length < 4) {
       System.err.println("usage: <instance name> <user> <password> <zookeepers>");
       System.exit(0);
    }
    String instanceName = args[0];
    String user = args[1];
    String pass = args[2];
    String zooQuorum = args[3];
    ZooKeeperInstance ins = new
       ZooKeeperInstance(instanceName, zooQuorum);
    Connector connector = ins.getConnector(user, pass);
    if(!connector.tableOperations().exists(TEST_TABLE))
       connector.tableOperations().create(TEST_TABLE);

    BatchWriter writer = connector.createBatchWriter(TEST_TABLE,
       MAX_MEMORY, MAX_LATENCY, MAX_WRITE_THREADS);
```

5. 정확히 동일한 rowID로 eventA와 컬럼 패밀리, 한정자와 함께 샘플 데이터를 쓴다.

```
    Mutation m1 = new Mutation("eventA");
    m1.put(COLUMN_FAMILY, FATALITIES_QUAL,
       new Value("10".getBytes()));

    Mutation m2 = new Mutation("eventA");
    m2.put(COLUMN_FAMILY, FATALITIES_QUAL,
       new Value("5".getBytes()));
```

6. rowID로 eventB를 추가 키로 쓴다.

   ```
   Mutation m3 = new Mutation("eventB");
   m3.put(COLUMN_FAMILY, FATALITIES_QUAL,
     new Value("7".getBytes()));

   writer.addMutation(m1);
   writer.addMutation(m2);
   writer.addMutation(m3);
   writer.close();
   ```

7. 컴바이너를 사용하는 스캐너를 위해 `IteratorSetting`을 구성한다.

   ```
   IteratorSetting iter = new IteratorSetting(1,
     SummingCombiner.class);
   LongCombiner.setEncodingType(iter,
     SummingCombiner.Type.STRING);
   Combiner.setColumns(iter, Collections.singletonList(
     new IteratorSetting.Column(COLUMN_FAMILY, FATALITIES_QUAL)));
   Scanner scan = connector.createScanner(TEST_TABLE,
     new Authorizations());
   scan.setRange(new Range(new Text("eventA"), new Text("eventB")));
   scan.fetchColumn(COLUMN_FAMILY, FATALITIES_QUAL);
   scan.addScanIterator(iter);
   for(Map.Entry<Key, Value> item : scan) {
     System.out.print(item.getKey().getRow().toString() +
       ": fatalities: ");
     System.out.println(new String(item.getValue().get()));
     }
    }
   }
   ```

8. 저장하고 JAR 파일 accumulo-examples.jar를 빌드한다.

9. accumulo-examples.jar가 위치하는 기본 작업 디렉토리에서 다음 명령어와 함께 namedrun_combiner.sh라는 새로운 셸 스크립트를 만든다. 로컬 경로와 일치하도록 ACCUMULO-LIB과 HADOOP_LIB, ZOOKEEPER_LIB을 변경해야 한다.

```
ACCUMULO_LIB=/opt/cloud/accumulo-1.4.1/lib/*
HADOOP_LIB=/Applications/hadoop-0.20.2-cdh3u1/*:/Applications/
hadoop-0.20.2-cdh3u1/lib/*
ZOOKEEPER_LIB=/opt/cloud/zookeeper-3.4.2/*
java -cp $ACCUMULO_LIB:$HADOOP_LIB:$ZOOKEEPER_LIB:accumulo-
examples.jar examples.accumulo.TotalFatalityCombinerMain\
test\
root\
 password\
 localhost:2181
```

10. 저장하고 스크립트를 실행한다.

11. 애플리케이션이 종료될 때, 다음과 같이 콘솔에 출력되는 모습을 볼 수 있어야 한다.

```
eventA: fatalities: 15
eventB: fatalities: 7
```

12. 스크립트를 다시 실행한다.

13. 각 이벤트의 두 번째 카운트를 확인할 수 있다.

```
eventA: fatalities: 30
eventB: fatalities: 14
```

예제 분석

클래스 TotalFatalityCombinerMain은 어큐뮬로에 연결하는 데 필요한 인자를 읽고 acled 테이블에 테스트 데이터를 쓰기 위해 BatchWriter 인스턴스를 인스턴스화한다. rowID로 eventA를 포함하는 동일한 키의 두 가지 버전에 대해 두 가지 변이를 작성한다. 하나는 10의 값을, 다른 하나는 5의 값을 갖는 한정자 fat을 포함한다. 또, 한정자 fat을 위한 7의 값을 갖는 rowID로 eventB를 포함하는 키를 가진 하나의 변이를 작성한다.

그런 다음 테이블의 키/값 쌍을 통해 검색 시간에 SumCombiner를 적용하기 위해 Scanner 인스턴스를 사용한다. 컴바이너 잡은 정확히 동일한 키에 관련된 다른 long 타입의 값을 수집하고, 수집한 long 타입 값의 합을 출력하는 것이다. 5와 10

의 값은 rowID로 eventA에 같은 키와 관련되어 있고 15의 값을 만들기 위해 결합된다. rowID로 eventB와 관련되어 있는 단 하나의 키 버전이 있으며, 단일 7의 값은 해당 키의 총합으로 남는다.

이 애플리케이션을 다시 실행하면, 이전 변이는 여전히 같은 어큐뮬로 테이블에 저장된다. 재실행하는 애플리케이션은 rowID로 eventB에 대한 7의 값과 eventA에 대한 키/값 항목으로 10의 값과 5의 값을 추가해 동일한 하나 이상의 변이를 적용한다.

재실행하는 컴바이너 스캐너는 rowID로 eventA(5, 10, 5, 10)를 위한 4개의 항목과 마찬가지로 rowID로 eventB(7, 7)를 위한 2개의 항목을 보여준다. 결과는 이전 실행에서 2배로 카운트된다. 테이블을 삭제하지 않고 해당 애플리케이션을 재실행할 때마다, 결과는 +15, +7만큼 증가된다.

원시raw의 키/값 수준 때문에 변이는 애플리케이션이 호출될 때마다 다른 타임스탬프를 갖는 테이블에 새로운 키/값 쌍을 삽입한다. 컴바이너는 모든 개별 키의 모든 타임스탬프 버전을 확인한다.

부연 설명

컴바이너에 관련된 유용한 팁을 확인한다.

컴바이너는 모든 키를 통해서가 아닌 해당 키 기반으로 한다

이 내용은 새로운 어큐뮬로 사용자에게 혼란을 일으킬 수 있다. 컴바이너는 키/값 집계를 위해 어큐뮬로 이터레이터iterator 패턴을 사용한다. 그러나 해당 키의 다른 버전 사이에서만 키 기반 구조다. 일반적인 한정자의 값에 대해 테이블 집계 요구 사항이 있으면, 아마 맵리듀스를 사용하길 원할 것이다. 10장의 '맵리듀스를 사용한 어큐뮬로에서의 소스 집계' 절을 참고한다.

컴바이너는 스캔 시에 적용되거나 입력되는 변이를 위한 테이블 구성을
적용할 수 있다

이 절에서는 스캔 시에 집계 한정자 값에 컴바이너를 사용한다. 어큐뮬로도 변이를
작성할 동안 값을 결합하는 테이블 구성에 저장되는 영구 컴바이너를 지원한다.

참고사항

- 10장의 '지리 이벤트 데이터를 어큐뮬로로 대량으로 가져오기 위한 맵리듀스 사용' 절 참조
- 10장의 '정규식 필터링 이터레이터를 사용한 쿼리 결과 제한' 절 참조
- 10장의 '맵리듀스를 사용한 어큐뮬로에서의 소스 집계' 절 참조

어큐뮬로를 사용한 스캔에서의 셀 수준 보안 강화

어큐뮬로는 여타 빅테이블BigTable 구현에서 가장 두드러진 특징으로 테이블에 각고유 키/값에 대한 셀 가시성 레이블 기능을 제공한다. 이 절은 셀 수준의 보안을 적용하는 한 가지 방법을 보여준다. 이 절의 코드는 적절한 권한으로 스캔하고 읽을 수 있는 몇 가지 변이를 작성한다.

준비

이 절은 설치된 어큐뮬로 1.4.1과 주키퍼 3.3.3, 의사 분산 하둡 클러스터에서 테스트하는 게 가장 쉽다. 이 절의 셸 스크립트는 주키퍼가 `localhost`와 포트 2181에서 실행 중이라고 가정한다. 물론 환경에 적합하게 조정할 수 있다. 어큐뮬로가 설치된 bin 디렉토리는 환경 경로에 있어야 한다.

이 절을 위해 `root` 사용자와 `password`라는 암호로 `test`라는 어큐뮬로 인스턴스를 작성해야 한다.

구성된 어큐뮬로 인스턴스에 acled라는 테이블이 필요하다. 이전 절을 통해 이미 존재하면 삭제하고 다시 만든다.

10장의 '지리 이벤트 데이터를 어큐뮬로로 대량으로 가져오기 위한 맵리듀스 사용' 절을 먼저 참고하기를 추천한다(시도해볼 수 있는 샘플 데이터를 제공한다).

예제 구현

다음은 셀의 가시성 컨트롤을 사용해 어큐뮬로에 데이터를 읽고/쓰는 단계다.

1. 선호하는 자바 IDE를 연다. 어큐뮬로 코어와 하둡 클래스패스의 의존성을 설정해야 한다.
2. accumulo-examples.jar라는 JAR 파일을 생성하고 빌드 템플릿을 만든다.
3. 패키지 example.accumulo를 만들고 클래스 SecurityScanMain.java를 다음과 같이 추가한다.

```java
package examples.accumulo;

import org.apache.accumulo.core.client.*;
import org.apache.accumulo.core.data.Key;
import org.apache.accumulo.core.data.Mutation;
import org.apache.accumulo.core.data.Value;
import org.apache.accumulo.core.security.Authorizations;
import org.apache.accumulo.core.security.ColumnVisibility;
import org.apache.hadoop.io.Text;

import java.util.Map;

public class SecurityScanMain {

    public static final long MAX_MEMORY = 10000L;
    public static final long MAX_LATENCY = 1000L;
    public static final int MAX_WRITE_THREADS = 4;
    public static final String TEST_TABLE = "acled";
    public static final Text COLUMN_FAMILY = new Text("cf");
    public static final Text THREAT_QUAL = new Text("trt_lvl");
```

```
public static void main(String[] args)throws Exception {
  if(args.length < 4) {
    System.err.println("usage: <instance name>  <user> <password> <zookeepers>");
    System.exit(0);
  }
  String instanceName = args[0];
  String user = args[1];
  String pass = args[2];
  String zooQuorum = args[3];
```

4. test 어큐뮬로 인스턴스를 위해 user와 pass 변수로 Connector 인스턴스를 만든다.

```
ZooKeeperInstance ins = new
  ZooKeeperInstance(instanceName, zooQuorum);
Connector connector = ins.getConnector(user, pass);
if(!connector.tableOperations().exists(TEST_TABLE))
  connector.tableOperations().create(TEST_TABLE);
```

5. root 사용자의 현재 권한을 가져온다.

```
Authorizations allowedAuths =
  connector.securityOperations().getUserAuthorizations(user);
BatchWriter writer = connector.createBatchWriter(TEST_TABLE,
  MAX_MEMORY, MAX_LATENCY, MAX_WRITE_THREADS);
```

6. 테스트 변이를 작성한다.

```
Mutation m1 = new Mutation(new Text("eventA"));
m1.put(COLUMN_FAMILY, THREAT_QUAL,
    new ColumnVisibility("(p1|p2|p3)"),
    new Value("moderate".getBytes()));
Mutation m2 = new Mutation(new Text("eventB"));
m2.put(COLUMN_FAMILY, THREAT_QUAL,
    new ColumnVisibility("(p4|p5)"),
    new Value("severe".getBytes()));
writer.addMutation(m1);
writer.addMutation(m2);
writer.close();
```

7. 사용자 권한이 있는 스캐너를 만들고 한정자의 보안 위협을 포함하는 키가 있는 임의의 키/값 쌍을 가져온다.

```
Scanner scanner = connector.createScanner(TEST_TABLE,
    allowedAuths);
scanner.fetchColumn(COLUMN_FAMILY, THREAT_QUAL);
boolean found = false;
for(Map.Entry<Key, Value> item: scanner) {
    System.out.println("Scan found: " +
      item.getKey().getRow().toString() + " threat level: " +
      item.getValue().toString());
    found = true;
}
```

8. 이 조건이 일치하는 경우, 사용자는 어떤 이벤트의 보안 위협을 보기 위한 권한이 부여되어 있지 않다.

```
    if(!found)
      System.out.println(
        "No threat levels are visible with your current user auths: "
        + allowedAuths.serialize());
  }
}
```

9. 저장하고 JAR 파일 accumulo-examples.jar를 빌드한다.

10. accumulo-examples.jar가 위치하는 기본 작업 디렉토리에서 다음 명령어와 함께 run_security_auth_scan.sh라는 새로운 셸 스크립트를 만든다. 로컬 경로와 일치하도록 ACCUMULO-LIB과 HADOOP_LIB, ZOOKEEPER_LIB을 변경해야 한다.

```
ACCUMULO_LIB=/opt/cloud/accumulo-1.4.1/lib/*
HADOOP_LIB=/Applications/hadoop-0.20.2-cdh3u1/*:/Applications/hadoop-0.20.2-cdh3u1/lib/*
ZOOKEEPER_LIB=/opt/cloud/zookeeper-3.4.2/*
java -cp $ACCUMULO_LIB:$HADOOP_LIB:$ZOOKEEPER_LIB:accumulo-examples.jar examples.accumulo.SecurityScanMain\
test\
root\
password\
localhost:2181
```

11. 저장하고 스크립트를 실행한다.

12. 콘솔에서 다음 출력을 볼 수 있어야 한다.

no threat levels are visible with your current user auths:

13. 어큐뮬로 셸을 시작한다.

accumulo shell -u root -p password

14. 옵션 리스트를 보기 위해 setauths 명령어를 실행한다.

$ root@test> setauths

15. 다음 명령어를 실행한다.

$ root@test> setauths -s p1

16. run_security_auth_scan.sh 스크립트를 재실행한다.

17. 콘솔에서 다음 출력을 볼 수 있어야 한다.

Scan found: eventA threat level: moderate

18. 어큐뮬로 셸을 재시작하고 다음 명령어를 실행한다.

$ root@test> setauths -s p1,p4

19. run_security_auth_scan.sh 스크립트를 재실행한다.

20. 콘솔에서 다음과 같은 출력을 볼 수 있어야 한다.

Scan found: eventA threat level: moderate
Scan found: eventB threat level: severe

예제 분석

클래스 SecurityScanMain은 어큐뮬로에 연결하는 데 필요한 인자를 읽고 acled 테이블에 테스트 데이터를 쓰기 위해 BatchWriter 인스턴스를 인스턴스화한다. 테이블에 2개의 변이를 작성한다. 첫 번째는 rowID eventA와 컬럼 가시성 (p1|p2|p3)의 표현이다. 두 번째는 rowID eventB와 컬럼 가시성 (p4|p5)이다. 컬럼 가시성 표현은 매우 간단한 부울$_{Boolean}$ 표현식이다. 스캔이 어큐뮬로 테이블

에 발생하기 전에 클라이언트는 연결된 사용자의 인증 토큰을 전달해야 한다. 어큐뮬로는 주어진 키/값 사용자에 대해 가시성을 결정하기 위해 각 키의 컬럼 가시성 레이블에 주어진 토큰을 비교한다. 표현식 (p1|p2|p3)은 키를 읽는 스캐너가 p1, p2, p3를 지원하는 Authorizations 객체를 표현해야 함을 의미한다. 기본적으로 root 사용자는 스캔의 어떠한 인증 토큰도 갖고 있지 않다. connector 변수로 getUserAuthorizations(user) 메소드 호출은 현재 인증 토큰 없이 반환한다. eventA를 보려면 p1, p2, p3를 제시해야 한다. 현재 root 사용자를 위해 나열된 것이 없다. eventB를 보려면 p4, p5를 제시해야 한다. root 사용자 또한 갖고 있지 않다. 우선 셸에서 root 사용자를 위한 p1을 추가한다. 스캔은 권한 p1을 보여줄 것이고, eventA와 일치하는 부울식을 찾을 것이다. p1, p4에 root 사용자 토큰 스캔을 설정하면, eventA와 eventB를 모두 볼 수 있다.

부연 설명

셸 가시성은 생각보다 더 복잡한 기능이다. 어큐뮬로 셸 보안에 관해 좀 더 알아보자.

비인가 스캔에 변이 작성

인증 토큰들은 사용자가 스캔하는 동안 볼 수 있는 것으로 제한한다. 그러나 컬럼 가시성 표현에 대해서는 변이를 작성할 수 있는 게 없다.

이것은 기본 동작이지만 많은 시스템에서는 바람직하지 않다. 어큐뮬로 설치에 이 정책을 적용할 경우, 전체 시스템의 제약 조건으로 Constraint 클래스의 구현체인 org.apache.accumulo.core.security.VisibilityConstraint를 추가할 수 있다. 어큐뮬로 설치에 적용하면 사용자는 사용자 자체가 읽기 권한이 부여되지 않은 컬럼 가시성 레이블을 포함한 변이를 작성하는 일이 금지된다.

키의 일부인 ColumnVisibility

정확히 동일한 rowID와 컬럼 패밀리, 한정자를 포함하는 다른 키는 ColumnVisibility 레이블의 차이가 있을 수 있다. ColumnVisibility 키를 포함하는 키의 가장 최근 타임스탬프 버전을 현재 스캔으로 볼 수 없다면, 사용자는 컬럼 가시성 토큰과 일치하는 그 키 다음으로 가장 오래된 버전을 볼 수 있다. 버전의 어떤 것도 볼 수 있는 권한이 부여되는 경우는 없다.

키/값의 설명을 위한 일반적인 검사는 주어진 키의 가장 최신 버전을 반환하는 스캐너를 갖는다. 셀의 가시성 시스템은 1개의 추가 조건과 논리를 조정한다. 스캐너는 부여된 인증 토큰과 일치하는 주어진 키의 가장 최근 타임스탬프의 버전을 반환한다.

더 복잡한 부울식 지원

이 절은 `ColumnVisibility` 부울 표현식의 아주 간단한 분리 예 두 가지를 보여준다. 애플리케이션은 더 복잡한 표현식을 다룰 수 있어야 한다. 예를 들어, (((A & B) | C) & D)[12]는 레이블 A와 B를 '&' 연산하고, 그 결과를 레이블 C와 '|' 연산한 후 레이블 D와의 '&' 연산을 지원하는 권한과 일치한다.

> **참고사항**
>
> ▶ 10장의 '지리 이벤트 데이터를 어큐뮬로로 대량으로 가져오기 위한 맵리듀스 사용' 절 참조
> ▶ 10장의 '어큐뮬로에서 지리 이벤트 데이터를 입력하기 위한 사용자 정의 필드 제한 설정' 절 참조

맵리듀스를 사용한 어큐뮬로에서의 소스 집계

이 절에서는 어큐뮬로 테이블에 저장된 고유의 각 소스의 발생 횟수를 카운트하기 위해 맵리듀스와 `AccumuloInputFormat` 클래스를 사용한다.

---

12 부울식 연산 방법으로, 안쪽 괄호부터 연산된다. - 옮긴이

> **준비**

이 절은 설치된 어큐뮬로 1.4.1과 주키퍼 3.3.3, 의사 분산 하둡 클러스터에서 테스트하는 게 가장 쉽다. 이 절의 셸 스크립트는 주키퍼가 localhost와 포트 2181에서 실행 중이라고 가정한다. 물론 환경에 적합하게 조정할 수 있다. 어큐뮬로가 설치된 bin 디렉토리는 환경 경로에 있어야 한다.

이 절을 위해 root 사용자와 password라는 암호로 test라는 어큐뮬로 인스턴스를 작성해야 한다.

구성된 어큐뮬로 인스턴스에 acled라는 테이블이 필요하다.

이 절에서 필터링된 결과를 확인하려면, 10장의 '지리 이벤트 데이터를 어큐뮬로로 대량으로 가져오기 위한 맵리듀스 사용' 절을 먼저 살펴봐야 한다(시도해볼 수 있는 샘플 데이터를 제공한다).

> **예제 구현**

맵리듀스를 사용해 다른 소스의 발생 횟수를 카운트하는 방법은 다음과 같다.

1. 선호하는 자바 IDE를 연다. 어큐뮬로 코어와 하둡 클래스패스의 의존성을 설정해야 한다.
2. accumulo-examples.jar라는 JAR 파일을 생성하고 빌드 템플릿을 만든다.
3. 패키지 example.accumulo를 만들고 클래스 SourceCountJob.java를 다음과 같이 추가한다.

```
package examples.accumulo;

import org.apache.accumulo.core.client.mapreduce.AccumuloInputFormat;
import org.apache.accumulo.core.data.Key;
import org.apache.accumulo.core.data.Value;
import org.apache.accumulo.core.security.Authorizations;
import org.apache.accumulo.core.util.CachedConfiguration;
import org.apache.accumulo.core.util.Pair;
import org.apache.hadoop.conf.Configuration;
```

```java
import org.apache.hadoop.conf.Configured;
import org.apache.hadoop.fs.FileSystem;
import org.apache.hadoop.fs.Path;
import org.apache.hadoop.io.IntWritable;
import org.apache.hadoop.io.Text;
import org.apache.hadoop.mapreduce.Job;
import org.apache.hadoop.mapreduce.Mapper;
import org.apache.hadoop.mapreduce.Reducer;
import org.apache.hadoop.mapreduce.lib.output.FileOutputFormat;
import org.apache.hadoop.mapreduce.lib.output.TextOutputFormat;
import org.apache.hadoop.util.GenericOptionsParser;
import org.apache.hadoop.util.Tool;
import org.apache.hadoop.util.ToolRunner;

import java.io.IOException;
import java.lang.Override;
import java.util.HashSet;
public class SourceCountJob extends Configured implements Tool {

  private Configuration conf;
  private static final Text FAMILY = new Text("cf");
  private static final Text SOURCE = new Text("src");

  public SourceCountJob(Configuration conf) {
    this.conf = conf;
  }
```

4. Tool 인터페이스에 부합하고 커맨드라인 인자를 분석하기 위해 run() 메소드를 추가한다.

```java
  @Override
  public int run(String[] args) throws Exception {

    args = new GenericOptionsParser(conf, args).getRemainingArgs();
    if(args.length < 6) {
      System.err.println(printUsage());
      System.exit(0);
    }
```

```
        String tableName = args[0];
        String outputStr = args[1];
        String instanceName = args[2];
        String user = args[3];
        String pass = args[4];
        String zooQuorum = args[5];
```

5. 어큐뮬로 입력 설정을 구성한다.

```
        AccumuloInputFormat.setInputInfo(conf, user,
          pass.getBytes(), tableName, new Authorizations());
        AccumuloInputFormat.setZooKeeperInstance(conf,
          instanceName, zooQuorum);
        HashSet<Pair<Text, Text>> columnsToFetch =
          new HashSet<Pair<Text,Text>>();
        columnsToFetch.add(new Pair<Text, Text>(FAMILY, SOURCE));
        AccumuloInputFormat.fetchColumns(conf, columnsToFetch);
```

6. 잡과 맵/리듀스 클래스 출력 위치를 설정한다.

```
        Job job = new Job(conf, "Count distinct sources in ACLED");
        job.setInputFormatClass(AccumuloInputFormat.class);
        job.setMapperClass(ACLEDSourceMapper.class);
        job.setMapOutputKeyClass(Text.class);
        job.setMapOutputValueClass(IntWritable.class);
        job.setReducerClass(ACLEDSourceReducer.class);
        job.setCombinerClass(ACLEDSourceReducer.class);
        job.setJarByClass(getClass());
        job.setOutputFormatClass(TextOutputFormat.class);
        FileOutputFormat.setOutputPath(job, clearOutputDir(outputStr));
        job.setNumReduceTasks(1);
        return job.waitForCompletion(true) ? 0 : 1;
    }

    private String printUsage() {
      return "<tablename> <output> <instance_name> <username> <password>
    <zoohosts>";
    }

    private Path clearOutputDir(String outputStr) throws
```

```
        IOException {
    FileSystem fs = FileSystem.get(conf);
    Path path = new Path(outputStr);
    fs.delete(path, true);
    return path;
}
```

7. 정적 내부 클래스 ACLEDSourceMapper를 추가한다.

```
public static class ACLEDSourceMapper
    extends Mapper<Key, Value, Text, IntWritable> {

    private Text outKey = new Text();
    private IntWritable outValue = new IntWritable(1);

    @Override
    protected void map(Key key, Value value, Context context)
        throws IOException, InterruptedException {

        outKey.set(value.get());
        context.write(outKey, outValue);
    }
}
```

8. 정적 내부 클래스 ACLEDSourceReducer를 추가한다.

```
public static class ACLEDSourceReducer extends
    Reducer<Text, IntWritable, Text, IntWritable> {

    private IntWritable outValue = new IntWritable();

    @Override
    protected void reduce(Text key, Iterable<IntWritable> values,
        Context context) throws IOException, InterruptedException {

        int count = 0;
        for(IntWritable value : values) {
            count += value.get();
        }
        outValue.set(count);
```

```
      context.write(key, outValue);
    }
  }

  @Override
  public void setConf(Configuration conf) {
    this.conf = conf;
  }

  @Override
  public Configuration getConf() {
    return conf;
  }
```

9. Tool 인터페이스 구현으로 잡을 제출하는 main() 메소드를 정의한다.

```
public static void main(String[] args) throws Exception {
  Configuration conf = CachedConfiguration.getInstance();
  args = new GenericOptionsParser(conf, args).getRemainingArgs();
  ToolRunner.run(new SourceCountJob(conf), args);
}
}
```

10. 저장하고 JAR 파일 accumulo-examples.jar를 빌드한다.

11. accumulo-examples.jar가 위치하는 기본 작업 디렉토리에서 다음 명령어와 함께 source_count.sh라는 새로운 셸 스크립트를 만든다. 로컬 경로와 일치하도록 ACCUMULO-LIB과 HADOOP_LIB, ZOOKEEPER_LIB을 변경해야 한다.

```
tool.sh accumulo_examples.jar examples.accumulo.SourceCountJob\
 -Dmapred.reduce.tasks=4\
 acled\
 /output/accumulo_source_count/\
 test\
 root\
 password\
 localhost:2181
hadoop fs -cat /output/accumulo_source_count/part* > source_count.txt
```

12. 저장하고 스크립트를 실행한다. 의사 분산 클러스터에서 실행 중인 맵리듀스 잡 시작을 볼 수 있어야 한다.
13. 잡이 성공적으로 완료되면, 기본 작업 디렉토리에서 source_count.txt를 볼 수 있어야 한다. 각 소스의 카운트를 보려면 cat 명령어를 입력한다.

예제 분석

ToolRunner 클래스에서 원격 제출이 용이하도록 Tool 인터페이스를 구현하는 SourceCountJob 클래스를 정의한다. CachedConfiguration.getInstance() 정적 메소드는 클래스패스의 올바른 어큐뮬로 구성의 Tool 인터페이스를 전송한다.

run() 메소드는 AccumuloInputFormat을 사용해 어큐뮬로 인스턴스에 연결하는 데 필요한 인자를 파싱한다. 이 잡을 위해 각 키의 컬럼 패밀리 cf로부터 컬럼 한정자 src를 얻는 데 관심이 있다. 기본적으로 스캐너는 유일한 한정자 src를 포함하는 각 키의 가장 최근 버전을 반환한다. 모든 버전에 대한 테이블의 모든 키/값 쌍 전체 소스의 발생을 카운트하려면, 입력 포맷으로 maxVersions을 설정해야 할 것이다.

그런 다음 각 소스를 카운트하는 데 필요한 AccumuloInputFormat과 맵/리듀스 클래스를 잡 인스턴스에 설정한다. 리듀서 클래스는 간단히 정수를 추가하는 것으로, 컴바이너의 샘플 구현을 재사용할 수 있다. 기존의 출력 디렉토리를 삭제하고 의사 분산 클러스터 실행으로 리듀스 개수를 1로 설정한다. 이제 클러스터에 잡을 제출할 준비가 되었다.

비즈니스 로직은 기존의 WordCount 예와 매우 비슷한 방식으로 동작한다.

AccumuloInputFormat 클래스는 스캔 그리고 한정자 src에 대해서만 키/값 쌍 반환을 처리한다. 따라서 ACLEDSourceMapper 클래스의 맵 함수를 입력하는 어떤 키/값 인스턴스는 집계에 관심을 가지고 데이터를 이미 제한하게 된다. 그리고 데이터셋의 소스 값 중 하나의 발생을 나타내기 위해 간단히 1을 출력한다. 출력 키는 간단히 입력되는 원래 값이다.

리듀스 클래스인 ACLEDSourceReducer는 소스마다 발생을 간단히 계산하고 HDFS에 결과를 출력한다.

셸 스크립트 종료 시에는 다운로드와 연쇄되는 다른 파트 파일[13]로 source_counts.txt라는 하나의 파일이 된다. 각 소스에 대해 줄바꿈으로 구분된 소스 리스트들과 발생의 총합이 있는 하나의 파일을 갖는다.

---

13 'part'라는 접두어가 붙어 있는 파일이다. 맵 온리의 경우 part-m으로 시작하는 파일이며, 리듀스까지 마친 파일의 경우는 part-r이라는 접두어가 붙는다. - 옮긴이

찾아보기

ㄱ

갱글리아 300, 302
갱글리아 메타 데몬(gmetad) 300, 302
갱글리아 모니터링 데몬(gmond) 300, 302
균형 조절 295
그린플럼 57
기본 블록 크기 63

ㄴ

나이브 베이즈 261
나이브 베이즈 분류기 263
내부 조인 153, 154
네임노드 64, 288, 290, 297, 298, 299
네임노드 포맷팅 289

ㄷ

데이터 가져오기 26
데이터 내보내기 26
데이터노드 64, 290
데이터 학습 262
데이터 지역성 64
데이터 편향 179

ㄹ

레디스 189
레코드 압축 75
리듀스 사이드 170
리듀스 사이드 조인 174

ㅁ

마이크로소프트 SQL 서버 데이터베이스 45
매개변수 튜닝 302
매퍼 클래스 197
맵리듀스 96
맵리듀스 잡 98, 111
맵 사이드 170
맵 사이드 조인 182
맵 온리 74
맵 온리 잡 77
머하웃 227
모니터링 285
몽고DB 47, 55
몽고 자바 드라이버 51
몽고 하둡 어댑터 47, 51, 54
문자열 붙이기 UDF 149

ㅂ

배치 연산 프레임워크 230
벡터 258
병합 조인 176
보조 네임노드 64, 290, 292, 299
보조 정렬 111, 117
복제 계수 64, 91, 292
복제 조인 175, 223
부울 350
분산 캐시 161, 166
블록 복제 63
블록 압축 75

블록 크기　92
비압축　75
빅데이터 문제　195
빅테이블　307, 318

ㅅ

셀프 조인　224
순환 중복 검사　31
스쿱　36, 38, 39, 40
스트리밍 데이터　59
스트리밍 잡　124
시계열 분석　123
시퀀스파일　71
싱글 노드　288

ㅇ

아웃라이어　225
아파치 플룸　59
아파치 피그　99, 102, 104, 167
아파치 하이브　118, 144, 152
어큐뮬로　307
에이브로　76
오버헤드　196
완전 분산 모드　290
외부 테이블　57, 58, 146, 148, 149
유지보수　285
의사 분산 모드　286, 287, 288
이터레이터 패턴　345
인라인 테이블　147
인라인 힌트 /*+ MAPJOIN(nh) */　183
일반적인 조인　188
입력 스플릿　68

ㅈ

자이썬　109
잡 트래커　288, 289
잡 트래커 서비스　290
잡 트래커 웹　266
장애 복구　297
재분산　295
정규식 패턴　96
제약　330
주키퍼　241
지라프　227

ㅊ

체크포인트　298, 299
최우측 릴레이션　175

ㅋ

카운터　266
컬럼 가시성 레이블　351
컴바이너　196, 200, 201, 202, 203, 345, 346
컴바이너 클래스　197
코사인 유사도　220, 221, 222, 224
키/값 클래스　197

ㅌ

태스크 트래커　290
테스트셋　262
튜닝　285

ㅍ

파이썬　109, 110, 118, 120, 123, 124, 215, 217
파이썬 스크립트　121, 126
페이지랭크　228
편향 조인　179, 180

프로토콜 버퍼　86
플룸　60
피그　220, 221, 223
피그 UDF　100, 106, 224
피그 릴레이션　177
피그 스크립트　101

ㅎ

하둡　25
하둡 Driver 클래스　199
하둡 FS 셸　92
하둡 모드　285
하둡 분산 복사(distcp)　34
하둡 셸 명령어　28, 29, 30
하둡 셸 스크립트　26
하둡 스트리밍　123, 124, 128
하둡 스트리밍 JAR　125
하이브　152, 206, 212
하이브 TRANSFORM/USING/AS 연산자　122
하이브 UDF　204, 210, 213
하이브 메타스토어　145
하이브 외부 테이블　144
하이브 쿼리 언어　214
하이브 테이블　208

A

AccumuloFileOutputFormat　327, 329
AccumuloInputFormat　352, 358
AccumuloOutputFormat　329
AccumuloTableAssistant　327
addCacheFile()　165
Apache Flume　59
Authorizations　351
Avro　76

AvroWriter　79

B

balancing　295
BatchWriter　344, 350
block compression　75
Boolean　350

C

CDH3　36
CLUSTER BY　219
clusterdump　259
coalesce()　207, 208
ColumnUpdate　335
ColumnVisibility　351
Completed Jobs　267
compute 메소드　237
concat_ws()　151
conf 폴더　287
Connector　348
Constraint　330, 335, 336, 351
copyFromLocal　30
copyToLocal　30
core-default.xml　298
core-site.xml　292
CounterExample　267
CREATE TABLE AS　187

D

datafu　225, 226
datediff()　204, 205
dfsadmin -refreshNodes　297
dfs.block.size　93
dfs_excludes　293, 296, 297

dfs.name.dir 298
dfs.replication 91
distcp 35
DISTRIBUTE BY 219
DistributedCache.addArchiveToClassPath() 166
DistributedCache.getLocalCacheFiles(context.getConfiguration()) 173
DistributedCache 클래스 165
Distributed Copy 34

E

EdgeListVertex 241
ETL 122
EvalFunc 106
evaluate() 212

F

FileInputFormat 141
FileSystem 34, 66
FilterFunc 100, 102
FOREACH 176
from_unixtime() 207
fs.checkpoint.dir 298
fs.default.name 66, 273

G

Ganglia 300
get 31
getCurrentVertex() 233, 240
getmerge 32, 33
getRecordReader() 239
GiraphJob 241
Greenplum 57
GZIP 40

H

Hadoop 25
hadoop-env.sh 273
hadoop fs -COMMAND 26
HADOOP_HOME 254
hadoop-metrics.properties 301
HDFS 26, 28
HdfsReader 67
hdfs-site.xml 292
HdfsWriter 66
HftpFileSystem 35
hive.auto.convert.join 183
hive.hashtable.max.memory.usage 184
HiveQL 150, 153
hive.smalltable.filesize 183

I

IdentityMapper 269
illustrate 283, 284
InputFormat 133
IntWritable 240
io.compression.codecs 70
iterator 345
IteratorSetting 340

J

JobConf 32
Jython 109

K

k-평균 257

L

LineReader 240

load 문 223
LocalJobRunner 274
LZO 67, 68
LzoText InputFormat 71

M

MapDriver 271
Map input records 266
Mapper 클래스 166, 200
mapred.cache.files 173
mapred_excludes 293, 296, 297
mapred.job.tracker 273, 274, 289
mapred.map.tasks.speculative.execution 34
mapred.reduce.tasks 31
mapred-site.xml 292, 296
mapred.textoutputformat.separator 속성 99
mapreduce.Mapper 198
mapreduce.Reducer 199
map() 메소드 166, 198, 200
masters 291
merge 177
Metastore 145
Microsoft SQL Server JDBC Driver 3.0 45
min.num.spills.for.combine 203
mkdir 30
MongoDB 47
Mongo Hadoop Adaptor 47
mradmin -refreshNodes 297
MRUnit 269
MSG_NUM_FLUSH_THREADS 253
MultipleOutputs 129, 131, 132, 133
MySQL 36, 37
MySQL JDBC 드라이버 JAR 파일 36

N

NullWritable 161, 240
n-그램 260, 263
n-그램 계산 156
n-그램 분석 155

O

ORDER BY 219
org.apache.accumulo.core.security.VisibilityConstraint 351
org.apache.accumulo.examples.simple.constraints 336

P

prepare20newsgroups 263
ProtobufWritable 90
Protocol Buffers 86
publish/subscribe 193
PUB/SUB 메커니즘 193
put 31

Q

Quantile UDF 225, 226

R

RangePartitioner 327
record compression 75
RecordReader 141
reduce() 메소드 199, 201
RegExFilter 337, 340
removeAndSetPath() 160
runTest() 271
run() 메소드 163, 197

S

Scanner 340, 344
SELECT TRANSFORM 220
self join 224
seq2sparse 259
seqdirectory 259
SequenceFileInputFormat 74
SequenceWriter 74
SerDe 145
Sessionize UDF 107, 108
setAttemptsToStart Skipping() 276
setJarByClass() 159, 200
setNumReduceTasks 31, 74
setSkipOutputPath() 276
setup() 164, 166, 173
SimpleDateFormat 205
skewed 180
SkipBadRecords 276
slaves 291, 294, 295
SORT BY 219
SPLIT_MASKTER_WORKER 241
Sqoop 36
ssh 공개 287
streaming 59
StreamingQuantile UDF 226
SumCombiner 340, 341, 344

T

TabletServer 330, 334, 336, 337
TestCase 270
testclassifier 264

TextOutputFormat 클래스 99
TextVertexInputFormat 239
TextVertexOutputFormat 243
ThriftWritable 85
Tool 358
ToolRunner 165, 358
Tool 구현체 162
Tool 인터페이스 132, 159, 236
TooRunner 236
TSV 포맷 96

U

UDF 102, 203, 208, 211, 212
uncompressed 75
unixtime() 208
unix_timestamp() 204, 205, 207, 208

V

voteToHalt() 243

W

withInput() 271
withOutput() 271
Writable 133, 240
WritableComparable 85, 111, 116, 141, 240
writeVertex() 244

Z

ZooKeeper 241
Z-order 308, 316

 에이콘출판의 기틀을 마련하신 故 정완재 선생님 (1935-2004)

따라 하며 배우는
하둡과 빅데이터 분석 실무

인 쇄 | 2013년 10월 24일
발 행 | 2013년 10월 31일

지은이 | 조나단 오웬스 • 존 렌츠 • 브라이언 페미아노
옮긴이 | 안건국 • 이정림

펴낸이 | 권 성 준
엮은이 | 김 희 정
    김 경 희
    윤 설 희

표지 디자인 | 한국어판_그린애플
본문 디자인 | 남 은 순

인 쇄 | 한일미디어
용 지 | 한신P&L(주)

에이콘출판주식회사
경기도 의왕시 내손동 757-3 (437-836)
전화 02-2653-7600, 팩스 02-2653-0433
www.acornpub.co.kr / editor@acornpub.co.kr

Copyright ⓒ 에이콘출판주식회사, 2013, Printed in Korea.
ISBN 978-89-6077-486-5
ISBN 978-89-6077-210-6 (세트)
http://www.acornpub.co.kr/book/hadoop-real-world

이 도서의 국립중앙도서관 출판시도서목록(CIP)은 서지정보유통지원시스템 홈페이지(http://seoji.nl.go.kr)와
국가자료공동목록시스템(http://www.nl.go.kr/kolisnet)에서 이용하실 수 있습니다.(CIP제어번호: CIP2013021271)

책값은 뒤표지에 있습니다.